U0736405

中职生职前培训教程

主　编　刘文广
副主编　张正武　杨　辉
参　编　杨　辉　张正武　兰纯涛
　　　　张　明　谢　龙

中国海洋大学出版社
·青岛·

图书在版编目(CIP)数据

中职生职前培训教程/刘文广主编. —青岛:中国海洋
大学出版社,2019.8
ISBN 978-7-5670-2357-4

Ⅰ. ①中… Ⅱ. ①刘… Ⅲ. ①素质教育—中等专业
学校—教材 Ⅳ. ①G711

中国版本图书馆 CIP 数据核字(2019)第 170022 号

出版发行	中国海洋大学出版社	
社 址	青岛市香港东路 23 号	**邮政编码** 266071
出 版 人	杨立敏	
网 址	http://pub.ouc.edu.cn	
电子信箱	wangjiqing@ouc-press.com	
订购电话	0532-82032573	
责任编辑	王积庆	**电 话** 0532-85902349
印 制	北京虎彩文化传播有限公司	
版 次	2019 年 8 月第 1 版	
印 次	2019 年 8 月第 1 次印刷	
成品尺寸	185 mm×260 mm	
印 张	14	
字 数	336 千	
定 价	45.00 元	

前　言

　　学生职业素质的培养关系到职业学校学生个体的发展，大而言之，更关系着民族大业的振兴。因此，在新时期，职业学校为社会输出高素质的技能人才，必须从学生职业素质的养成抓起。重视学生职业素质的培养，就是重视学生的前途与未来，就是着眼学生终身的长足发展。

　　实现从学生到企业员工的转变是中职教育的使命，良好的素质和修养是一个人未来职业选择和职业生涯成功的保证。许多在学校掌握技能比较好的学生到了企业之后，并不受企业的欢迎，这种高技能学生受冷落的尴尬局面让我们警醒。随着社会经济的快速发展，企业对劳动者的职业素质提出了更高的要求：在个人基本素质方面，企业希望学生提高心理健康素质；在基本职业技能方面，要求学生应具备必要的专业知识和技能；在职业精神方面，用人单位希望学生具有认真负责、恪尽职守的敬业精神，以德为本、诚实守信的诚信精神，与时俱进、积极进取的创新精神，无私无畏、吃苦耐劳的奉献精神，刻苦钻研、顽强拼搏的学习精神，顾全大局、团结协作的合作精神。职业素质的高低已成为企业招聘员工的首要指标。

　　为了深入推进德育课教学改革，完善德育工作体系，增强德育的针对性、实效性、权威性，根据教育部颁布的《中等职业学校德育大纲》，结合中职生实际情况，我们编写了《中职生职前培训教程》，本书对中职学生的生活、学习、就业与做人具有十分重要的指导意义。

　　本书将学生职业素质培养与学生的就业、工作、生活紧密结合，更加贴近学生、贴近职业、贴近社会，增强了职业素质培养的针对性和实效性，使学生"在学中做、在做中学"，用知识指导行动、用行动体验知识，在学习与生活中培育情感、磨炼意志、提高综合素质，在纷繁复杂、竞争激烈的社会中培养生存能力、自我发展的能力以及健康的心理素质、良好的职业道德，让学生具备"内功"——良好的行为习惯和健康人格，拥有"轻功"——和谐的人际关系与企业适应能力。

　　本书以中职生的素质培养为核心，以"养成、爱心、法纪、职业"为主要内容，结合职业学校和学生的实际对学生进行行为习惯教育、爱心教育、法纪教育、职业教育，提高学生的综合素质，从而最终实现德育的终极目标——培养社会主义的建设者和接班人。

　　本书共六章，分成四个学期开展教育。第一学期落实养成教育，包括入学教育、行为习惯教育；第二学期注重爱心教育；第三学期注重法纪教育；第四学期注重职业素质培养，为学生走向企业、未来创业夯实基础。从行为习惯的规范养成到社会责任意识和法纪教育以及职业素质的培养，逐渐深入，积极与现代企业的要求接轨。

　　该书是四川中江职业中专学校中职生思想道德素质修炼德育教育校本教材，为实现"培养行为规范、技术过硬、企业欢迎的现代绅士淑女"这一培养目标服务。供本校及兄弟学校德育工作者、班主任对学生开展德育教育使用，也可供学生课外阅读使用。

本书在编写过程中，得到了学校党政领导的热心指导，得到了各部门的鼎力相助。学校党总支书记、校长刘文广亲自任主编，为本书命名并提出具体编写意见；副校长张正武、杨辉任副主编，杨辉负责调研、全书框架搭建、统稿并为本书作序。本书第一章、第二章、第三章由杨辉老师编写；第四章由张正武、兰纯涛老师共同编写；第五章由张明老师编写；第六章由谢龙老师编写。在编写过程中，还吸取了全国部分职业学校在德育课教学过程中的改革经验，参考了有关教材及其他有关著作的成果，在此一并表示诚挚的谢意。由于时间仓促，水平有限，书中难免有不足之处，欢迎广大读者提出宝贵意见。

编　者

2019 年 5 月

目 录

序言　我们是自信骄傲的中职生 ……………………………………………………… 1

绪论 ……………………………………………………………………………………… 3

　　第一节　我选择，我骄傲 ………………………………………………………… 3

　　第二节　成功始于细节 …………………………………………………………… 5

第一章　入学教育篇 …………………………………………………………………… 8

　　第一节　我是自己的主人 ………………………………………………………… 8

　　第二节　我是职业中专人 ……………………………………………………… 14

　　第三节　我的全新学习生活 …………………………………………………… 17

　　第四节　我是现代绅士淑女 …………………………………………………… 20

　　第五节　我要身心健康 ………………………………………………………… 25

　　第六节　我要敬畏规章 ………………………………………………………… 28

　　第七节　我要安全 ……………………………………………………………… 33

　　第八节　我是诚信友善的传承人 ……………………………………………… 37

　　第九节　我是勤劳俭朴、自理自立的新一代 ………………………………… 42

　　第十节　我要脚踏实地 ………………………………………………………… 45

　　第十一节　我要感恩奋进 ……………………………………………………… 48

　　第十二节　我要做个"匠人"修颗"匠心" ……………………………………… 53

第二章　行为习惯篇 ………………………………………………………………… 59

　　第一节　五个学会，好习惯伴我们一生 ……………………………………… 59

　　第二节　学会微笑，灿烂人生 ………………………………………………… 61

　　第三节　学会打招呼，充满自信 ……………………………………………… 65

　　第四节　学会让道，给自己更广阔的天地 …………………………………… 67

　　第五节　学会讲卫生，一屋不扫何以扫天下 ………………………………… 70

　　第六节　学会爱公物，勿以恶小而为之 ……………………………………… 72

　　第七节　规范形象，展现青春风采 …………………………………………… 74

　　第八节　规范语言，和谐校园 ………………………………………………… 77

　　第九节　规范行为，坚持养成 ………………………………………………… 81

第三章　礼仪修养篇 ··· 86

第一节　人间处处有真情 ··· 86

第二节　有一颗知恩的心，做一个感恩的人 ····················· 91

第三节　不做个人英雄，共建协作团队 ·························· 98

第四节　热爱学校，校兴我荣 ····································· 104

第五节　千古华夏传承尊师佳话 ··································· 107

第六节　尊敬长辈，永存感恩 ····································· 110

第七节　诚实守信为立身之本 ····································· 115

第八节　纯真友情乃宝贵财富 ····································· 121

第九节　终生学习为发展之源 ····································· 125

第四章　法规法纪篇 ·· 131

第一节　遵守社会公德，养成良好习惯 ·························· 131

第二节　严守规章制度，具备服从意识 ·························· 135

第三节　弘扬法治精神，建设法治国家 ·························· 139

第四节　维护《宪法》威严，当好国家公民 ····················· 144

第五节　崇尚程序正义，依法维护权益 ·························· 148

第六节　学习法律知识，预防一般违法 ·························· 153

第七节　自觉严以律己，避免违法犯罪 ·························· 157

第八节　正确处理事务，维护正当权利 ·························· 161

第九节　依法生产经营，保护社会环境 ·························· 166

第五章　职业素养篇 ·· 170

第一节　正视现实，珍惜机会，忠诚于自己的事业 ············· 170

第二节　恪尽职守，修身养德，奉献于自己的岗位 ············· 174

第三节　尽心尽责，勇于承担，承诺于自己的职责 ············· 179

第四节　服务服从，协同合作，忠实于自己的团队 ············· 186

第五节　吃苦耐劳，艰苦奋斗，为自己的理想拼搏 ············· 192

第六节　树立理想，惜时如金，目标在自己的前方 ············· 196

第七节　豁达大度，善于沟通，飞翔在人生的道路上 ··········· 201

第八节　安全工作，幸福生活 ····································· 207

参考文献 ·· 218

序言　我们是自信骄傲的中职生

一

我们正处在一个高速发展的时代。但是,自我的张扬和个人主义的回归可能会使人们的自我意识不断膨胀,不愿做小事;细节管理的缺失又容易使人们不认真做好小事。"中国绝不缺少雄韬伟略的战略家,缺少的是精益求精的执行者;决不缺少各种管理制度,缺少的是对规章条款不折不扣地执行。"

现实的情况是,我们的评价标准依然被忽略细节的思想支配着:一个学生只要学习好,就是好学生,而不论其心理分、道德分、综合素质分是否为零。

做"小事"的人想做"大事",无可厚非,但大量的工作,都是一些琐碎的、繁杂的、细小的事务的重复。这些事做成了,做好了,可能并不见什么成就,一旦做坏了,却会使其他工作受牵连,进而造成连锁反应,把一件大事给弄垮了。在自己的岗位上对细节给予最大程度的关注,这就是最圆满的功绩。

学校的德育工作,就是要着眼细节,从身边小事做起,积水成渊。要充分利用日常生活中的小事、每一个重要的日子、每一个生活中的德育因数,创设条件开展各种德育实践活动,让学生们在参与中自我修复,自我完善,自我提升。

二

什么叫人才?现代人才学对人才的解释是"通过创造性劳动,对社会或社会某方面的发展做出了贡献的人"。这一解释既汲取了前人的思想成果,也顺应了当今时代的要求,更加强调人才的实践能力和实践价值。

国以才兴,政以才治;小康大业,人才为本。在新世纪、新阶段,人才在全面建设小康社会的伟大实践中所处的地位和所发挥的作用越来越重要。我们学校一直致力于培养品德高尚、技能精湛的现代企业热门人才,而品德高尚、思想素质高是学校人才培养第一位的要求。

高度重视德育工作,是对学生负责的工作态度。德育即思想品德教育,在人的发展中起导向和促进作用。学校根据现代社会的需要和职业中学学生身心发展的特点和规律,有目的、有计划、有系统地施加影响,促进学生良好思想品德的养成。学校从学生能做好的身边小事开始培养,在做好小事中树立自信,养成习惯,规范言行。我们既重视思想教育、政治教育,也重视道德教育;既有爱国主义教育、集体主义教育、劳动教育、民主与法制教育、社会主义人道主义教育、社会公德教育、人生观与世界观教育,也有文明行为教育。

全面的德育教育是学生健康成长的必修课程。德育教育对学生的思想教育和职业教育具有特殊的重要性。当前职业教育发展中有一种危险的苗头,就是唯就业论。这种观点认为,职业学校的学生只需要学到就业所需的技能就可以了,职业学校把学生送到就业岗位就完成任务了。这种重数量轻质量、重技能轻素质的做法,培养出来的人不可能有很好的发展。今天上岗了,明天就下岗了,以后就失业了,这难道是我们职业教育追求的目标吗?这难道是学生们的追求吗?

在德育活动中,最重要的是要积极参与实践活动,在活动中积累、提高;最可贵的是坚持,在坚持中养成习惯。好的习惯将陪伴你一生,让你终身受益。

三

国务院发布的《国家职业教育改革实施方案》明确指出，"职业教育与普通教育是两种不同教育类型，具有同等重要地位"，"没有职业教育现代化就没有教育现代化"。职业教育摆在了教育改革创新和经济社会发展中更加突出的位置。我们是自信骄傲的中职生，我们正在用自己的坚强和毅力，不断地完善自己，不断地战胜自己，用自己的智慧去拥抱美好的时代。人，最大的敌人是自己。战胜懒惰，战胜自卑，战胜陋习，让我们用实力证明自己——相信吧，我能！

我们从"学会微笑、学会打招呼、学会让道、学会讲卫生、学会爱公物"开始做起，我们从能做好的小事做起，把小事做勤就是一种能力，把小事做成习惯，让习惯成为良好的品质，有了良好的品质，我们就能创造辉煌的业绩。

我们拥有健康的心理素质，在困难面前我们变得更加成熟。我们珍惜职校生活的每一天，在感动、感谢、感恩中享受着成长的快乐，在活动中陶冶情操，净化灵魂，让我们携手共进，走出精彩的职校人生。

以此为序，和大家共勉。

杨　辉

2019 年 5 月于四川中江职中

绪论

第一节　我选择,我骄傲

一、新的起点,激励我们继往开来

蓝天和白云的心一样,希望白鸽自由翱翔;学校和父母的心一样,希望我们健康成长。在这美丽的天府之国,厚重的川北文化积淀出英雄豪迈的精魂;滔滔凯江水更记录下了代代中江人不屈的奋斗。在这一方文脉灵秀、尊师重教的沃土上,有一座美丽的学校——四川中江职业中专学校。

在青春激扬的日子里,我们走进了职业中专这个快乐的地方,在平安校园中愉快歌唱;花开的日子,我们遨游在职业中专这个知识的海洋,和老师们一起编织梦想;收获的日子,我们愿意用心情的音符,去谱写美丽、和谐的职校乐章。从职校,走出了一批批引领职场的"蓝领"骄子,他们用自己的技能和勤奋,谱写了属于自己的光辉篇章。今天,我们云集一起,在职校励志求学,潜心习艺,正在铺就自己的事业路,实现自己的职场梦。

修炼提示

健康、快乐、向上,是人生的主题。

二、融入团队,树立理想

进入职业学校,就要迅速进入角色,"绅士淑女、真诚和谐、德高技精、自信坚强",是职校生的目标定位。不管我们来自何方,我们有缘融入了一个光荣的团队。

一个团队就要有共同的目标,团队是适应于目标的需要而存在的。只有当一群人有一个共同目标,而这个目标必须通过共同奋斗才能完成时,团队才能产生和继续存在。一个团队的存在,并不仅仅是为了自身的生存。如果仅仅能够养活自己,那么这个团队的存在对社会没有任何意义。今天,当我们对中国产品在世界市场所取得的成就、对中国经济的繁荣感到振奋和自豪的同时,冷静思考后我们会发现,取得这些成绩的主要原因正是以企业为主要形式的经济团队所创造的巨大价值改变了我们的生活,创造了这个时代的繁荣。

记住我们踏进职校的目标,那就是做一个"行为规范、技术过硬、企业欢迎的现代绅士淑女"!这是我们共同的目标,让这个目标一直激励我们奋发向上,不断挑战困难,战胜自己!

相关链接

继南昌起义和秋收起义失败后,毛泽东在江西三湾对部队进行了改编。在保证了中国共产党对这支军队绝对领导权的同时,对这支军队要去哪里、如何实现目标等问题进行了规划、设计。最终,"我们是人民的军队,我们是为人民服务的"成为这个军队的使命与宗旨。

这个军队诞生于南昌起义,它在土地革命战争时期叫作中国工农红军,抗日战争时期改为八路军和新四军,解放战争时期和中华人民共和国成立后统一为中国人民解放军。在南昌起义后的近80年的历史中,这支英雄的人民军队,在中国共产党的绝对领导下和全国各族人民的大力支援下,脚踏着祖国的大地,背负着民族的希望,穿过民族解放战争和人民解放战争的炮火硝烟,战胜了许多强大的敌人,克服了无数的艰难险阻,经受了种种严峻的考验,为实现中华民族的独立和解放,捍卫伟大祖国的主权和统一,保卫社会主义革命和建设,保卫人民和平安定的生活,做出了不可磨灭的杰出贡献,创造了彪炳史册的卓越功勋,谱写出无愧神圣使命的历史篇章。

中国人民解放军用铁一般的事实告诉我们:只有树立崇高的理想,培养神圣的使命感,才能让事业更精彩、更有意义,才能超越平庸、追求卓越。

三、加强修炼,成就英才

职校生活将从一日生活制度、内务卫生、校园常规、仪表风范、举止、操课、学习、实训等方面细化管理,职校生队伍将具备严密的组织、严明的纪律、严肃的态度、严谨的作风,"迅速反应、马上行动、雷厉风行、一丝不苟"将是所有职校人的精气神,"行为规范、技术过硬、企业欢迎的现代绅士淑女"是我们树立的学生品牌。

在校两年,学校每学期开设一个专题,作为德育工作载体,化空洞为实在。有目标、有计划、有内容、有措施、有考核、有奖惩,从校内延伸到校外,从现在延伸到今后,成为一个系统工程,伴随大家共同成长为引领时代职场潮流的"蓝领"骄子。

我们将在细节上提出许多明确的要求,在打造"四大景观效果"上做出亮点,通过不断地努力,构建"内务卫生一周七天天天军营;就餐秩序节俭文明有序;操课轮训整齐划一练出精气神;学生形象修炼成绅士淑女品牌"四大景观效果。

一届又一届的职校生,在这里被培养成优秀的企业人,他们用实力证明了自己。

四、修炼实践

1.读故事,谈感想

《当代职校生》中的一篇文章《重返校园是为了飞翔》中写道,一位中考失败的打工妹,一年的打工之旅让她想清楚了很多,她认为世界上最幸福的人还是读书人。后来一个偶然的机会,让她又有机会重返校园,重新感受校园的温暖,尽力地享受读书的快乐,或许太多的人不懂这种快乐,而她也不需要太多的人懂,她只想独自一个人享受这番美好的天地,独自沉浸在这美好的幸福中……

谈谈你读了这个故事的体会。

2.开展"我的职校路"大讨论

谈谈自己对专业的理解,对职校生活与学习的打算。

3.心灵氧吧

• 真正能给人们带来享受的东西,都是一些和钱无关的东西。时间是真正的奢侈品,如果丢失的话,世界上任何保险都赔偿不起。

• 对于沙漠中行走的骆驼,重要的不在于满眼都是沙子,而在于心中有没有绿洲。

第二节　成功始于细节

一、天下大事必做于细

1.从简单的事情做起

▶▶ 修炼提示

生活中的"大事"，都是由许许多多的"小事"组成的。在今天，随着科技的发展，分工越来越细，专业化程度越来越高，一个要求精细化管理的时代已经到来。

老子曾说"天下难事，必做于易；天下大事，必做于细"，精辟地指出了想成就一番事业，必须从简单的事情做起，从细微之处入手。相类似的，20世纪伟大的建筑师之一密斯·凡·德罗，在被要求用一句话来描述他成功的原因时，也只说了五个字："成功在细节。"他反复地强调，如果对细节的把握不到位，无论你的建筑设计方案如何恢宏大气，都不能称之为成功的作品。可见对细节的作用和重要性的认识，古已有之，中外共见。生活的一切都是由细节构成的，如果一切归于有序，决定成败的必将是微若沙砾的细节，细节的竞争才是最终和最高的竞争层面。

纵观中外许多企业，其之所以能有杰出的成就，往往主要是管理层始终把细节的竞争贯彻于整个产品开发的始终。细节的竞争既是成本的竞争，工艺、创新的竞争，也是各个环节协调能力的竞争，从另一个层面上说，也就是人才的竞争。托尔斯泰曾说过："一个人的价值不是以数量而是以他的深度来衡量的。"成功者的共同特点，就是能做小事情，能够抓住生活中的一切细节。

海尔总裁张瑞敏先生曾说："把每一件简单的事做好就是不简单；把每一件平凡的事做好就是不平凡。"海尔集团"严、细、实、恒"的管理风格，把"细"和"实"提到了重要的层次上，以追求工作的零缺陷、高灵敏度为目标，把管理问题控制解决在最短时间、最小范围，使经济损失降到最低，逐步实现了管理的精细化，消除了企业管理的所有死角，大大降低了成本材料的消耗，使管理及时、全面、有效，每一个环节都能透出一丝不苟的严谨，真正做到了环环相扣、疏而不漏。

而近些年不少公司的大起大落也在于，虽其规章制度不可谓不细、不严、不实，但往往说在口上，写在纸上，钉在墙上，就是落实不到行动上。真所谓成也细节，败也细节，一心渴望伟大、追求伟大，伟大却了无踪影；甘于平凡，认真做好每个细节，伟大却不期而至。这就是细节的魅力。

2.现代的竞争实际上是细节的竞争

在当今激烈竞争的市场中，怎样才能使企业始终立于不败之地呢？答案就是：细节决定企业竞争的成败。这主要是由两个原因造成的：其一，对于战略面、大方向，角逐者们大都已经非常清楚，很难在这些因素上赢得明显优势；其二，现在很多商业领域已经进入微利时代，大量财力、人力的投入，往往只为了赢取几个百分点的利润，而某一个细节的忽略却足以让有限的利润化为乌有。

现如今，社会上"差不多"先生比比皆是，好像、几乎、似乎、将近、大约、大体、大致、大概等等，成了"差不多"先生的常用词。就在这些词汇一再使用的同时，生产线上的次品出来了；矿山上的事故频频发生；社会上违章犯纪、不讲原则的事情也是屡禁不止。而与"差不多"的观念相应的，是人们都想做大事，而不愿意或者不屑于做小事。但事实上，能做大事的人实在太少，多数人的多数情况是只能做一些具体的事、琐碎的事、单调的事。也许过于平淡，也许鸡毛蒜皮，但这就是工作，是生活，是成就大事的不可缺少的基础。

随着经济的发展，专业化程度越来越高，社会分工越来越细，也要求人们做事认真、精细，否则会影响整个社会体系的正常运转。如，一辆小汽车有上万个零件，需上百家企业生产协作；一架飞机上几百万个零部件，涉及的企业单位更多；我国前些年"澳星"发射失败也是细节问题——在配电器上多了一块0.15毫米的铝物质，正是这一个小小的铝物质导致"澳星"爆炸。所以，无论做人、做事，都要从小事做起，注重细节。

▶▶ 修炼提示

成大业若烹小鲜，做大事必重细节。

想做大事的人很多，但愿意把小事做细的人很少。中国有句名言，"细微之处见精神"。细节，微小而细致，在市场竞争中它从来不会叱咤风云，也不像疯狂的促销策略，立竿见影地使销量飙升；但细节的竞争，却如春风化雨，润物无声。今天，盲目的竞争往往并不能做大市场，而细节上的竞争却将永无止境。一点一滴的关爱、一丝一毫的服务，都将铸就用户对品牌的信念。这就是细节的美，细节的魅力。

二、细节改变命运

认真观察你就会发现，那些成功者都是注意细节的人，注意细节，方可成就事业。

任何人都不可否认的一个事实就是：最伟大的生命是由最细小的事物点点滴滴汇集而成的。绝大多数人很少能有机会遇到那种重大的转折，很少有机会能够开创宏伟的事业。而生活的溪流往往是由这些琐碎的事情、无足轻重的事件以及那些过后不留一丝痕迹的细微经验渐渐汇集成的，也正是它们才构成了生命的全部内涵。

▶▶ 修炼提示

天才与凡人的最大区别往往体现在这些微不足道的小事上。

那些看来微不足道的事情，其中都蕴藏着巨大的能量。因注意细节而改变命运的事例简直是不胜枚举。

▶ 相关链接

德国有一家服装厂，每年生产许多手套，都在附近的城市销售，销量一直平稳。有一年，他们得知附近新建了一家专门生产手套的小厂，由于这个小厂业务量不大，对他们似乎没有什么影响，就不太在意。但是，一年后，他们发现：自己生产的手套的销量下滑了，而那个小厂生产的手套几乎占领了80％的市场份额……原来，那家小厂生产的手套，即使同一双，大小都是不一样的；因为大多数人是右撇子，右手通常比左手大。所以，这种大小不一的手套，戴起来感觉更合适！

三、从一屋扫起——做好细微之事

那些对自己毫无认识，永远不屑于做细微之事的人，永远成就不了任何大的事业。

查尔斯·狄更斯在作品《一年到头》中写道："有人曾经被问到这样一个问题：'什么是天才？'他回答说：'天才就是注意细节的人。'"

>> 修炼提示

一屋不扫,何以扫天下。

同学们,在以后的学校生活中,在职业学校的学习生活中,你将接受细节上的许多要求。"一屋不扫,何以扫天下";小事做不好,何谈做大事。小事,一般人不愿意做。但成功者与碌碌无为者最大的区别,就是他愿意做别人不愿意做的事情。别人不愿意操练,你更要加强自我操练;别人不愿意做准备,你更要多做准备;别人不愿意付出,你更要多付出。成功最重要的秘诀,就是去做别人不愿意做的小事。请注意生活中的细节吧,正是这些细节,引导你走向成功!

相关链接

细节见素质

有一个女孩,在一所普通的中专学校读书,成绩一般。她得知妈妈患了不治之症后,想减轻一点家里的负担,希望利用暑假的时间挣一点钱。她到一家公司去应聘,经理看了她的履历,没有表情地拒绝了。女孩收回自己的材料,用手掌撑了一下椅子站起来,觉得手被扎了一下,看了看手掌,上面沁出了一颗红红的小血珠,原来椅子上有一个钉子露出了头。她见桌子上有一块镇纸石,于是用它将钉子敲平,然后转身离去。几分钟后,该公司的经理派人将她追了回来,她被聘用了。

四、修炼实践

1.读一读,议一议

(1)读一读。

①有一个荷兰眼镜制造商的儿子,在同他的兄妹们玩耍时,偶然把两个镜片叠在了一起。他万分惊奇地发现远处教堂的尖顶一下子就跑到了眼前。他们兄妹几个轮流看了几遍,都感到很惊讶,于是就跑到屋里去把他们的父亲请了出来,他们的父亲也是同样的不理解和万分的惊奇。同时,他觉得他似乎发现了一种可以为老年人的生活提供便利的工具,而且这一发现还可能给他带来巨大的利润。于是,他就去向伽利略请教,伽利略马上意识到这一发现对于天文爱好者具有巨大价值。据此,伽利略发明了一架天文望远镜。就是利用这架天文望远镜,使他在现代天文学上有了伟大的发现。

②有一天,一个腿部有点残疾的人在匹兹堡的大街上行走,当时的人行道很滑,他一不小心滑倒了,帽子被风刮到了人行道前面一个男孩子的脚下。这个男孩子用力踢了一下,把它踢到大街的中央去了。这时,另一个男孩子走过来,帮这位老人把帽子捡了起来,并且扶他回到了旅馆。老人记下了这个好心的男孩子的姓名,并且对他的善意之举表达了深深的感谢之情。大约在一个月之后,有人给这个男孩送来了一张1000美元的支票。那男孩只是做了一件微不足道的事情,只是一件举手之劳的小事,但是他的善行竟然得到了丰厚的回报。

(2)议一议。

俗话说"细节决定成败",结合将来的学习、生活谈谈你的理解。

2.活动策划

收集整理有关注重细节的名人名言或故事,抄录下来,开展朗读比赛或故事会。

3.心灵氧吧

• 把每一件简单的事做好就是不简单;把每一件平凡的事做好就是不平凡。——张瑞敏

第一章　入学教育篇

第一节　我是自己的主人
——融入新校园 适应新角色

一、我的学校，温馨的家

刚刚进入中职的你，离开朝夕相伴的爸爸妈妈，甚至远离家乡，面对新的校园、新的学习生活，多少有些身心上的不适。为了更好、更快地融入新校园，适应新的角色，主动关心学校的过去、现在与将来，全面提升自身对学校与专业的认同感与光荣感，用心感受到所在学校及专业给予你的"家"的温馨，意义非常。

相关链接

刘莺，某中职学校市场营销专业的新生，对于自小就是爸爸妈妈的心肝宝贝，从来没有独立生活过的她，面对全新的学习生活环境，她感觉极为不适应。口音不习惯，生活也不习惯，周围又没有一个熟人；没有知己、伙伴，只有孤独；父母不停地打电话问她的情况，她每次接电话都哭个不停……

思考：是什么原因导致刘莺出现诸多不适的状况？

1.我的学校，我的骄傲

自你进入校园的那一刻起，你便与学校结下了不解之缘。了解校情校史，你便与校荣校誉相约，与优秀学长学姐并肩，并将因此而自豪；领悟学校的校训、校风、教风、学风便成了你当前的第一渴求。因为它们不但承载着学校创建、发展与壮大的历程，更是体现着学校办学特色与文化精神。你自会树立起"今天，我以学校为荣；明天，学校以我为傲"的信念。你也将在其文化精神的感召下，定能全面提升自己"知校、爱校、荣校"的责任情怀，定能倾听到发自内心的那强劲的声音："我的学校，我的骄傲！"

2.我的专业，我的"爱"

相关链接

明亮没能考上自己中意的重点高中，于是决定来到本县某职业中专学校，选择了自己比较喜欢的计算机及应用（平面设计）专业，可是他心里没底，因为他不知道这个专业会学习什么么，自己能不能学会，专业技术学习有什么要求，其就业方向如何……

带着对未来职业的希望与憧憬，你与明亮同学一样，毅然迈进了中职学校的大门，又一次站在了自己人生新的起跑线上。在这里，有出色的专业教师为你们诠释所学专业的人才培养目标、专业特点、课程设置、技能要求、行业需求、就业前景、升学方向，让你对所学专业有一个充分的了解与认识,让你走出困惑;有优秀的学姐学长让你认识到"尽快完成从初中生向职校生的角色转换"的重要性,同时,更让你们明白"只有学好专业知识,只有不断坚持与努力,才能收获成果,实现人生梦想"的真谛,对所学专业充满信心和兴趣,你会真正感悟到,我的专业,就是我今生的"爱"。

3.周边环境早熟悉

相关链接

李惠,某中职学校新入学的住校生,报到时由他父母陪伴。第一个周末回家,自己独自赶车返校,竟然迟到了。问其原因,他告知班主任,其实他很早就可以到学校了,只因为没注意到学校的具体公交站台,错过站了,恰恰学校外又是单行道,只好一边走,一边问,徒步回校耽搁了时间……

想一想,议一议

1.李惠为什么会出现赶公车坐过站的现象?

2.为什么他只能徒步回校?

3.你还发现哪些类似的现象呢?

对于初来乍到的你,校园周边环境直接影响着你后期学习生活的适应性。校园周边环境主要包括周边购物环境、交通状况、风俗习惯、饮食口味、就医渠道、银行网点等。

二、校园生活,青春激昂

青春、阳光是你的名片,激情、昂扬是你的象征。校园是你学习生活的场所,校园生活大多以学习为主,课外活动为辅,包括学习、情感、娱乐、社团等等方面,正是这多方面的交织,构成了丰富多彩的校园生活。校园生活具体包括社团活动、党团活动、志愿者活动等。

歌舞社团文艺汇演	校园管乐队表演现场	礼仪队接待服务现场
国旗队整装待发	篮球队比赛进行时	茶艺表演现场

1.社团活动丰富多彩

学生社团是由一群有共同兴趣爱好的学生自发组成的业余学生团体。学生社团是校园文化建设的主力军,是校园社会活动的重要内容,更是中职学生丰富校园生活、提高自身综合素质、提升社会适应性、培养兴趣爱好、参与学校活动、扩大求知领域、增加交友范围、丰富内心世界的重要形式。

学生社团形式多种多样,内容更是丰富多彩。主要包括文学艺术、体育、音乐、美术等专业的活动小组,有文艺社、棋艺社、摄影社、美术社、书法社、歌唱队、篮球队、足球队等等。

2.党团活动引领成长

亲爱的同学,你正处在汲取知识、塑造世界观、人生观、价值观的关键时期。党团组织在你成长、成才中发挥着重要的引导作用,越来越多的像你这样充满朝气的中职生被吸引到党团组织中来。在党团组织的引导下,你们就如初升的太阳,朝气蓬勃,茁壮成长……

相关链接

入党条件

1.年满18周岁以上的中国工人、农民、军人、知识分子和其他社会阶层的先进分子。

2.承认党的纲领和章程。

3.愿意参加党的一个组织并在其中积极工作。

4.执行党的决议。

5.按期交纳党费。

入党程序

1.个人申请。

2.组织培养(入党对象培养考察期为一年以上),填写入党积极分子考察表。

3.填写《入党志愿书》,要有两名正式党员做介绍人。

4.支部审查,支部大会讨论做出决议,报党委。

5.上级党组织谈话了解、审批(预备期一年以上)。

6.入党宣誓。

7.预备期。

8.支部考察预备期,提出能否转正意见,并报党委。

9.党委审查,合条件的转正,不合条件的延长预备期。

10.转正:个人申请;支部大会通过;报党委审批。

11.延长期:支部考察延长期,提出意见,并报党委审查,合条件的转正,不合条件的取消预备党员资格。

3.志愿者活动铸我担当

青年志愿者行动本着"奉献、友爱、互助、进步"的精神,铸就着每一个热血青年的奉献与担当。参加青年志愿者活动是同学们进入中职学校后,丰富自己的课余生活,成就自己责任担当的又一个明智选择。

近年来,青年志愿者行动的服务领域不断扩大,在农村扶贫开发、城市社区建设、环境保护、大型活动、抢险救灾、社会公益等领域形成了一批重点服务项目。

相关链接

联合国将志愿者(Volunteer)定义为"不以利益、金钱、扬名为目的,而是为了近邻乃至世界进行贡献活动者",指在不为任何物质报酬的情况下,能够主动承担社会责任而不关心报酬,奉献个人的时间及精神的人。我国对志愿者的定义是"自愿参加相关团体组织,在自身条件许可的情况下,在不谋求任何物质、金钱及相关利益回报的前提下,合理运用社会现有的资源,志愿奉献个人可以奉献的东西,为帮助有一定需要的人士,开展力所能及的、切合实际的,具一定专业性、技能性、长期性服务活动的人"。

"中国青年志愿者"标志的整体构图为"心"的造型为主,同时也是英文"青年"的第一个字母 Y;图案中央既是手,也是鸽子的造型。标志寓意为中国青年志愿者向社会上所有需要帮助的人奉献一片爱心,伸出友爱之手,以跨世纪的精神风貌,面向世界,走向未来,表现青年志愿者"热情献社会,真情暖人心"的主题。

本标志是中国青年志愿者活动的统一标志,将制成胸章、纪念章(徽章)、旗帜及其他宣传品,供青年志愿者开展活动和宣传之用。此标志版权归共青团中央所有。

4. 自主管理,自我服务

苏霍姆林斯基说:"实现自我教育,才是一种真正的教育。"而对于中职学校的学生而言,实现自我教育的重要手段就是首先要实现自我管理、自我服务。当前,闲暇生活已经成为中职生学习、生活不可分割的部分,如何积极开展自我学习、自我管理、自我服务、自我发展,培养自己的良好习惯,促进自身个体发展,维护自身身心健康,端正自己的学习生活与工作态度意义重大,相信你也不例外。

加入学生会,是我们利用好闲暇,丰富业余生活的重要途径,在当好老师助手的同时,凡事积极参与、积极协调,自我管理、自我服务。

🔖 相关链接

学生会是学校的组织结构的一部分,是学生自己的群众性组织,是校方同学生之间的桥梁与纽带,凡在校学生都是学生会的成员。学生会以全面发展、提高综合素质为目标,以学习做人和处事,掌握专业技能为中心,倡导自我服务、自我管理、自我教育,组织全体学生开展丰富多彩、生动活泼的学习、科技、文艺、体育、志愿服务、公益劳动等各类活动,引导同学们不断提高政治觉悟和道德水平,树立立志成才、立志报国的远大理想,增强劳动观念,增进身心健康,维护同学的正当权益,反映同学的建议、意见和要求,促进同学之间,同学与教职工之间的团结协作,协助学校创造良好的教学秩序和学习生活环境,为学生的健康成长服务。

中江县职业中专学校学生会简介

中江县职业中专学校学生会是在学校党总支、校团委指导下的学生自治队伍。在这充满激情、青春无限的校园中,有一个舞台可以充分发挥你的潜能,展示你的才华。这个舞台就是——中江县职业中专学校学生会。

校团委学生会坚持"自我教育、自我管理、自我服务"的原则,秉承"全心全意为全校师生服务"的宗旨,高唱"职责、榜样、服务、荣誉"口号,力求做到"从学生中来,到学生中去",开展健康有益、丰富多彩的活动和社会服务,协助学校文明建设,切实发挥团委学生会作为联系学校和学生之间的纽带作用。

加强学生自治工作,在楼层值周、校园安全秩序巡查、环境综合治理、节能降耗、德育常规工作检查、军事化训练考核等方面融入学生干部力量;开办校园广播站、诚信点歌台,发挥好学校喉舌作用,为学生提供广阔的大舞台。

学校学生会是德阳市学生联合会第一次、第二次代表大会主席团成员单位,学生联合会第一届、第二届委员会委员单位。校团委学生会为我校创建国家改革创新示范学校做了积极贡献。

中江县职业中专学校学生会部门工作职责

（着眼于小事,致力于平凡）

组织部

负责团委办公室工作,团员发展、团员证注册管理;团员登记、团费收缴、团员组织关系转接;团组织、团员档案建立管理,数据统计材料收集工作;完成学校交办的其他任务。

宣传部

负责团委公众号运营和校园广播站,利用团委公众号和校园广播,坚持正确的舆论导向,及时宣传播报校内外健康积极的新闻,开展特色文化宣传,让同学们及时了解国家与学校的最新资讯。利用诚信点歌台为学校师生送上美丽的祝福,负责学校各类文娱活动的主持工作,完成学校交办的其他任务。

青年志愿者协会

由热心于青年志愿服务的同学组成,奉行"自愿、奉献、友爱、互助"准则。广泛开展校内外服务,促进校园精神文明建设。为学校建设、公益事业、精准扶贫以及社会大型活动等提供服务。完成学校交办的其他任务。

社团工作部

社团工作部是校团委内部负责社团之间协调、管理的重要部门,社团工作部的主要职责是:监管社团运作,引导社团动向,指导社团活动开展;协调各社团之间关系,规范各社团的制度、活动,调动各社团的积极性,使各社团在统一管理下有序的开展工作;联系校外社团,听取、反映和解决各社团的难题和要求,负责布置、安排、监督学校的社团活动;完成学校交办的其他任务。

纪检部

负责对全团各级学生干部的工作纪律、作风进行考核,制订团学干部纪律督查工作计划,认真落实纪律督查任务。维护校园安定,杜绝违反学生行为规范的事发生。负责每日班主任晚签到,班级楼层值周督查。完成学校交办的其他任务。

安全部

负责对校园安全秩序的维护,杜绝校园暴力和吸烟、赌博等不良现象。对学生发生的违纪、违规的行为进行制止、批评、教育,对拒不接受甚至无理取闹的,对文明监督岗执勤的学生进行威胁、恐吓、报复的,移送学生处严肃处理。完成学校交办的其他任务。

生活部

负责对校园环境卫生、节能降耗工作进行督查,并及时反馈到相应责任班级,并督促及时整改。对食堂的卫生和服务进行监督,负责收集同学们在饮食方面的问题,并及时向总务处反映发现的问题。完成学校交办的其他任务。

文体部

负责学校大型集会和学校各类文体活动的会务准备及后勤保障,对校园内常规安全秩序进行巡查,协助相关部门搞好体育常规竞技类比赛。组织学生自治队伍内部的文体活动。完成学校交办的其他任务。

竞聘流程:竞聘人员根据学校通知可到班主任老师处或团委办公室领取申请表→填写完成,班主任签字→上交团委办公室→参加选拔面试。

注:最终解释权学校团委。

三、修炼实践

1.走访调查

(1)参观教学楼、实训室、图书室、活动厅、食堂、宿舍,了解、熟悉校园学习、生活环境。

(2)搜集学校的办学特色,诸如办学目标、校训、校风、教风、学风、中江职中赋,明确其承载的精神文化。

2.我来加入

(1)走访校园老师与同学,了解校园的主要社团。

(2)根据自己的兴趣、爱好与特长,觉得自己应参加哪个社团,为什么?

3.我来设计

以班级为单位,设计组织一次"爱学校、爱专业"的主题活动。

如请优秀的专业教师做专业思想教育专题报告;请本专业优秀毕业生,讲述自己的成长故事;根据你对所学专业的了解,说说你现在所学专业的培养目标、专业课程设置、专业技能要求、就业前景、升学方向;谈一谈你对自己的职业人生有哪些最美好的憧憬。

4.心灵氧吧

• 强者容易坚强,正如弱者容易软弱。——爱默生

- 要知道,能在困境中保持自强是多么令人崇敬啊! ——朗费罗
- 百川东到海,何时复西归? 少壮不努力,老大徒伤悲。——汉乐府《长歌行》
- 不登高山,不知天之高也;不临深溪,不知地之厚也。——《荀子》

第二节　我是职业中专人
——求学有门,升学有望,就业有技,创业有路

每个人都有自己的青春梦、创业梦、成才梦。走进中职学校,求学有门,升学有望,就业有技,创业有路,同样可以拥有美好的未来,精彩的人生。

一、职业教育——放飞青春梦想

产业转型升级、技术管理更新和生产方式变革,对高素质技能型人才的需求日益旺盛,接受职业教育成为许多发达国家青少年的普遍选择。

在我国,中国特色社会主义进入新时代,经济发展进入新常态,随着新型工业化、信息化、城镇化、农业现代化的深入发展,越来越多的初中毕业生看好职业学校,选择进入中职学校学习。2017年,全国在校中职生约有1600万人。一批批中职毕业生,学得一技之长,活跃在职场,追寻着自己的青春梦、创业梦、成才梦。

相关链接

1. 平凡而又不平凡的中职生

莫某,毕业于广西柳州市的一所职业学校,现就职于广东某网络公司。家境贫困的他,自幼残疾,是政府的惠民政策和社会爱心人士的资助使他得以进入职业学校。入学后,他刻苦钻研网络技术,曾获得全国中职技能大赛“计算机企业网络搭建及应用项目”二等奖,成为柳州市第一位残疾人“青工技术状元”。

2. 从一线工人到科技先锋

王洪军,毕业于一汽技工学校,凭借他发明的“王洪军轿车钣金快速修复法”,荣获了国家科学技术进步二等奖,成为新中国成立以来首个获此殊荣的一线工人。他说:“作为一名中职毕业生我非常自豪,我想对中职生学弟学妹们说,一定不要自己瞧不起自己,因为只要你努力,行行都能出状元;只要你努力,在这个社会上都能做出一定的贡献。这点我在自身的岗位上深有体会,不但获得了国家科技进步奖,还享受国务院政府津贴,一个工人能获此殊荣,也证明了国家对一线工人的重视,我希望在你们当中能够涌现出更多能超越我的人。”

二、职业教育——成就就业梦想

目前“中国制造”正在走向“中国智造”,迫切需要大量的高素质技能型人才,职业学校的学生大有用武之地。

1. 企业渴求技能型人才

当前,我国正在大力推进传统制造业向现代制造业转变,人工智能方兴未艾,许多公司却频频面临“设备易得、技工难求”的尴尬局面。尽快填补技能人才缺乏的短板,推进产业顺利

转型升级,已成为当务之急。

2.就业优势突出,就业率和专业对口率高

近几年来,全国中职毕业生就业率一直保持在95%以上。"史上最难就业季"的2016年,中职毕业生就业率仍然达到96.71%,高于当年普通高校毕业生的平均就业率。2016年,全国中职毕业生对口就业率72.91%,远远高于本科毕业生。学有所成、学以致用在职业教育领域得到了充分的体现。

相关链接

《2016年中国大学生就业报告》显示,2015届大学生毕业半年后的就业率为91.7%,与2014届(92.1%)和2013届(91.4%)基本持平。其中,本科院校毕业生为92.2%、高职高专为91.2%,均低于中职学生的就业率。

中职学生通过专业学习,掌握了职业所需要的专业技能和知识,毕业后即可上岗,深受企业欢迎。这是中职学生就业率和专业对口率高的重要原因之一。

相关链接

就读于成都市某职业学校数控班的夏某,发奋努力,勤勉自强,掌握了扎实的技能,多次获得全国、成都市职业院校技能大赛一、二等奖。

毕业时,因技能出色,他被成都市飞机发动机集团公司录取。2012年,他在公司组织的"青年岗位能手大赛"中荣获"青年岗位能手"称号。公司部门负责人说:"这样的学生,有多少我们要多少!"

3.就业渠道广

中等职业学校对学生的就业非常重视,通过积极开展校企合作、集团化办学等多种途径,拓宽了就业渠道。

(1)校企合作搭建就业"直通车"。

中等职业学校通过校企合作的方式,实现专业设置与职业岗位、教学内容与生产要求的深度对接,在学校与企业间搭建起就业通道。据调查,全国95%以上的中等职业学校都通过与企业开展"订单式培养""企业冠名班"等形式,使部分学生入学即就业,毕业即上岗。

(2)职业技能大赛——迈向未来的"绿色通道"。

2002年,我国举办了首届全国职业院校技能大赛。目前,大赛每年举办一届,成为全国职业院校学生大检验、大练兵的平台。通过"校校有比赛、层层有选拔、全国有大赛"的机制,每年有数百万中职学校的学生参加各种"学、训、赛"活动。十多年来,众多职业院校学生在大赛中脱颖而出,成为企业抢手的"香饽饽"。

(3)自主创业。

中职学校实行校企合作、工学结合的教学模式,注重课堂与职场的结合,使学生看得见、摸得着,不再是被动地接受知识。中职学校也非常重视创业教育,鼓励、支持学生发挥想象力和创造性,成就学生们的创业梦。

三、职业教育——实现升学梦想

1.读中等职业学校一样能上大学

目前,四川省的中职学生可以通过对口考试、高等职业院校单独招生等途径升入高等院校继续学习。

政策链接

四川省中等职业学校学生升入高等院校学习的主要途径

一、高等职业院校单独招生统一考试（简称高职单招）

高职单招是指高等职业院校在高考前，单独组织命题、考试，对中等职业学校毕业生、普通高中毕业生进行招生，列入国家统招计划。

二、普通高校和高职班对口招生统一考试（简称对口考试）

对口考试是指普通高等院校对口招收中等职业学校的应、往届毕业生。与高职单招相比，中职学生通过对口考试不仅可以进入高等职业院校，还可以进入高等专科院校、本科院校。

三、高等职业学校免试录取

获得由教育部主办或联办的全国职业院校技能大赛三等奖及以上奖项或由省级教育行政部门主办或联办的省级职业院校技能大赛一等奖的中等职业学校应届毕业生，可按规定程序由高等职业学校免试录取。

四、中高职院校贯通培养

中等职业学校学生可以通过参加中高职院校联合开展的"3＋2""3＋3"分段贯通培养试点专业转段升学。

五、其他途径

中等职业学校学生可以通过自学考试或毕业后参加成人高考等方式升入高等院校学习。这几种考试的报名方式、考试内容等相关政策，均可在四川省教育考试院网站查询。

2.招生考试制度改革趋势——中职生未来升学道路将更加宽广

我国正在系统构建从中职、专科、本科到专业学位研究生的培养体系，拓宽高等职业院校招收中等职业学校毕业生、应用技术类型高等学校招收职业院校毕业生的通道，打开职业院校学生的成长空间，为学生多样化选择、多路径成才搭建"立交桥"。

四川省积极实施中高职教育衔接推进计划，推进中高职培养目标、专业设置、课程体系、实习实训等方面的衔接。服务"工业强省"战略，中职、高职和企业三方联合开展"现代学徒制"教育，合作培养高技能人才。提高专科高职院校招收中职毕业生比例、本科高校招收职业院校毕业生比例、高职院校招收有实践经验人员比例。加快推进高职教育分类招考，扩大职业院校毕业生升学机会。重点探索"文化素质＋职业技能"、单独招生、综合评价招生、技能拔尖人才免试和中高职贯通培养的考试招生办法。

三、修炼实践

1.我来分析

阅读后帮助小王分析一下他的发展前途。

开学第一天，同学们高高兴兴地步入了新学校，好奇地感受新的学习生活环境，准备开始新的学习生活。而同学小王却满脸无奈和困惑。

老师将小王叫到身边，亲切地询问小王是怎么回事。小王告诉老师，自己的不少同学上了普高，他们的目标是考大学，而自己却上了中职。自己不知道在中等职业学校能学什么，学了有什么用，更不知道自己今后的发展前途在哪里。

2.我来设计

在老师的指导下,统计、设计一份本专业应届毕业生升学就业宣传海报,并设想一下自己的职业理想。

3.拓展阅读

请你谈一谈吴某军身上有哪些品质值得我们学习。

吴某军,男,学校2014级机械数控专业学生,来自中江县玉兴镇一个小山村。他是单亲家庭,爸爸常年在外务工,家里只有年迈的爷爷奶奶,所以从小他就做家务。他在学校读书期间,为了节约车费经常走路或者跑步到学校,班级的脏活累活他都积极干,不怕苦不怕累。两年后,他被学校安排到中国龙工集团(上海)股份有限公司顶岗实习,工作中仍然保持吃苦耐劳、艰苦朴素的品质。他为了学习技术,为了多挣钱减轻家庭负担,自愿申请到公司最辛苦的焊接岗位工作。焊接岗位劳动强度大、温度高,也比较脏和累,但是能够学到技术,工资也比较高,8个月后他已经给家里寄回约5万元现金。他在公司工作一年后,拿到了高级焊工等级证,被破格提升为公司中层管理人员。

4.心灵氧吧

- 生活的情况越艰难,我越感到自己更坚强,甚至也更聪明。——高尔基
- 只要持续地努力,不懈地奋斗,就没有征服不了的东西。——塞尔加

第三节　我的全新学习生活

面对全新的学习内容和学习方式,我们要潜心学习专业知识,努力掌握专业技能,发展个人爱好,为自己一生的发展打下良好的基础。

一、面向职业岗位的学习

现代企业不仅要求从业人员具有较强的学习意愿、良好的职业道德和团队精神,更需要其具有丰富的专业知识和扎实的专业技能。作为未来的从业者,我们在校的学习将以就业岗位的需求标准为内容,通过学习专业知识和训练专业技能,提高自己的综合素养,以适应岗位的需求。

相关链接

2014年5月,成都市某职业学校组织了一场招聘会,其中一家公司准备招聘一名会计,其招聘条件是:①财务、会计专业中专以上学历,持有会计证;②有财务会计工作经历者优先;③能熟练地使用Word、Excel等办公软件;④熟悉会计报表的处理、会计法规和税法,能熟练使用财务软件;⑤具有良好的学习能力、独立工作能力和财务分析能力;⑥工作细致,责任感强,有良好的沟通能力、团队精神。

★讨论

1.如果你是财会专业的学生,要想成功应聘这一职位,除了要取得相应的学历外,还应该具备哪些条件?

2.从事财经管理工作的人员应该具备哪些基本的素质?

二、独特的学习内容

面临全新的学习生活,"学什么?与以前的学习内容一样吗?"这些都是大家想迫切了解的问题。我们的学习将以职业能力的培养为中心,通过学习公共基础课程和专业技能课程,提高职业能力,增强职业素养。

相关活动

通过向班主任、专业课教师咨询,了解你所在专业即将学习的课程。

公共基础课程:_____

专业技能课程:_____

三、独特的学习方式——做中学,学中做

方法得当与否往往会主宰整个读书过程,它能将你送达成功的彼岸,也能将你拉入失败的深渊。

美国著名科学家富兰克林说过:"告诉我,我会忘记;教给我,我可能记住;让我参与,我才能学会。"职业学校的教学过程更注重任务型教学,提倡学生"做中学,学中做",知识的掌握、技能的拥有、能力的形成,都存在于实践操作活动中。

"做中学,学中做",就是自己动手,在实践中观察和思考,以悟得新知,同时将习得的知识与具体的生活实践相联系,学以致用,活学活用。

1. 开展实作实训,提高专业技术

实作实训是指在学校管理状态下,按照人才培养规律与目标,对学生进行职业技术应用能力训练的教学过程。实作实训包括校内实训和校外实训两种形式。

在校内实训课上,我们将在模拟实际工作的环境中,引入项目案例,老师讲解、示范,学生模仿、练习、完成工作任务,从而达到提高学生职业能力的目的。学生还可以在学校的组织下,到实训基地、关联企业去,在真实的企业环境中,在企业严格的管理下,通过师傅教、学生学等形式开展实训工作,实现从"学生"向"准职业人"的转化。

2. 做好顶岗实习,迎接社会挑战

顶岗实习是指在学生基本完成教学实训和大部分基础技术课程之后,到专业对口的现场直接参与生产过程,综合运用本专业所学的知识和技能,完成一定的生产任务,并进一步获得感性认识,掌握操作技能,学习企业管理,养成正确劳动态度的一种实践性教学形式。

顶岗实习是中职学生学习的一个重要环节,也是对已学知识进行补充、完善的重要手段。在校的第三年,本着专业对口的原则,学校将通过双向选择等形式推荐学生到企业去实习。中职学生将以"员工"的身份走上工作岗位,运用自己所学的专业知识"真正"地工作,履行自己的职责。实习期间,学生将在学校和实习单位的共同指导和管理下,掌握专业技能,积累工作经验,养成正确的工作态度,从一个对工作"一窍不通"的新手成长为"炉火纯青"的能手。

相关链接

一名学生的实习感言

通过近一年的顶岗实习,我学会了许多原本在学校书本上学不到的知识,也让我们这些

单纯的学生走出了单纯的校园,进入社会,并且通过实习,提前进入、了解并融入这个社会。虽然一年的实习时间比较短,但我学到了许多新的东西,提升了技能,增加了社会经验,更加收获了工作的快乐!

3.更新学习观念,掌握正确的学习方法

进入中职学校,我们不仅可以学到文化基础知识,而且还可以获得一技之长,找到自己满意的工作。我们可以通过自主学习,激发自己的学习兴趣,拓宽知识视野,更好地适应社会发展。

职业教育不是应试教育,但同样讲求学习效率。要取得较好的学习效果,除了要树立正确的学习观念外,还需要根据专业特点和个人志趣,掌握恰当的学习方法,在愉悦的学习体验中提高自己的学习能力。

相关链接

吴荷是某中职学校旅游专业的学生,现于某酒店担任部门经理。吴荷在回校为学弟学妹做报告时,有位学妹问她:"你在学校是怎样学习的?"吴荷结合自身实际,谈了她的看法:"一是按时完成老师安排的学习任务;二是通过讨论等方法开展合作学习;三是主动给自己加担子,充分利用业余时间进行训练,提高自己的动手能力。"结合吴荷的建议,请思考并拟订适合自己的学习方法。

四、独特的评价方式——多元化评价

1.实行综合评价

中职学生的课业成绩一般是由学生本人、同学、任课教师、实训指导教师共同参与考核评定。考评时不仅要看考试分值,还要考查动手能力,并参考平时的学习表现。

2.实行"双证书"制度

中职学生毕业时既要取得学历文凭,又要取得职业资格证书。考取职业资格证书是就业准入的需要。到目前为止,会计、物业管理员、车工、铣工等66个行业在全国范围内实行就业准入制度。随着我国经济的飞速发展、科学技术水平的不断提高,一些原来没有规定的职业也将逐步实施职业资格证书制度,取得职业资格证书是社会发展的必然趋势。

五、修炼实践

1.我来参与

(1)你所学专业对应的岗位是否需要取得职业资格证书? 如果需要,应该取得的职业资格证书有哪些?

(2)组织学生观摩高年级学生的实作课,了解实作实训课的基本流程。

2.拓展阅读

吃苦耐劳是获取成功的秘诀

吃苦耐劳是获取成功的秘诀,是每一位渴望走向成功的人应该具备的基本素质和基本条件。无论你从事哪个行业,哪个领域,想要取得好的成绩,吃苦耐劳都是必不可少的,天上不会掉馅饼,一分耕耘一分收获,只有付出艰辛的努力,成功才会垂青于你。

中国人最喜欢讲的一句励志的话就是"吃得苦中苦,方为人上人",这句流传很久的至理名言精辟地概括出了吃苦与成功之间的必然关系:吃苦耐劳是成功的秘诀。那些能吃苦耐劳的人,很少有不成功的。这是因为苦吃惯了,便不再把吃苦当苦,能泰然处之,遇到挫折也能积极进取;怕吃苦,不但难以养成积极进取的精神,反而会对困难挫折采取逃避的态度,这样的人当然也就很难成功。

3. 心灵氧吧

- 有志者自有千计万计,无志者只感千难万难。
- 第一个青春是上帝给的;第二个青春是靠自己努力的。
- 没有一种不通过蔑视、忍受和奋斗就可以征服的命运。
- 成功是优点的发挥,失败是缺点的累积。
- 别想一下造出大海,必须先由小河川开始。

第四节 我是现代绅士淑女

——绅士淑女,真诚和谐,德高技精,自信坚强

我们学校的人才培养目标是:行为规范、技术过硬、企业欢迎的现代绅士淑女。

相关链接

有颜值更有实力的国宴服务师

2016年9月4日,国家主席习近平和夫人彭丽媛在杭州西子宾馆举行欢迎宴会,欢迎出席二十国集团领导人杭州峰会的所有嘉宾。杨金花就是这次二十国集团领导人杭州峰会国宴服务人员之一。2014年4月,作为中江县职业中专学校高星级饭店运营与管理专业的学生,杨金花被推荐到五星级酒店——浙江嘉兴阳光大酒店实习。因为综合素质高、业务能力突出,她很快从基层的服务员晋升为管理人员。2016年3月初,二十国集团领导人杭州峰会国宴服务人员在整个浙江省五星级酒店中进行人员选拔,经过一轮轮面试、考核和全封闭的培训后,杨金花从上千名候选人员中脱颖而出,成为30名国宴服务人员之一。其出众的业务水平受到中共浙江省委的表彰。杨金花,这位从中江职业中专走出去的农村女孩,已由一名稚嫩的实习生成长为一位优秀的国宴服务师。

一、来到新学校

1. 认识新校园

学校里有高耸的教学楼、宽敞的操场、温暖的宿舍……特别是,这里还有许多摆放着各种操作仪器的实训室、汽车修理间、生产操作间等。这些是职业中学的特点。

学校还有许多的教职员工,在教育教学、后勤服务、宿舍管理、实训室管理等岗位上,为学生服务和工作,保障学生更好地学习与生活。

我们进入了新的校园,升入中等职业学校,开始了梦想之路。

2. 进入新班级

我们来自四面八方,为了实现自己的青春梦,我们走到了一起。进入新的班集体,我们便是其中一分子。为了有序、快乐地生活学习,我们需要共同遵守班级规则,更重要的,我们每

个人都要争做文明的中职生。

文明是什么呢？文明就是见到师长时的问好，就是路上相遇时的微笑，就是同学遇到困难时的帮助，就是真诚表达歉意的一句"对不起"，就是自觉将果皮纸团随手丢进垃圾箱……文明是一种举动，文明是一种习惯，文明更是一种品质、一种修养。"人有礼则安，无礼则危。"如果你礼貌和气，就会赢得许多人的友谊。

二、融入新"家庭"

1.尊敬理解老师

老师是我们前进道路上的灯塔，他们教给我们知识，指导我们成长。老师又被誉为"人类灵魂的工程师"，是手执金钥匙的人，他们引领我们打开智慧宝库，帮助我们走向成功。所以，尊敬老师是我们每一个学生最基本的礼貌。

我们应该怎样尊敬老师呢？见到老师行礼或主动问候，回答老师问话要起立，接受、递送物品时要起立并用双手。除此以外，我们要理解尊重老师的劳动，虚心听取老师的教诲，认真听老师讲课，并认真完成老师布置的作业等。

2.尊重团结同学

同学是我们学习中互相帮助的朋友，也是给我们的生活增添快乐的伙伴，所以，要和同学真诚交往，友好相处。

有一颗尊重的心。人与人之间的交往是一门艺术，其中最核心的一点，就是尊重他人，与人为善。

相关链接

快乐的秘诀

一天，一位美丽的小姑娘做了一个美丽的梦，梦见一只美丽的蝴蝶被树枝钩住了，心地善良的她小心地救了那只蝴蝶。这只蝴蝶是仙女的化身。她说："为了报答你的救命之恩，你要什么都可以。"小姑娘回答说："我只要快乐一辈子。"仙女在小姑娘耳边说了几句话。

从此，小姑娘一直生活得很快乐。别人问她："为什么你总是那么快乐，蝴蝶仙子告诉你的快乐秘诀是什么？"小姑娘说："我现在还不能说。"直到90多岁临终时，这位一生快乐的老太太终于说出了秘诀："尊重你身边的人，爱你身边的人。"

尊重他人会给我们带来更多成功的机会，或许会改变你的命运。爱是我们共同生活的纽带。世界因为有爱而变得美丽，生活因为有爱而变得精彩。

有一颗宽容的心。金无足赤，人无完人。宽容他人，就要接纳别人与自己的不同之处，允许差异的存在，对别人的缺点要多一分理解和宽容。

土地宽容了种子，拥有了收获；

大海宽容了江河，拥有了浩瀚；

天空宽容了云霞，拥有了神采；

人生宽容了遗憾，拥有了未来。

此外，我们还要尊重他人的宗教信仰和民族风俗习惯。我国是个多民族的国家，不同民族的饮食、衣着、生活方式、风俗习惯不同，宗教信仰也不同，我们应理解和尊重每个人的宗教信仰和风俗习惯。

修炼提示

学会宽容，防止冲突。不同民族的同学之间由于性格和民族文化不同，在交往过程中，尤其是当涉及比较敏感的民族风俗习惯时，可能会发生一些矛盾甚至冲突。这时候我们要学会宽容。宽容是一种美德，也是一种胸怀。生活中许多矛盾、冲突往往因一些小事而起。比如，一次不经意的对面相撞，一次不经意的言语冒犯，本来只需说声道歉就可以化解了，但如果双方都要维护"面子"，或者出言不逊，甚至拳脚相向，结果往往使得矛盾升级。中学生处于特定的生理发展期，自制能力较弱，遇事容易冲动，在日常生活中要学会忍让，学会换位思考，彼此以宽容之心来对待，不同民族的同学之间的不和与矛盾也就很容易化解了。

相关链接

某学校学生泽某与李某，在学校午餐时不慎撞在一起，双方都不赔礼道歉，还相互辱骂，以至于大打出手。但看到有老师在巡视，两人便停止争斗，相约下午放学后在学校后操场僻静处私下处理。两位学生回到各自的班上后，便对其他不知情的同学说，对方叫了几位同学准备打他，于是就有许多不明真相的学生参与到双方矛盾中。下午放学后，双方有30多名同学在后操场"理论"，由于话不投机，双方开始推搡起来，直至发生群殴事件。巡视老师发现情况后，立即通知学校保卫科，制止了事件的进一步升级。事后学校展开全面调查，查明了整个事件的起因及经过。学校认为，事件双方当事人都没按学校相关规定处理同学之间的矛盾，导致了这次严重的学生群殴事件，学校按相关规定严肃处理了双方主要参与者（双方各开除1人，另外各有5人受到不同程度的处罚）。通过老师的教育，参与打架的学生都非常后悔。

有一颗团结的心。与同学交往中，要互相谦让，不打架、不骂人、不嘲讽讥笑同学、不背后议论人。同学有进步，要衷心祝贺，不嫉妒；同学有困难，要热心帮助。同学之间有时难免会发生一些小矛盾，这时要宽容大度、冷静处理，做到"宰相肚里能撑船"，必要时也可请老师协调解决，切忌一时冲动，动手打人。

3.共建和谐班集体

模范遵守班级规则。班集体是我们共同学习的地方，为促进大家德、智、体、美、劳的和谐发展，人人都要主动遵守班级规则。同时，我们也要发挥自我管理和相互监督的能力，通过共同制定公约的形式，完善班规，改进班集体。

积极参加班级活动。班集体活动有利于增进和同学之间的沟通交流，有助于增强班级的凝聚力和集体荣誉感。我们要积极参加班会活动以及其他班集体组织的活动等，融入班集体中，成为合格的一分子。

努力为班集体增光。一滴水，只有放进大海，才不会干涸；一个人，只有融进集体，才能充分展现他的才华和生命的价值。同样的道理，如果我们做了好事，就可以给班集体带来荣誉；反之，则会给班集体抹黑。我们的一言一行都和班级的荣誉密切相关。比如，一个同学迟到了，就会给所在的班级扣分；一个同学违反了纪律，就会连累到班集体等。要想为集体增光添彩，我们该怎么做呢？首先是要严格要求自己，模范遵守校纪校规、班纪班规，不做有损集体的事。其次是发挥自己所长，为班集体争得荣誉。

作为有知识、有文化的学生我们应该知道，一切矛盾都只能在法律的范围内、在政策的指导下寻求解决，无论有什么要求，无论要表达什么的情绪，法律这条底线是不能够逾越的。同学之间出现冲突时，一定要保持冷静，保持克制，通过合理的渠道寻求解决。千万不要草率地用拳头"说话",找老乡"帮忙",这样势必会把小事变大,把冲突激化,把问题复杂化,甚至造成悲剧,受到应有的处罚。正确的做法是:及时报告老师,在老师的帮助下达成谅解,友善解决矛盾冲突,不留后患。

三、争做现代绅士淑女

学校为学生量身定制了人才成长培养方案,就是"行为规范、技术过硬、企业欢迎的现代绅士淑女"。

1. 行为规范

(1)学会微笑。

微笑着面对生活、微笑着面对他人、微笑着面对困难。在校园,面对学校教职工、面对同学、面对来宾时面带微笑,做到有礼有节。与领导、老师、同学等交谈时面带微笑,友好地注视着对方,坦诚交流,用语文明礼貌。每天起床时给自己一个微笑,让自己一整天都拥有一个好心情。

(2)学会打招呼。

自信地展示自己,乐观地进行人际交往,主动融洽人际关系。熟练掌握各种称谓,并根据对方的面容、服饰等迅速做出判断,主动与对方打招呼。

(3)学会让道。

拥有豁达心胸,具备谦恭礼让的绅士风度和处处为别人提供方便的优良品格。

礼让右行成为行路中应遵守的一条规范。

见到迎面有人来时,主动靠右让对方先行。迎面有领导、老师、同学等行走时,要学会谦让,停下来让对方先行。

与他人同向行走时,不抢占他人行走的道路,不推拉、拥挤。就餐、打卡、购物、乘车、取钱时讲秩序、排好队,不插队、不抢位子。

学会让道还指礼让,遇事多给别人提供方便。

(4)学会讲卫生。

按照学校内务标准、教室布置要求、公共区域打扫要求及个人卫生要求等规范自己的卫生习惯。

讲究个人卫生。严禁出现"五乱"现象,坚持杜绝校园中乱扔、乱倒、乱吐、乱拉、乱画等行为的发生。坚持教室、寝室、公共区域的"一日三扫,全天保洁,拖擦刷倒"卫生制度。按照学校规定进行垃圾分类处理,具备良好的环保意识。

(5)学会爱公物。

维护学校公物管理办法,损坏公物及时赔偿,以损坏学校公共设施为耻,杜绝浪费水电的现象发生。不将公共财物据为己有,不参与偷抢等违法活动。

(6)规范形象。

着装得体,不穿奇装异服;不佩戴饰物,不烫发染发,男生发长不超标(黄线6厘米、红线8厘米)。站、行、坐姿规范,举止得当。礼仪标准,使用好体态用语:微笑、握手、招手、鼓掌、右行礼让、回答问题起立等。

(7)规范语言。

在公共场合使用普通话,提倡私下交流使用普通话。使用规范汉字。

使用文明用语:"请""您""您好""谢谢""对不起""没关系""再见"。逐步减少、杜绝地方语言,不说、骂脏话。

(8)规范行为。

在规定的时间到达规定的地点,在规定的地点做规定的事情,无论做什么事情都要做好。

严格执行一日生活制度,严格遵守寝室、教室、运动区域、集会活动纪律。

信守绅士淑女公约。

2.企业欢迎

(1)德爱真诚。

热爱学校,争做骄傲自信的职业中专人;热爱师长,学会感恩;热爱同学,真诚待人;热爱学习,终身努力。

(2)遵纪守法。

遵守公德:文明礼貌、助人为乐、爱护公物、保护环境。

遵守法纪:自觉学习法律知识,敬畏法律的尊严。无任何违法、违反校纪校规现象。

(3)遵守规章。

严守作息时间,无迟到、早退、旷课现象发生。遵守行为规范和组织纪律。积极适应环境。执行上级安排,不找任何借口。

(4)敬业合作。

理解先生存、后发展的关系,能吃苦耐劳,满腔热情地、严肃负责地对待工作。具备大局意识、协作精神和服从与服务精神。

3.现代绅士淑女标准

(1)现代绅士标准。

做"真诚、谦恭、睿智"的现代绅士。现代绅士标准如下。

形象:整洁、阳光。

品德:果敢、担当。

礼仪:文雅、谦逊。

才艺:博学、卓越。

(2)现代淑女标准。

做"独立、优雅、知性"的现代淑女。现代淑女标准如下。

形象:端庄、大方。

品德:独立、博爱。

礼仪:优雅、达礼。

才艺:广博、拔萃。

四、修炼实践

1.我来设计

把下面这段话作为第一节课前必诵项目:绅士淑女,真诚和谐,德高技精,自信坚强。

设计一份"现代绅士淑女"主题手抄报,或者设计自己成长为"现代绅士淑女"的提升计划。

2.打架的成本

讨论警方发布的这份打架的成本,深入了解打架的危害。

	不要打架:打输住院,打赢坐牢
没有造成 人员伤害	严重违反四川省教育厅关于"三禁两不十不准"纪律规定,严重违反学校校规校纪,给予记过直至开除学籍处分+记入个人档案+家长务工费+就业、毕业受到严重影响
造成轻微伤 直接成本	5～15日行政拘留+500～1000元罚款+医药费、误工费等赔偿+因拘留少挣的工资
造成轻伤 直接成本	3年以下有期徒刑、拘役或管制+赔偿金+开除学籍+医疗费、误工费等赔偿+因羁押少挣的工资+社会及家庭影响
造成重伤或死亡 直接成本	3年以上10年以下有期徒刑、无期徒刑或死刑+经济赔偿+社会及家庭严重影响
打架附加成本	在公安机关留下前科+心情沮丧抑郁+名誉形象受损+家人朋友担忧+学习、就业、参军、工作、生意、出行、生活、名誉等因留下案底遭受更大的影响
民事责任成本	诉讼费+律师费+医疗费+误工费+法律规定赔偿的相关费用
打架的诱因	1.为小利益互不相让;2.因小事情失去理智; 3.爱慕虚荣死要面子;4.朋友义气一时冲动

3.拓展阅读

阅读下面短文,谈谈自己的体会。

十"要"十"不要"

要举止文明;不要口出脏话,随意骂人。

要自尊自爱;不要自以为是,盛气凌人。

要尊重他人;不要出口伤人,戏弄同学。

要团结互助;不要欺弱怕强。

要礼貌待人;不要打架斗殴。

要强身健体;不要喝酒、吸烟。

要友谊为重;不要早恋。

要参加有益活动;不要看不健康的影视图书。

要遵守秩序;不要围观、起哄。

要加强法纪学习;不要意气行事,我行我素。

第五节 我要身心健康
——我是珍爱生命、热爱生活的青年人

朱自清曾说:"燕子去了,有再回来的时候;杨柳枯了,有再青的时候;桃花谢了,有再开的时候。但是,聪明的你告诉我,我们的日子为什么一去不复返呢?"

生命不可能有第二次,那就让我们珍爱生命,热爱生活,健康成长。

一、远离"黄、赌、毒",珍惜生命

"黄、赌、毒"不仅给社会带来巨大的危害,而且威胁着广大中学生的人身安全、生命安全,威胁着学校的安全、安宁和稳定。

毒品诱惑青少年,主要有这样几种方式:①谎称"毒品吸一两次不会上瘾"。事实是,一次

吸毒,永远想毒,终身戒毒。②提供所谓的免费尝试。此后,上瘾的青少年就要高价购买毒品了。③声称"吸毒治病"。实际情况是,吸毒会严重危害青少年的身心健康,甚至导致死亡。④鼓吹"现在有钱人都吸毒",以此蛊惑青少年,引诱其步入毒品深渊。⑤谎称"吸毒可以减肥",以此诱惑欺骗那些爱美之心的青少年。

据调查,近几年来,青少年违法犯罪呈上升趋势,尤其是因"黄、赌、毒"诱发的犯罪率逐渐上升,且速度越来越快,严重影响青少年的健康成长,给家庭、社会带来不可想象的后果。广大青少年要树立远离"黄、赌、毒"的意识,不看黄色书刊及黄色影视制品,不参加赌博,不抽烟,不吸毒。

二、养成健康的生活方式,爱惜生命

"健康第一""健康是金"。曾几何时,我们开始觉醒了:什么都不重要,只有身体健康才是头等大事。因为,生活在这个世界上,没有谁愿意接受病痛的折磨,谁都希望拥有一个健康的身体去尽情地享受人生!

相关链接

某学校学生赵文,白天上课睡觉,晚上通宵不睡(课堂是床,电脑是战场),长时间坐在电脑前玩游戏,最终他因暑假通宵上网三天三夜导致猝死,17岁的生命终结于网络游戏。

1.远离不良的生活方式

有些事情说来容易做起来难,大家都明白的再简单不过的道理,往往落实到具体行动中就不行了。正可谓"人人都说健康好,就是满嘴流油满肚膘;人人都说健康好,就是不愿运动不愿跑"。一方面我们希望自己拥有健康的身体,另一方面又不愿意放弃"享福"的机会,烟雾渺渺,美酒飘香……如此下去,年复一年,健康就在这种"享福"中离我们而去。

相关链接

不良生活方式

1. 黑白颠倒型

这种类型的同学,就是白天上课睡觉,晚上通宵不睡。

2. 及时享乐型

今朝有酒今朝醉,哪管明日之事。由于受到家庭、社会、网络和影视作品的影响,在很小的年龄就学会抽烟、喝酒,并进入酒吧等娱乐场所。

3. 自我封闭型

这种人在家里与家人缺乏交流,在学校与同学和老师不予沟通,生活在自己个人的小圈子里。

4. 自我糟蹋型

这种人对自己的身体不关心,经常是不吃早餐,一日三餐无规律,想吃就吃,想睡就睡,而且特别喜欢吃洋快餐,遇到身体不舒服,也不去医院看病,美其名曰节约金钱。

5. 慢性自杀型

为了实现自己的目的,花天酒地、吸食毒品等就成了他们生活的重要组成部分。

2.远离毒品　拒绝诱惑

诱惑之一:谎称"毒品吸一两次不会上瘾""试试吧,没关系"……多数吸毒者就是这样试上了瘾,一发而不可收。当一个人面对毒品愚蠢地掉以轻心时,毒品便把人拉向痛苦的地狱。众多吸毒者的亲身经历是:一日吸毒,永远想毒,终身戒毒。

诱惑之二:"免费"尝试。几乎所有吸毒者初次吸食毒品,都是接受了毒贩或其他吸毒人员"免费"提供的毒品。此后,毒贩们再高价出售毒品给上瘾的青少年。

诱惑之三:声称"吸毒治病"。毒贩们利用人们对毒品的无知和对疾病的恐惧,引诱青少年吸毒。但实际情况是吸毒会严重危害青少年的身心健康,损害人的大脑,影响血液循环和呼吸系统功能,还会降低生殖和免疫能力,甚至导致死亡。

诱惑之四:鼓吹"吸毒可以炫耀财富,现在有钱人都吸毒"。毒贩们瞄准一些青年通过自己努力取得成功,积攒了一定财富的机会,向这一群体灌输"吸毒是有钱人的标志"这种极其荒唐的错误观念。

诱惑之五:利用女性爱美之心,编造"吸毒可以减肥"的谎话。实际情况是,客观上不仅损害面容和身体,还摧残人们的意志。

3.养成健康的生活方式

要健康,要从良好的生活方式开始,只有健康地生活,才能享受健康的人生。当今人类健康的生活方式是指:合理膳食、适量运动、戒烟戒酒、心理平衡、生活有规律。坚持吃早餐、营养搭配均衡、注意饮食卫生、不暴饮暴食。坚持适量运动,每天安排一定的时间坚持体育锻炼。不吸烟,不喝酒。保持稳定的心态,做到心理平衡。生活要有节制,有规律。坚持早睡早起,按时就餐,娱乐有节制,过有规律的生活。

学生应多积极参加学校的操课轮训、体育活动。

4.保持稳定的心态

三个"正确":正确对待自己,正确对待他人,正确对待社会。

三个"快乐":助人为乐,知足为乐,自得其乐。

三颗"心":事业上有颗进取心,生活中有颗平常心,奉献社会有颗爱心。

三、爱护生存的环境,保护生命

随着经济的发展,环境受到严重的破坏。水土流失、大气变暖、空气和水遭遇污染,这些问题已经受到广泛关注。生命只有一次,地球只有一个,珍爱生命,必须珍爱我们赖以生存的地球,做到与大自然和谐相处,才能维护生命的长久。

低碳,英文为 low carbon,意指较低(更低)的温室气体(二氧化碳为主)排放。低碳经济,是以低能耗、低污染、低排放为基础的经济模式,是人类社会继农业文明、工业文明之后的又一次重大进步。"低碳经济"的理想形态是充分发展"阳光经济""风能经济""氢能经济""生物质能经济"。它的实质是高能源利用效率和清洁能源结构的问题,核心是能源技术创新、制度创新和人类生存发展观念的根本性转变。我们要从生活点滴做起:践行"低碳生活",节能减排,少用电,少用燃气,少开车,多步行或骑自行车;节约用水,使用清洁能源和可再生能源等。

四、积极地面对挫折,热爱生活

有句话说得好:"苦难、迷茫、黑暗、失败的旁边,必定还有另一扇窗,当遇到困难,打开旁边的那一扇窗,看到的也许就是希望。"挫折是我们前进路上的试金石,只有那些勇敢面对挫折,并以必胜信念去战胜挫折的人,才是真正的强者。

相关链接

迪斯尼的传奇

遍布世界的迪斯尼乐园以及迪斯尼系列的卡通片,不仅是孩子们的最爱,就连不少成人也很痴迷。而迪斯尼王国的创始人沃尔特·迪斯尼却曾经有过流落街头的经历。

沃尔特·迪斯尼年轻时想当一名艺术家,于是就到当地的《明星》报社去应聘。然而,报社主编说迪斯尼的作品"没有思想",拒绝了他。这令迪斯尼万分沮丧,因为他身上已经没有钱了,于是他不得不流落街头。不久,迪斯尼临时找到一个替学校教学作画的工作,但报酬少得可怜,仅够勉强度日。迪斯尼借用学校的废弃车库做办公室,辛勤地工作着。在艰难的生活中,迪斯尼依然不忘自己的梦想,把空余时间全都用在了绘画上。

后来,迪斯尼去好莱坞摄制一部卡通片。然而等待他的依然是失败。他又一次变得一无所有。但这一切并没有使他气馁,他仍然坚持着自己的创作。最后,迪斯尼画了一幅米老鼠的卡通画,鼓起勇气拿给好莱坞的一位导演看。导演看后大为惊奇,就录用了他。从此,米老鼠成为世界上家喻户晓的卡通动物,迪斯尼也由此开始了自己辉煌的事业之路。

有些人因为一次小小的挫折,就认为世界是灰色的,以为自己失败了,心中满是失落;有些人遇到不开心的时候自残,甚至自杀;有的人还故意伤害别人,甚至残忍地将人杀害,造成悲剧。人生的失意与得意、痛苦与快乐、贫穷与富裕等等构成了生命交响曲,我们应该学会以达观、知足、感恩、善解、包容的人生态度面对顺境和逆境,好好地活下去。其实,上帝是最公平的,在你失败的时候,他就会赐予另一个机会,只要你调整心态去发现这个机会,又会是一个辉煌的成功!

五、修炼实践

1.我来设计

设计制订一份一周的健康行为计划,与同学相互交流、相互督促实施。

2.心灵氧吧

* 那些常常在游戏的人,仍然还在那里游戏,生命总是如此地浪费。——泰戈尔

* 人最宝贵的东西是生命,生命只有一次,一个人的生命是应当这样度过:当他回首往事的时候,他不因虚度年华而悔恨,也不因碌碌无为而羞愧。——奥斯特洛夫斯基

* 只要有生命就会有希望;只要有希望就会有欢乐。——查尔斯·里德

* 若得不到丰富的、充实的生命,那么活着与死亡又有什么区别?——巴金

* 人们说生命是很短促的,我认为是他们自己使生命那样短促的。——卢梭

第六节　我要敬畏规章
——规章制度不能违反

一、纪律规定要牢记

我们怀揣求知学技、成就理想人生的梦想来到中职学校学习,如果学校没有规章制度规

范老师和同学们的学习、生活、工作行为,维护校园稳定与和谐,老师随心所欲地教,同学自由散漫地学,那整个学校的教育教学就不能正常有序开展,我们的梦想就会成为空想。因此,我们每位同学都应牢记规章制度要求,自觉遵守纪律规定。

二、部颁规章要领会

教育部于 2004 年 3 月 25 日、2010 年 5 月 13 日分别下发了《关于发布〈中小学生守则〉、〈小学生日常行为规范(修订)〉和〈中学生日常行为规范(修订)〉的通知》(教基〔2004〕6 号)、《关于印发〈中等职业学校学生学籍管理办法〉的通知》(教职成〔2010〕7 号)。《中等职业学校学生学籍管理办法》从推动中职教育健康发展出发,对学校、学生和教育行政部门提出了基本要求,《中小学生守则》对学生思想品德形成和行为习惯养成提出了宏观要求,《中学生日常行为规范》则从行为习惯养成这一微观入手,提出了具体的、可操作的要求。

相关链接

中等职业学校学生学籍管理办法(节选)

第七条　新生应当按照学校规定时间到校报到,办理入学注册手续。因特殊情况,不能如期报到,应当持有关证明向学校提出书面申请。

第十四条　学生学籍变动包括转学、转专业、留级、休学、注销、复学及退学。

第十八条　学生退学由学生本人和监护人提出申请,经学校批准,可办理退学手续。

学生具有下列情况之一,学校可以做退学处理:

1. 休学期满无特殊情况两周内未办理复学手续;

2. 连续休学两年,仍不能复学;

3. 一学期旷课累计达 90 课时以上;

4. 擅自离校连续两周以上。

第二十一条　学生应当按照学校规定参加教学活动。

第二十五条　考试、考查和学生思想品德评价结果,学校应当及时记入学生学籍档案。

第二十七条　学生顶岗实习和工学交替阶段结束后,应当由企业和学校共同完成学生实习鉴定。学校应当将学生实习单位、岗位、鉴定结果等情况记入学籍档案。

第二十九条　学生在德、智、体、美等方面表现突出,应当予以表彰和奖励。

第三十条　学校对于有不良行为的学生,可以视其情节和态度分别给予警告、严重警告、记过、留校察看、开除学籍等处分。

受警告、严重警告、记过、留校察看处分的学生,经过一段时间的教育,能深刻认识错误、确有改正进步的,应当撤销其处分。

第三十二条　对学生的奖励、记过及以上处分有关资料应当存入学生学籍档案。

第三十三条　学生达到以下要求,准予毕业:

1. 思想品德评价合格;

2. 修满教学计划规定的全部课程且成绩合格,或修满规定学分;

3. 顶岗实习或工学交替实习鉴定合格。

第三十六条　对于在规定的学习年限内,考核成绩(含实习)仍有不及格且未达到留级规定,或思想品德评价不合格者,以及实行学分制的学校未修满规定学分的学生,发给结业证书。

三、省厅规定应理解

四川省教育厅结合本省中职学校学生教育、管理工作实际,依据国家教育部有关规定,制定了《中等职业学校学生内务管理规定》等管理规章,对全省中职学校学生教育管理工作具有重要指导意义。

相关链接

中等职业学校学生内务管理规定(节选)

第九条 学生对学校领导、教师、管理干部应当做到:

(一)尊重师长,服从领导管理。

(二)诚实守信,主动汇报思想。

(三)犯有过错时,诚恳接受批评,勇于承认改正错误。

(四)不当面顶撞,不背后议论,不搞小动作。

(五)关心学校,爱护集体荣誉,维护校园环境。

第十四条 学生不得抽烟酗酒、赌博和打架斗殴,不得携带隐藏管制刀具,不得参加迷信活动。

第十五条 学生不得到酒吧、网吧和电子游戏厅等营业性娱乐场所。严禁学生涉足不健康场所。

第十六条 学生不得购买、传看色情、暴力、迷信和低级庸俗的书刊和音像制品。

第十九条 学校一日生活。

起床:听到起床信号后,全体学生立即起床,按规定着装,做好出操准备。

早操:除节假日、休息日外,学生每日应出早操,时间通常为30分钟,主要进行队列训练和身体锻炼。除特殊情况和经学校批准休息的伤病员外,学生都应参加早操。听到出操信号后,各班应迅速集合,检查着装,跑步到集合场,由值日教师带队出操。

整理内务和洗漱:早操后,整理内务,清扫室内外和洗漱。

开饭:按规定时间开饭,开饭时间通常不超过30分钟。就餐时应保持安静,遵守食堂秩序,不铺张浪费。

行课:学生应遵守教学计划安排。行课前做好准备,按时提前进入教室(实训场所)。行课中要认真听讲、精心操作,遵守纪律和安全规范,严防事故发生。课间休息时,不得擅离学校。

午休:听到午休信号后,除执勤人员外,学生均应在寝室卧床休息,保持肃静。午休时间可由个人支配,但不得擅自外出,不得影响他人休息。值日学生应协助管理人员检查本班午休情况。

课外活动:学校应安排每日不少于1小时的课外活动时间。课外活动应以锻炼身体为主,也可组织学生开展各类文体、个人兴趣、打扫公共卫生、绿化美化校园等积极健康的活动。

晚自习:学生应遵守学校晚自习规定。晚自习可按教学计划以班级为单位统一安排,也可根据学生实际自行安排学习内容。学校可用晚自习时间组织开展政治学习、党团活动、主题班会等活动。

点名:班级通常每日点名,休息日和节假日必须点名。点名由班主任组织实施。点名以班为单位在就寝前或者其他时间进行。

就寝:熄灯信号发出十分钟前,值日学生要协助管理人员督促学生放置好衣物用品,听到熄灯信号立即熄灯就寝,保持肃静。

第二十三条 请假与销假。

(一)学生外出,必须提前请假,按时归校销假;未经批准不得擅自外出。学生在行课(实训)时,无特殊事由不得请假。

(二)请假一日以内(不远离学校、不在外住宿)的,由班主任批准,一日以上三日以内由校学生管理部门批准,三日以上由学校领导批准。学生请假外出时,必须完备请假批准手续,由班级或学校负责登记,交代注意事项,提醒出行安全。归校后必须向请假层级销假,班主任当日应向学校报告学生请销假情况。学校应严格按适当比例,控制学生请假外出人数。

第二十八条 奖励与处罚。学生在内务管理、行为习惯规范、遵守校规校纪等方面表现优秀,应予以表彰和奖励。对违反本规定的学生,学校要耐心教育,惩前毖后,帮助其改正错误。对有严重不良行为的学生,可视其不良行为的性质程度和态度分别给予警告、记过、记大过、留校察看等处分;对极个别严重违反本规定,屡教不改、影响极坏的学生应劝其退学,严肃纪律。

中职学校学生行为"十不准"纪律规定

(1)不准携带隐藏管制刀具。(2)不准打架斗殴。(3)不准结伙滋事。(4)不准擅自外出。(5)不准酗酒抽烟。(6)不准衣冠不整。(7)不准侮辱他人。(8)不准赌博盗窃。(9)不准强行索要他人财物。(10)不准进营业性歌舞厅、酒吧。

中职学生"三禁两不"规定

严禁携带私藏刀具,严禁饮酒酗酒,严禁在校内抽烟,不准结伙抱团,不准不假外出。

四川省教育厅
关于中等职业学校学生违反"三禁两不"规定纪律处分暂行办法(节选)

第一条 学生违纪纪律处分分为:(一)警告;(二)严重警告;(三)记过;(四)留校察看;(五)开除学籍。

第二条 学生携带私藏管制刀具,给予留校察看及以上处分;再次携带私藏管制刀具或发生矛盾纠纷时使用管制刀具的,开除学籍。

第三条 学生在校饮酒,给予批评教育、警告及以上处分;饮酒屡教不改或酗酒滋事的,开除学籍;因饮酒引发其他违规违纪事端的,视其情节加重处罚。

第四条 学生在校内吸烟,给予批评教育、警告及以上处分;屡教不改的,给予留校察看直至开除学籍。

第五条 凡抱团结伙寻衅滋事、打架斗殴、以大欺小、以强凌弱的,参与者给予记过及以上处分;主要参与者给予留校察看处分直至开除学籍。

第六条 学生不假外出或逾假迟归者,给予警告、严重警告、记过处分,屡教不改的,开除学籍。不假外出夜不归宿的,翻窗、翻墙、强行不假外出的,给予留校察看及以上处分。

第七条 学生因违法犯罪触犯治安管理处罚法、刑法被处罚的,开除学籍。

第九条 受留校察看及以下处分的学生,确能改正的,学校应在一学期后一年内按程序解除其处分,并告知学生。

第十条 学生受处分的资料应存入学生学籍档案。处分解除后,有关资料应从学生学籍档案中撤出,存入学校文书档案。

第十一条 本办法自下发之日起执行,适用于四川省中等职业学校学生。

第十二条　学校应根据本办法修订完善学校纪律处分规定并予校内公示,不一致的按本办法执行。

第十三条　本办法由四川省教育厅解释。

四、学校纪律要熟记

为了落实国家和省教育厅有关规定,促进学生健康成长,各校都会制定诸如学籍管理、德育量化考核、一日行为规范、请假、就寝、集会、公物管理、学习、实训、实习、安全管理、违纪处理等学生管理规章制度。(请把你认为重要的制度内容抄录或张贴保存)

相关链接

四川省中江县职业中专学校毕业证发放办法(节选)

第二条　暂缓毕业、不予毕业规定

1.学业成绩不合格的学生需按照教学处规定参加补考且成绩合格,毕业时仍有部分课程(包括职业资格考证、跟岗实习、顶岗实习)成绩不合格的学生,暂缓毕业;暂缓毕业学生自毕业之日起第二年内可按学校规定时间申请参加补考,补考成绩合格后可发毕业证书,补考仍不合格者,不发毕业证书。

2.在校期间违返校规、校纪,或者顶岗实习(含跟岗实习)期间违反企业规章制度、学校相关制度,受到校纪处分(含警告、严重警告、记过、记大过、留校察看等)的学生,经过一段时间的教育,经相关老师、企业管理人员证明能深刻认识错误、确有改正进步的,可由其本人向学生处提出书面撤销处分申请,经学校及企业相关人员审批同意后撤销处分。在毕业时仍未通过撤销处分的学生,缓至当年12月底之后,凭学生处开具的撤销处分证明可领取毕业证书,最迟次年6月底前仍未通过撤销处分的,不发毕业证书。

3.顶岗实习学生需于毕业当年6月30日之前提交由实习单位考核、验印的《顶岗实习手册》至班主任处,班主任收齐后于6月30日交就业办,就业办根据学生实习情况确定实习考核不合格名单。实习考核未达合格及以上标准的学生,缓至当年12月底之后,凭就业办开具的顶岗实习考核合格证明可领取毕业证书,最迟次年6月底前仍未达到以上要求的,不发毕业证书。

4.毕业时仍欠费的学生,暂缓发放毕业证书,直至缴清各项费用。

五、争做遵章守纪好学生

青年是祖国的未来,肩负着全面建设小康社会、实现中华民族伟大复兴的中国梦的历史重任,必须从现在做起、从小做起,担当执行制度的守护者,养成遵章守纪良好习惯。

相关链接

列宁和卫兵

列宁进克里姆林宫时,卫兵洛班诺夫不认识他,一定要他按规定出示证件。与列宁一起来的那名留着小胡子的随从上前粗暴地说,"这是列宁同志,请你让开",并要卫兵立即放行,被列宁制止了。列宁掏出了证件,卫兵从证件上知道眼前的人就是列宁时,他脸红了,连声说"对不起"。列宁亲切地对他说:"同志,你做得对!任何人都要坚守制度。"

六、修炼实践

1.谈一谈

你从下面的事例中受到什么启发?

某中职学校何某、李某两位学生一天晚自习下课后,不假离校,夜不归寝。经查,未经家长同意,李某将何某带回家中留宿。学校依据《四川省教育厅关于中等职业学校学生违反"三禁两不"规定纪律处分暂行办法》第六条规定,分别给予何某、李某两位学生留校察看处分。

2.背一背

(1)世上没有后悔药。

(2)冲动是魔鬼。

(3)忍让三分,幸福一生。

(4)小不忍则乱大谋。

(5)宽容别人实际上是在宽容自己。

(6)世界上本没有恨,恨在自己的心中,恨别人实际上是在残害自己。

(7)与人方便,自己方便。

(8)能有效地调整和控制自己的情绪是成熟和智慧的表现。

(9)五分钟后再发火。

(10)忍得一时之气,免得百日之忧。

(11)凡有人的地方都有矛盾,关键是用正确的方法处理矛盾。

(12)从来没有绝对的自由,只有遵章守纪、在法律法规的约束之下才能获得真正的自由!

3.体验与领悟

设计并填写违纪行为矫正表。

要求:对照国家、省和学校纪律规定,看看自己有哪些言行违纪了,把它一一列出来,再请同学帮助查一查是否还有遗漏,并作上记号。以后每周这样反省一次,同样做上记号,直到这一违纪行为改正为止。

4.心灵氧吧

- 只有按照正当的法律生活的人才不同于动物。——列夫·托尔斯泰
- 世界上的一切都必须按照一定的规矩秩序各就各位。——莱蒙特
- 纪律是胜利之母。——苏沃洛夫
- 学校没有纪律便如磨房里没有水。——夸美纽斯

第七节　我要安全

——安全是1,其他是0

一、安全永远第一

有这样一种哲学理念:安全是1,其他是0,只有1作保证,0才有意义。安全永远第一。没有安全,于个人,生命无法保障;于家庭,幸福毁于一旦;于企业,生产难以为继;于社会,影响安宁繁荣。"安全即人、安全为人、安全靠人"是我们的安全管理的理念。人的不安全行为、

物的不安全状态、环境的不安全的因素,是酿成事故的主要原因。

二、没有安全意识就没有安全的行为

安全,是一个永恒的话题。生命是人生最珍贵的礼物,人类所有的感情和理想,所有的希望和快乐都寄托于生命。而生命又是如此脆弱,一不小心就会丧失一切,需要我们做的,就是唤醒安全意识,珍惜生命,重视安全,用安全意识引导行为,用安全行为保证安全,共同撑起美好的明天。

安全意识,是人们头脑中建立起来的观念。在生产实践中我们可以发现,事故在同一条件下可以发生也可以不发生,其关键因素还在于员工个人安全意识的强弱。无数的事实告诉我们,安全意识强的员工,其发生事故的概率就小;安全意识薄弱的员工,其发生事故的概率就大。对于安全意识强弱不同的人而言,发生事故的概率的确存在明显的差异。

心理学研究也表明,人的行为是由人的意识所支配的,如果头脑中安全意识强,必然会在行为上约束自己,表现在行为上就是安全的;如果人的安全意识差,行为就会不顾安全要求而变得非常随意,很容易导致不安全行为的发生,最终引起事故的发生。

相关链接

杜邦公司是一家有着200多年历史的企业,根据其安全记录,百万工时的损工事件率为1,远低于7.5的美国工业平均损工事件率的水平。同时,杜邦超过60%的工厂实现了零伤害率,为此减少了上千万美元的支出。可是杜邦公司却是一家以生产火药这一危险行业起家的公司。杜邦公司的安全核心理念就是:"任何事故都可以避免。"靠着这一信念,杜邦公司通过各种方式让员工牢固树立安全意识,并落实在行为上,为员工制定了一系列的行为规范,让员工有安全行为,实现了全球瞩目的安全业绩,以致杜邦公司的员工都会发自内心地说:杜邦公司是世界上最安全的地方,甚至比自己的家都安全。

杜邦公司不能容忍任何偏离安全制度和规范的行为。杜邦的任何一员都必须坚持杜邦公司的安全规范,遵守安全制度。如果不这样做,将受到严厉的处罚,甚至解雇。这是对各级管理者和工人的共同要求。工作外的安全行为管理和安全细节管理,也是杜邦公司关注的重点。"把工人在非工作期间的安全与健康作为我们关心的范畴",在工作以外的时间里仍然要做到安全第一。杜邦认为工伤与工作之余的伤害,不仅损害员工及其家庭利益,也严重影响公司的正常运行。所以杜邦公司对员工的行为管理看似非常琐碎,譬如:铅笔不得笔尖朝上插放,以防伤人;不要大声喧哗,以防引起别人紧张;过马路必须走斑马线,否则医药费不予报销;骑车时不得听"随身听";打开的抽屉必须及时关闭,以防人员碰撞;上下楼梯,请用扶手……正是靠着这些对员工安全行为的管理,使杜邦公司成为世界上安全业绩最好的企业之一。

三、安全不仅要放在心中,还要落实在行动上

我们常说,安全要时刻放在心里;不仅时刻要放在心中,关键还要落实在行动上。如果没有将安全落实在行动上,安全制度、安全规章将会流于形式,所有的"安全至上"都会成为一句空话。

有一句话曾经打动过无数的人:对于世界,你只是一名普通工作者,对于家庭你却是全部。只有安全才能保全我们的家庭,只有安全才能保证我们事业的腾飞。

如何实现安全？无数的事实证明：只有让安全常驻心中，只有我们在行动上落实安全，安全的目标才会实现。

相关链接

2011年10月，某工地上发生了一起令人扼腕的事故，而这起事故是原本不应该发生的。事发日，某工地架子工马某某，在三楼施工时，将两个弯头管放在脚手架上，两个弯头管是并排放着的。在安装过程中，马某某拿起一个弯头管，由于身体的移动，使另一个弯头管从脚手架上坠落。坠落的弯头管恰巧砸中下方换氢气瓶的管道工王某某的头部，而王某某也没戴安全帽，经医院抢救无效死亡。

这起事故的发生，让在场的员工都感到痛心。如此"低级"的事故，竟然让一个生命就此戛然而止。关于架子工的安全规章制度明确规定："多层建筑应在二层和每隔四层设一道固定安全网，同时再设一道随施工高度提升的安全网。网应外高里低，网与网之间需拼接严密，网内杂物要随时清扫。""进入施工现场必须戴好安全帽，扣好帽带。"经调查，该建筑工地在二层没有设立固定安全网，员工很少有戴安全帽的，事故受害者王某某也没戴安全帽。如果马某某在工作过程中能注意点，如果事故受害者王某某能遵守操作规程戴好安全帽，这起事故是不会发生的。

在实践中，这样工作马虎的事并不鲜见，他们把安全制度、安全规程抛在脑后，安全意识淡薄，怀着侥幸心理，最终导致了事故的发生，轻则设备受损，重则人身伤亡。如果每个人都树立起"安全是生命之本，违章是事故之源"的思想，严格按章办事；检查到位，不漏过一个细节；措施到位，不漏过一个疑点，许许多多的事故都是可以避免的。

事故频频发生，有几起不是人祸呢？有几起不是对我们漠视生命、追求一时省事的惩戒呢？有几起不是由我们的不安全的行为引起的呢？很多人在事故发生前，都意识不到其危害性，都认为自己不会那么不幸，不会那么巧，不会成为事故的受害者。但是，当事故降临后，连改正的机会都没有了。

四、"要我安全"转化为"我要安全"，安全行为靠自觉

人的安全行为主要靠自觉。内因决定事物的发展方向，外因只能通过内因起作用。对于我们安全行为的养成而言，"我要安全"直接作用于我们的内心，是我们对安全的认知和需求，是对各种安全规程、规章制度的自觉认知，并不断强化自己的安全意识，形成安全理念，最终对自己的安全行为产生自我约束，是内因。而"要我安全"只是规定制约着大家的外在行为，是外因，外因只有通过内因才能发挥作用。"我要安全"才能实现真安全。

我们常说"莲出淤泥而不染"，就完全是由于自己的自觉性，"莲"身处污泥中，却依然坚定不移、坚守自己清纯高雅的本质，以自身的约束力坚持着自己高贵的情操。因此，只要自己立场坚定，外在的环境很难左右一个人的意志。

安全也是这样，尽管学校通过各种制度约束，三令五申安全的重要性，营造了"要我安全"的环境，但是，如果学生个人没能形成"我要安全"的意识，依然我行我素，事故还是会随时造访，人生的安全目标也无从实现。

为什么近几年国家对安全问题愈加重视、对无视安全的违规违法行为打击力度进一步加大的时候，还会有人不顾一切，顶风而上呢？说到底，还是当事人对安全不重视。虽然国家需

要安全,社会需要安全,人民需要安全,但这仅仅是"要我安全",当事人还没有从心底里认识到安全的重要性,没能发自内心地"我要安全",没有形成安全的自觉性,所以,当外部的管理一旦松弛,当事人的安全警惕性放松,事故则会乘虚而入。

五、加强培训,安全行为的培养需要学习和训练

人的安全意识从学习中来,只有通过学习,了解了基本的安全知识,掌握了安全规程,才能明白哪种行为是正确的,哪种行为是错误的。人的安全行为在于长期的培养和训练,对安全行为的培养和训练并不是一时的,而在于持续不断。

遵章守纪是安全的前提。习惯性违章违纪是安全的大敌,它常常与事故相伴,它就像悬在我们头上的一把尖刀,时刻在危及我们的生命,一旦时机成熟,事故就会发生,害自己、害大家。要想养成良好的安全行为习惯,必须自觉改掉习惯性违章违纪的坏习惯,让"习惯性违章违纪"变为"习惯性反违章违纪"。

"没有规矩,不成方圆"。安全行为的形成需要"中规中矩"。行为不规范,安全无法实现。时刻提醒自己违章违纪的下一步就是事故,改掉不良习惯,严格遵守规章法纪,一定能养成良好的安全行为习惯。

六、注重日常行为规范,让安全伴随我们一生

月有阴晴圆缺,人有旦夕祸福,生命是如此脆弱,只有全方位呵护,才能远离意外伤害,保护生命健康安全。时刻把安全放在第一位,牢记安全,遵章守纪,养成良好的行为习惯,安全一定会伴随我们一生。

七、修炼实践

1.问一问

(1)你是怎么理解"安全第一,生命至上"这句话的?

(2)杜邦公司有哪些管理方式值得借鉴推广?

(3)谈谈你对"我要安全"的理解。

2.试一试

(1)你的安全习惯如何?梳理一下自己可能存在安全隐患的行为习惯。

(2)请从安全的角度分析一下"100－1＝0"。

3.读一读

两根醒木

有一位游客在森林里迷了路,他焦急万分,怎么也找不到走出森林的路。正当他无计可施的时候,一位肩挑山货的美丽少女笑盈盈地向他走来。他高兴极了,急忙向少女求助。善良的少女让他不要着急,告诉他一定会平安带他走出山林的。少女带着游客抄小路往山下赶,来到一处险要之地,少女说:"先生,我们马上就要走出这片山林中最危险的路段了,你一定要小心,这段路非常危险,一不小心就会掉进万丈深渊,所以我们都叫它'鬼谷'。"少女说着,给游客找了两根沉重的木条。游客惊讶地问:"这么危险的地方,再负重前行,那不是更危险吗?"少女笑了,解释道:"我们这儿的规矩是人们路过此地,一定要挑点或者扛点什么东西。"看游客还是不明白,少女进一步解释道:"只有你意识到危险了,才会更加集中精力,那样

反而会更安全。这儿发生过好几起坠谷事件,都是迷路的游客在毫无压力的情况下一不小心掉下去的。我们每天都挑东西来来去去,却从来没人出事。"游客不禁冒出一身冷汗。他接过少女递过来的两根沉沉的木条,扛在肩上,小心翼翼,但也十分安全地走过了这段"鬼谷"路。

这两根沉木条,实际就是两根"醒木",时刻提醒自己肩上沉甸甸的担子,时刻让自己对面前的危险保持清醒的头脑,不麻痹大意,不马虎从事,时刻把安全放在心上,保证行为上的安全。

4.拓展阅读

杜邦公司的安全培训

以军火业务起家的杜邦公司,之所以在安全领域做出了卓越的业绩,之所以能被员工称为"比家里还要安全的企业",就得益于杜邦公司对员工全面的安全培训和安全行为的培养。杜邦中国公司的新员工在开始工作前都要接受安全培训,以培养正确的安全意识。

培训的内容主要包括杜邦企业策略与市场承诺、杜邦安全宗旨、工厂安全计划、厂区安全计划、工厂和生产区安全规则、职业健康概念、保护设备需求等,这些培训几乎涉及安全生产的方方面面。并且这些安全培训不仅仅针对新员工,而且贯穿于企业员工生活的每个环节中。一位接受过杜邦公司安全培训的员工说过,受杜邦安全培训的影响,他知道了安全的重要性,提升了安全意识,以至于每次到餐厅吃饭的时候,都要找最安全的地方就餐,如果餐厅是两层的,他一定会选择在一楼离出口较近的位置进餐,以保证安全。

杜邦公司企业理念的第一条就是重视安全,重视培训。有人试图计算杜邦在安全培训上的投入是多少,但却无功而返。事实上,就连杜邦的财务经理也无法准确计算出企业在安全培训上投入的费用,因为在杜邦,培训渗透在生产的每一个环节当中,如此持续的培训和开发的结果是员工素质普遍提高,人员流动率也一直保持在很低的水平。在杜邦总部连续工作30年以上的员工随处可见,这在美国也是很难得的。有人说,是安全培训使杜邦成为世界一流的企业。

持续有效的培训,充分提升了员工的安全意识,因此只要有人看到扶着扶手攀登楼梯的人,都会不由自主地认为:这一定是杜邦公司的员工。在杜邦公司经理的年终总结中,20%以上的内容是关于安全的;员工的日常交流中,40%以上与安全有关。他们在安全方面的表现,是评价员工业绩最重要的方面。

5.我来背诵

人人背诵以下"安全口诀20句",设计一下地震如何避险、如何防范溺水事故。

我要安全,安全第一。我要安全,守法遵纪。

远离河塘,珍爱生命。交通安全,永存敬畏。

三禁两不,绝不违背。十个不准,牢记在心。

防范诈骗,远离诱惑。艾滋结核,防控有力。

反恐防暴,沉着应对。黄赌毒网,洁身自律。

第八节　我是诚信友善的传承人

——诚信为本,友善待人

诚信友善,是公民的基本道德规范,也是中华民族的优良传统。在我们的学习和生活中,这两项美好的品质也是衡量你是否是一个合格的中学生的标准。

现代企业非常看重职工的个人素质,而文明素质是其中之一。但是,不少学生进入职中后,把专业技能、文化知识学习放在首位,而常常忽略了对文明素质的培养。缺乏良好的文明修养,学生将来步入社会后,虽然掌握了职业技能,却难以被录用;虽然想自己创业,却又不能与人很好地合作。这样,于人、于己、于社会都是一件糟糕的事情。

一、注重礼仪,举止文明

"礼",字典上的解释是:由一定社会的道德观念和风俗习惯形成的,大家共同遵守的礼节。"仪"是指人的容貌、举止。"礼仪"指的是人类社会交往中应有的礼节仪式。礼仪是一个人乃至一个民族、一个国家文化修养和道德修养的外在表现,是做人的基本要求。

中国自古就非常崇尚礼仪,号称"礼仪之邦"。孔子说:"不学礼,无以立。"就是说一个人要有所成就,就必须从礼开始。作为一个中职生,在文明礼仪方面有哪些要求呢?

1. 个人礼仪

个人礼仪主要表现在一个人的仪容仪表、言谈举止等方面,也是一个人精神面貌、内在品质、文化素养、风度魅力的外在表现。个人礼仪的基本要求是:养成良好的卫生习惯,做到入睡起床洗脸、早晚刷牙,经常洗头、洗澡,勤换衣服、勤剪指甲等;言谈举止真挚大方,态度诚恳、亲切;服饰既要合体适时、整洁大方,又要遵守学校的规定。

2. 公共礼仪

公共礼仪主要是指在公共场所应遵守的行为规范,它体现了个人的道德修养和文明习惯。具体要求是:自觉保持校园整洁,不在教室、楼道、操场乱扔纸屑、果皮,不随地吐痰,不乱倒垃圾;不在黑板、墙壁和课桌椅上乱涂、乱画、乱抹、乱刻,爱护学校公共财物、花草树木,节约用水用电;在食堂用餐时要排队礼让,不乱拥挤,要爱惜粮食,不乱倒剩菜剩饭;保持图书馆、阅览室的安静和卫生,不影响其他同学学习;外出时要严格遵守交通规则,上车时依次排队,上车后不要抢占座位,遇到老弱病残孕及怀抱婴儿的乘客应主动让座等。

3. 交往礼仪

交往礼仪指学生与学生、学生与教师之间交往时应遵守的行为规范和文明礼貌。具体要求是:在与人交往时养成使用敬语的习惯。提倡用"您好""请""谢谢""对不起""再见"等礼貌用语;在校园内进出或上下楼梯遇到老师时,应主动行礼问好。进老师的办公室或宿舍时,应先敲门,经老师允许后方可进入。在老师的工作、生活场所,不能随便翻动老师的物品;注意同学之间的礼仪礼貌。借用同学学习和生活用品时,应先征得同意后再拿,用后应及时归还,并要致谢。对于同学遭遇的不幸、学习上暂时的落后等,不应嘲笑歧视,而应该给予热情的帮助。对同学的相貌、体态、衣着不能评头论足。不要嘲笑同学的生理缺陷,不给同学起侮辱性绰号。

二、诚实守信,遵守公德

诚实,即忠诚老实,不说谎,不作假,不为不可告人的目的而欺瞒别人。守信,就是讲信用,信守承诺,忠实于自己承担的义务,答应了别人的事就一定要做到。诚实守信是人们应遵守的社会公德,是做人之本。

诚信是人类一种具普遍意义的美德,世界各国均重视国民的诚信教育。美国从幼儿园和小学起就重视对学生的诚信教育。日本学校有一种伦理课,诚实、善良、向上、奉献、谦让、名誉、正义是其主要内容。德国人普遍遵守这样一个原则:教育孩子诚实守信,家长必须做出榜样。诚实守信更是中华民族的传统美德。

然而在社会转型期间,伴随着市场经济的发展,社会上功利主义盛行,诚信缺失现象严重,并危及中学生的诚信品德教育。某年的高考作文以"诚信"为题,引发了众多的思考。一位考生告诉记者,他虽然在作文中表达了对诚信的肯定,但事实上,如果他真的遇到试题中所描述的情形,他也会放弃诚信而留下其他的实惠。

在学校里,类似的不诚信现象也很常见。老师在时能遵守有关行为规范,而老师不在时却不能遵守;在班主任面前是一套,在任课老师面前是另一套;有些学生在校是好学生,尊敬师长、团结同学,而在家里却对父母不孝顺,等等。

孟子说:"诚者,天之道也;思诚者,人之道也。"诚信是做人的一种品质,是职业道德的根本,是个人成就事业的根基。要想做到诚信,就要从生活中的每件小事做起。《狼来了》的故事可谓家喻户晓,每位同学都应铭记说谎的教训,在今后的学习生活中,处处做到诚信,为将来的人生道路打下坚实的基础。

相关链接

千里送鹅毛

"千里送鹅毛"的故事发生在唐朝。当时,云南一少数民族的首领为表示对唐王朝的拥戴,派特使缅伯高向太宗贡献天鹅。

路过沔阳河时,好心的缅伯高把天鹅从笼子里放出来,想给它洗个澡。不料,天鹅展翅飞向高空。缅伯高忙伸手去捉,只扯得几根鹅毛。缅伯高急得顿足捶胸,号啕大哭。随从们劝他说:"已经飞走了,哭也没有用,还是想想补救的办法吧。"缅伯高一想,也只能如此了。

到了长安,缅伯高拜见唐太宗,并献上礼物。唐太宗见是一个精致的绸缎小包,便令人打开,一看是几根鹅毛和一首小诗。诗曰:"天鹅贡唐朝,山高路途遥。沔阳河失宝,倒地哭号啕。上复圣天子,可饶缅伯高。礼轻情意重,千里送鹅毛。"唐太宗莫名其妙,缅伯高随即讲出事情原委。唐太宗连声说:"难能可贵! 难能可贵! 千里送鹅毛,礼轻情意重!"

这个故事体现着送礼之人诚信的可贵美德。今天,人们用"千里送鹅毛"比喻送出的礼物单薄,但情意却异常浓厚。

三、人际关系,和谐友善

处理好人际关系的诀窍在于你必须有开放的人格,能真正地去欣赏他人、包容他人、尊重他人,学会人际交往。

良好的同学关系既能增加友谊,促进团结,又有利于班级生活和寝室生活,有利于自己以一个健康愉快的心情和积极向上的态度进行学习。例如,记住同学的姓名,主动打招呼,让他觉得你有礼貌,容易接近;举止大方、坦然自若,需要帮助时主动伸手,使他感到轻松、自在,激发交往动机;语言幽默而不失分寸,风趣而不显轻浮,给人以美的享受;遇事心平气和、不乱发牢骚,这样不仅自己快乐、涵养高,别人也会心情愉悦;安慰受创伤的人,鼓励失败的人;处事果断、富有主见、精神饱满、充满自信,取得同学的信任。

1.与同学交往的技巧

(1)不能以自我为中心。

在生活上以自我为中心,对于集体生活没有充分的思想准备,觉得周围的人让着自己是应该的;在学习上以自我为中心,不愿与他人共同探讨、相互学习;在社会活动、集体活动中以自我为中心,听不进别人的建议和想法,总希望别人依照自己的"吩咐"去做。这样的交往方式最易导致孤立、不受欢迎的局面,给自己、他人带来不必要的烦恼,给集体带来不必要的损失。以自我为中心的人应该学习伟人的谦虚美德,从他人身上汲取养分。

(2)友谊需要经常维护,要真诚。

维护友谊,不等于迁就对方、附和对方。靠一团和气来调和矛盾,虽然表面上不伤情感,但实际上拉大了彼此的心理距离。交朋友必须坚持原则,有时不妨做净友,给予他人真心的批评与建议,建立真正互帮互助的、和谐的人际关系。

(3)尊重别人的价值观。

人是复杂的,各人的价值取向也会各不相同,所以很难、也没有必要千人一律。尊重对方的价值观是交友中很重要的一个方面。学会理解他人,在人际交往中一定要提醒自己不要做让人反感的人。

(4)站在对方的角度来考虑,努力理解对方的苦心。

当观点不一致时,应想办法心平气和地向别人讲明你的想法,增进相互理解,使彼此间的感情融洽。切记不可粗鲁顶撞,那样会伤害朋友的自尊心。凡事多从他人角度着想,自己有错时应主动承认并道歉,对同学的缺点也要给予宽容。平时多参加集体活动,多和同学交往。

(5)及时调整交往的方式。

我国心理学家丁瓒教授说:"人类的心理适应,最主要的就是对人际关系的适应。"进入了一个崭新的学习和生活环境,同时也意味着进入了一种新的人际关系之中。对中学生来说,对新的人际关系的适应要远比对学习和生活环境的适应困难。有的学生还像上小学那样,只跟自己喜欢的人交往,对自己看不惯的人根本不理。也有的学生还是动不动就"我不爱理他",在交往中显得十分幼稚。这些较为情绪化的交往方式很容易造成交往障碍,增加自己的心理压力。所以,中学生要及时调整自己的交往方式,不搞小团体,和不同的人多接触,多看别人的优点,这样才能有更多的好朋友。

2.怎样拒绝别人的不当要求

许多人在人际交往上有一个误区,就是过分地考虑到外界与他人的需要,而压抑或违背了自己的正当需要,失去了自己的独立性,或将合作、合群与恰当地拒绝他人对立起来,以为说"不"会伤害或得罪别人,而给自己造成很多不必要的麻烦。但事实是,伤害或得罪别人的不是说"不",而是说"不"时冷淡、傲慢、不屑、不耐烦等等不恰当的态度和方式。对于不当要求,每个人都有拒绝的权利,都要敢于说"不"。只要拒绝是真诚的,就会得到别人的理解,敢于说"不"是有主见的表现,敢于说"不"才可能建立持久而健康的人际关系。那么,怎样拒绝别人的不当要求呢?

(1)注意聆听对方的谈话。

认真听是对对方的起码尊重,在尊重对方的基础上说"不",往往能引起对方心理上的共鸣,对方也才会理解你。

(2)要果断拒绝。

要明确地表达自己"不能"的态度,不能含糊其辞,一会儿说可能"能",一会儿说可能"不能",否则容易引起对方的误会,以为你说的只是一种托词,缺乏朋友间的真诚。如果继续被纠缠,可采用"破唱片技术",就是要"像播放破唱片时总在一个地方一遍遍地重复那样,你要做的事就是以坚定的态度一遍一遍地重复你的意见"直至对方放弃。

（3）为拒绝做出适当而简要的解释。

如果对方不清楚你拒绝的原因,也会产生误会。因此,在拒绝他人的不当要求后,有必要做出简短的解释,朋友之间也是会互相理解的。

（4）注意说话时的语气。

对同学要友好,即使忙得晕头转向,也不能将愤怒发泄到他人身上。请不要粗暴地对待你的同学和朋友,因为我们也不希望别人这样对待自己。

（5）必要时可以找一找替代的方法。

人是有感情的,一旦被拒绝就会产生不悦、愤怒等消极情绪。为避免或削弱消极情绪的产生,必要时可以找出一些自己能做到的,有利于健康的方法,来替代别人要求你做的不合理的事。如同学约你去上网,你可针对他的其他爱好提出建议:"不如我们去打会儿羽毛球吧!"

相关链接

说到友善,有一个故事令人难忘。美国著名的试飞驾驶员胡佛,有一次飞回洛杉矶,在距地面90多米高的空中,两个引擎同时失灵,幸亏他技术高超,飞机才奇迹般地着陆。胡佛立即检查飞机用油,正如他所预料的,他驾驶的是螺旋桨飞机,装的却是喷气机用油。当他召见那个负责保养的机械工时,对方已吓得直哭。这时,胡佛并没有像大家预想的那样大发雷霆,而是伸出手臂,抱住维修工的肩膀,信心十足地说:"为了证明你能干得好,我想请你明天帮我的飞机做维修工作。"从此,胡佛的飞机再也没有出过差错,那位马马虎虎的维修工也变得兢兢业业,一丝不苟了。

这个故事令人感动。虽然维修工的过失险些使自己丧命,但心地善良的胡佛深深懂得有过失者的心理。当对方因出了严重差错而痛苦不堪时,善解人意,自我克制,出人意料地给予宽慰,使其恢复自信和自尊。这就是友善的巨大力量。试想,如果胡佛愤怒斥责这位维修工,甚至不依不饶地追究他的责任,那么很可能会彻底地毁了他。可见,面对同一件事,以两种不同的态度来对待,就会有迥异的结局。友善,可以使大事化小,小事化了,不仅善待了他人,也能使自己得益——胡佛的飞机不是从此就没出过任何差错吗?而以愤怒乃至暴力来应对,结果往往是有百害而无一利。

同学们生活在一起,应该学会忍耐、包容、体谅,不斤斤计较,"退一步海阔天空"。在平时的生活中,应该学会说"对不起"。它在处理同学关系时有着出奇的效果。我们每个人都希望生活在友好、愉快的氛围中,都希望自己的周围充满善良、宽容和温馨……这就需要我们每一个同学以友善的态度与同学相处、与老师相处、与家人相处,共同营造一个心情舒畅,处处温暖和谐的生活环境。

四、修炼实践

1. 谈一谈

谈谈自己曾经在学校与老师、同学发生的不愉快事件,在今天看来应该怎样处理最恰当?同学们也可帮他出主意。

2.拓展阅读

诚信教育在国外

诚信是人类一种具普遍意义的美德,世界各国均重视国民的诚信教育。

美国从幼儿园和小学起就重视对学生的诚信教育。美国波士顿大学教育学院设计的基础教材中就突出了"诚信"方面的内容。其中一篇课文讲述了一则中国古代的故事:一位皇帝要选择继承人,于是发给每个孩子一粒花种,约好谁能种出最美丽的花就将被选为未来的皇帝。当评选时间到来时,绝大多数孩子都端着美丽的鲜花前来参选,只有一个叫杨平的端着空无一物的花盆前来,最后他却被选中了。因为孩子们得到的花种都已经被蒸过,根本不会发芽。这次测试不是为了发现最好的花匠,而是选出最诚实的孩子。教材建议老师在班上组织讨论,向学生介绍"最大程度的诚实是最好的处世之道"这句谚语,并且要求学生制作"诚信"的标语,在教室里张贴。

几年前,美国一所学校的多名学生在完成生物作业时抄录了某网站提供的一些材料,任课老师就毫不客气地判这些学生的生物课为零分。这位老师说,第一天上课她就和学生订下协议并由家长签字认可,协议说,所有布置的作业都必须完全由学生自己独立完成,欺骗或剽窃将导致课程失败。支持她的老师们说,教育学生成为一名诚实的公民比通过一门课程更加重要。

日本的诚信教育几乎贯穿人的一生,在家庭中父母经常教育孩子"不许撒谎",到学校里耳濡目染的是"诚实"二字,到公司里"诚信"几乎是普遍的经营理念。

在日本,诚信教育不是一句空话,而是贯穿学生学校生活的始终。日本学校有一种伦理课,诚实、善良、向上、奉献、谦让、名誉、正义是其主要内容。

在描述德国人的性格特点时,"严谨、诚实、守信"是经常被提到的字眼。德国家庭中的家长也都非常注重为孩子营造一个真诚的氛围。家长们普遍遵守这样一个原则:教育孩子诚实守信,家长必须做出榜样。

在德国,如果随地乱扔垃圾或者在没有停车标志的地方停车,马上就会有人过来阻止你,并给你灌输一套遵守社会公德、为下一代做好榜样的理论。氛围教育不仅培养了孩子良好的道德品质,同时也规范了成人自觉遵守社会秩序,诚信待人。

3.心灵氧吧

• 一丝一毫关乎节操,一件小事、一次不经意的失信,可能会毁了我们一生的名誉。——林达生

• 一言之美,贵于千金。——葛洪

• 虚假的坦白实在是一个可怕的事情。——巴尔扎克

• 丈夫一言许人,千金不易。——《资治通鉴》

• 如果要别人诚信,首先要自己诚信。——莎士比亚

• 坦白是使人心地轻松的妙药。——西塞罗

• 失去信用等于碎了的镜子,不可能修复。——德国谚语

第九节　我是勤劳俭朴、自理自立的新一代

中职学生毕业踏上工作岗位后,不仅衣食住行要自己安排,而且还要承担养活自己和家

人的责任,对自理自立能力的要求更高。这就需要我们从现在开始加强自我管理,养成勤劳俭朴的好习惯,做自理自立的新一代。

一、自理自立,从热爱劳动做起

人类在劳动中既创造了丰富的物质文明,也创造了灿烂的精神文明。没有劳动,就没有文明。幸福只有靠劳动去创造。哈佛大学对波士顿456名男孩进行了跟踪调查,发现到他们中年时,不论人的智力、家境、种族、受教育程度有多大区别,凡是小时候养成劳动习惯的人,即便是在简单的家务劳动中锻炼过的人,生活也要比从小没有劳动习惯的人充实、美满。劳动包括脑力劳动和体力劳动。对职业学校学生来说,更要积极参加各种社会实践,既培养自己的专业实践能力,也培养自己热爱劳动、乐于奉献的职业素质和修养。

相关链接

习近平指出,要树立正确人才观,培育和践行社会主义核心价值观,着力提高人才培养质量,弘扬劳动光荣、技能宝贵、创造伟大的时代风尚,营造人人皆可成才、人人尽展其才的良好环境,努力培养数以亿计的高素质劳动者和技术技能人才。

党的十九大报告中提出"建设知识型、技能型、创新型劳动者大军,弘扬劳模精神和工匠精神,营造劳动光荣的社会风尚和精益求精的敬业风气"。

二、合理安排自己的学习与生活

作为一个人,如果不会自我管理,没有自立自强的精神,不能独立去战胜困难,就有可能被社会淘汰。教育家陶行知说过:"吃自己的饭,流自己的汗,自己的事情自己干,靠天靠地靠祖宗,不算是好汉。"《中学生日常行为规范》第二十五条要求:"学会料理个人生活,自己的衣物用品收放整齐。"自立,是指靠自己的劳动生活,不依赖他人,力所能及的事情自己做。自理,是指学习自理、生活自理、劳动自理、社交自理,自己的生活、学习、锻炼、交往自己安排。

相关链接

马鹏飞,14岁。每天早上5点准时起床,先烧两壶开水,凉成温水,再灌到暖壶里,留着给双目失明的奶奶喝。然后照顾奶奶穿衣服、洗漱、打针、吃药、做早饭,还要把奶奶中午的饭菜做好,收拾好碗筷后才去上学。家里的一日三餐他要心中有谱,市场的菜价、粮油价他要关注,每日的开销他得精打细算。所有成年人应该做的他都不含糊,且做得有板有眼。

在生活中,我们要养成自立自理的生活习惯。自己的事情自己做。自己照顾自己,自己的衣物、学习用品、日用品存放整齐,并放在固定的地方。主动做些力所能及的事,克服依赖心理,不依靠父母,不依靠别人;自己的事情自己来安排。安排自我服务性劳动、家务劳动、公益劳动。加强自我保护的意识和能力;积极向上,自立自强。遇到困难,学着靠自己的力量去解决,逐步培养独立克服困难的能力。

三、学会科学消费,养成节约习惯

进入中职学校后,我们的消费行为同以往发生了较大的变化,以往的消费大都由父母决定,而现在,很大一部分是由我们自己来决定。这就需要合理安排,杜绝浪费。

相关链接

现实中,一些学生的消费心理出现了误区:①猎奇心理。跟着时尚走,社会上流行什么,自己也追求什么,比如看到别人穿某个式样的衣服,自己也非穿一件不可等。②攀比心理。不是根据自己的主观需要和能力来决定自己的消费,而是盲目地讲攀比。别的同学喝饮料,自己当然不能喝白开水;别的同学庆贺生日,开 Party,自己当然也不甘落后。③从众心理。随着大流走。比如同学在一起,人家买,我也买;人家玩,我也玩,不然显得太寒酸、太落伍了。这些消费误区都导致浪费,我们需要加以克服。

合理消费不浪费,也是我们需要具备的一种生活能力。

1.量入为出,适度消费

消费要有计划性,应对每一阶段的消费进行通盘"预算"。

2.避免盲从,理性消费

要尽量避免情绪化消费,把物质消费与精神消费有机结合。

3.保护环境,绿色消费

应节约资源,减少污染;绿色生活,环保选购;重复使用,多次利用;分类回收,循环再生;拒用一次性餐具等。

4.勤俭节约、艰苦奋斗

勤俭节约、艰苦奋斗是我国的传统美德,是一种民族精神,而不是一种具体的消费行为。作为精神,它是永远不过时的。

四、修炼实践

1.积极参加活动,提高管理能力

作为中职学生,在我们的职业生涯规划中,需要提高自己的知识与技能,并不断提高自己的综合素养与能力,去管理好自己的工作与生活,去加强团队的协调与沟通,并管理团体的工作与事务。

如何提高我们的管理能力呢?我们可以从管理班级事务、学校事务做起,积极参加班委、团委、学生会的管理工作,积极为宿舍、班级、学校的各项活动参言进言,这不仅有利于加强自我教育,更重要的是有利于培养我们协调、沟通、组织等管理能力。同时,学校为我们的健康成长提供了许多的活动,这些活动都有益于锻炼和提高我们的管理能力,我们要积极地参与到其中,在实践中锻炼提高自己。

2.谈一谈

谈一谈自己生活中有哪些误区,自己准备如何安排好职校的新生活。

3.拓展阅读

读下面的故事,领会"吃苦在前,享乐在后"的道理。

(1)舜发于畎亩之中,傅说举于版筑之间,胶鬲举于鱼盐之中,管夷吾举于士,孙叔敖举于海,百里奚举于市。

(2) **囊萤映雪**

晋代孙康由于没钱买灯油,白天又要给地主干活,晚上不能看书,只能早早睡觉。他觉得让时间这样白白浪费掉,非常可惜。

一天半夜,他从睡梦中醒来,发现窗缝里透进一丝光亮。原来,那是大雪映出来的,可以利用它来看书。于是他倦意顿失,立即穿好衣服,取出书籍,来到屋外。宽阔的大地上映出的雪光,比屋里要亮多了。孙康不顾寒冷,立即看起书来,手脚冻僵了,就起身跑一跑,搓搓手指。此后,每逢有雪的晚上,他就不放过这个好机会,孜孜不倦地读书。这种苦学的精神,促使他的学识突飞猛进,成为饱学之士。

晋代时,车胤从小好学不倦,但因家境贫困,父亲无法为他提供良好的学习环境。为了维持温饱,没有多余的钱买灯油供他晚上读书。为此,他只能利用白天时间背诵诗文。夏天的一个晚上,他正在院子里背一篇文章,忽然见许多萤火虫在空中飞舞,一闪一闪的光点,在黑暗中显得有些耀眼,他想,如果把许多萤火虫集中在一起,不就成为一盏灯了吗?于是,他找了一只白绢口袋,随即抓了几十只萤火虫放在里面,再扎住袋口,把它吊起来,虽然不怎么明亮,但可勉强用来看书了。从此,只要有萤火虫,他就去抓来当作灯用。由于他勤学苦练,后来终于做了职位很高的官。

4.心灵氧吧

• 谁在平日节衣缩食,在穷困时就容易渡过难关;谁在富足时豪华奢侈,在穷困时就会死于饥寒。——萨迪

• 静以修身,俭以养德。——诸葛亮

• 历览前贤国与家,成由勤俭破由奢。——李商隐

• 奢侈会破坏人们的心灵纯质,因为不幸的是,你获得愈多,就愈贪婪,而且确实总感到不能满足自己。——安格尔

• 滴自己的汗,吃自己的饭。自己的事情自己干,靠人靠天靠祖上,不算是好汉。——陶行知

• 古今中外,凡成就事业,对人类有所作为的人,无一不是脚踏实地、艰苦登攀的结果。——钱三强

第十节　我要脚踏实地
——梦想在哪里?在脚踏实地的路上

进入职业中专,或许有很多学生因为长久的偏见或者本身思想的偏差,会认为学习生涯就此结束。进来之后就可以"尽情玩""放肆嗨"。只等两年后顶岗实习走出校园开始自己的社会生活。殊不知,进入职业中专后,你只是进入了学习的另一个阶段,你需要的是加倍的努力,才能走好这一人生新阶段的条路。

一、要走好人生路,既要有远大的理想,又要脚踏实地,切忌好高骛远

每个人作为社会的一分子,不论属于哪个阶层、从事何种职业,要使学习活动取得效果,首先应对自己的目标有一个清晰的认识。既要仰望星空,又要脚踏实地。这关键在于从自身做起,一步一个脚印地学习和工作。

一步一个脚印地学习。学习没有捷径,只有刻苦努力才能学到东西。不要自以为是,它只会阻止你前进。当你认真学习时,你自会发现好多学习方法,有了好的方法,自会激发学习

激情,让自己爱上学习。

🔊 相关链接

你是不是像我在太阳下低头/流着汗水默默辛苦地工作/你是不是像我就算受了冷漠/也不放弃自己想要的生活/你是不是像我整天忙着追求/追求一种意想不到的温柔/你是不是像我曾经茫然失措/一次一次徘徊在十字街头/因为我不在乎别人怎么说/我的未来不是梦/我认真的过每一分钟/我的未来不是梦/我的心跟着希望在动/跟着希望在动

——歌曲《我的未来不是梦》

这首歌曲告诉我们要实现自己的理想需要做出哪些努力?

二、要走好人生路,还需有强大的精神力量的支撑,做到自信自强

"人生豪迈,年轻没有失败"是对青春的誓言,青春是我们的财富,是我们胆大妄为的资本,是我们天马行空的来源,要想充分挖掘青春的宝藏,就要好好学习,充实自己,在工作中学习,在教室里学习,在失败中学习,在别人身上学习。

调查显示,相当多的学生因考试或学业压力大而心情不好(76.2%)、郁闷(55.4%)、烦躁(54.2%),部分学生因此睡不着(38.2%)、不想学习(25.1%)、自卑(24.5%),还有少数学生甚至对生活绝望(9.1%),而且随着年级升高,这种情况呈增加趋势。针对上述情况,有的学生说,在学习中不能有任何压力,你赞同这种观点吗?

在学习中不能完全没有压力,那样学习就会失去动力;也不能有过大的压力,过大的压力会导致考试焦虑等问题,影响学习效率和身心健康。

既然我们选择了职业学校,我们就应该脚踏实地、认真地学习,有的学生自暴自弃,用游戏麻醉自己,逃避现实,填补内心的空虚,但离开游戏,空虚依旧,现状并没有改变。真正能解救你的只有你自己,药方是学会接受,既然没有办法改变世界,那就改变自己。珍惜你现在所拥有的,不要让它掠夺你的青春,它给你的只会是一个大大的遗憾。我们要知道,中江职中给你的价值是你自己创造的。

很多学生问我:"你上学的时候是怎么听进去的,我怎么上课就想睡觉,牵挂我的游戏,反正就是听不进去。"那是因为你没有给自己定位和明确的学习目标,没有学习的动力,没有危机意识。所以同学们要克服自己的心魔,并且用积极的方法学会学习。

想想自己的父母,长年累月在外打工,他们是为了谁? 同学们要知道,我们是父母的投资对象,父母的爱是无私的,但是他们同时更希望我们能有成就。我们有责任、有义务改善父母的生活,让他们为我们辛苦的付出得到收获。

🔊 相关链接

如果可以让你有一种超能力,你会想有哪一种?

穿越时光术　　　　　隐形透明术
神秘读心术　　　　　青春不老术

三、只有自强不息才能实现自我

在学习中,不可能一帆风顺,也会遇到很多困难。比如,做事三分钟热度,半途而废;想一

口吃成胖子,急于求成;学习的东西太多,精力太分散等。这些都会让我们的努力变得看似无用,甚至会打击我们的积极性。脆弱的人甚至会被击溃。

🔑 相关链接

马云写给年轻人:不吃苦,你要青春干什么

当你不去旅行,不去冒险,不去拼一份奖学金,不过没试过的生活,整天挂着QQ,刷着微博,逛着淘宝,玩着网游,干着我80岁都能做的事,你要青春干吗?你是否也曾被这句网传的流行语唤醒了心底那一丝早已沉寂的上进心?锦瑟流年,花开花落,岁月蹉跎匆匆过,而恰如同学少年,在最能学习的时候你选择恋爱,在最能吃苦的时候你选择安逸,自是年少,却韶华倾负,再无少年之时。错过了人生最为难得的吃苦经历,对生活的理解和感悟就会浅薄。什么叫吃苦?当你抱怨自己已经很辛苦的时候,请看看那些透支着体力却依旧食不果腹的劳动者,在办公室里整整资料能算吃苦?在有空调的写字楼里敲敲键盘算是吃苦?认真地看看书,学习学习,算吃苦?如果你为人生画出了一条很浅的吃苦底线,就请不要妄图跨越深邃的幸福极限。

......

亲爱的朋友,如果老天善待你,给了你优越的生活,请不要收敛了自己的斗志;如果老天对你百般设障,更请不要磨灭了对自己的信心和向前奋斗的勇气。当你想要放弃了,一定要想想那些睡得比你晚、起得比你早、跑得比你卖力、天赋还比你高的牛人,他们早已在晨光中跑向那个你永远只能眺望的远方。

在你经历过风吹雨打之后,也许会伤痕累累,但是当雨后的第一缕阳光投射到你那苍白、憔悴的脸庞时,你应该欣喜若狂,并不是因为阳光的温暖,而是在苦了心志,劳了筋骨,饿了体肤之后,你依然站立在前进的路上,做着坚韧上进的自己。其实你现在在哪里,并不是那么重要。只要你有一颗永远向上的心,你终究会找到那个属于你自己的方向。

所以,请不要在最能吃苦的时候选择安逸,没有人的青春是在红地毯上走过,既然梦想成为那个别人无法企及的自我,就应该选择一条属于自己的道路,为了到达终点,付出别人无法企及的努力。

每个人都有梦想,要实现梦想没有任何捷径。自古以来,无数成功的人都无不经历过许多失败才能最终到达成功彼岸。天行健,君子以自强不息。奋斗吧,我的同学!美好的未来只能自己创造!

青春是丛林,是荒原,是阳光炙热的奔跑,是大雨滂沱的伫立。未来的路,只要你愿意走,青山也会为你让步,就怕你止步不前,一蹶永年。

四、修炼实践

1.问自己

(1)我为什么来上学?我每天在学校里都做了什么?我努力了吗?我尽力了吗?我准备考哪所大学?

(2)10年、20年、30年……你的未来是什么样?你心中有着怎样的憧憬?说说为了"未来的我",你现在应该怎么办。

2.拓展阅读

阅读学长的经历,谈一谈自己的感受。

在成长中涅槃的夏玉林

夏玉林是中江职业中专学校2003级电子专业高考班的一名学生,如今就职于德阳新源水利电力勘察技术有限公司。

刚走上工作岗位时,他主要负责水利机械和电气的设计,同时接受四座水电站的设计及相关工作。这对完全没有工作经验的他是个巨大的挑战。在那半年里,他没有下班时间,没有周末,有时甚至通宵查资料,向有经验的老工人请教。功夫不负有心人,他圆满地完成了任务。踏实、勤奋、刻苦的他得到公司的提拔和重用。现在他除了设计水利机械和电气,还主要负责水利水电工程、水电站、水库、防洪堤、灌区等中小型水利工程设计。说起工作成绩,夏玉林没有丝毫的骄傲,有的只有信心和激情,在忙碌工作之余,他又报读了四川大学水利水电工程建筑培训班,以进一步提高充实自己。

回忆当时就读中江职业中专学校的情形,夏玉林心怀感恩。他说,初中毕业时,同学要么上普高准备考大学,要么打工赚钱,而当时自己是毫无目标来到职中的。说起自己的变化,他说最感谢是他的班主任及各个科任老师的谆谆教诲,教给他许多人生道理。在班主任的鼓励下,他加入学生会任宣传部长,组织、参与学校各种活动,比如主持校庆文艺晚会和学校的大小型文艺活动等。这些经历锻炼了他的能力,也使他变得开朗又不失内敛,在学习上,帮助他认识了自身动手能力强的优点,让他树立了目标等,在职中的学习生涯,让他受益终生。

谈及未来规划,低调的夏玉林不愿公开收入,只说生活、工作的阅历是最大的收入,而且能创造更大的财富。他准备和朋友合伙开一家注册资金达200万的设计公司。

3.心灵氧吧

• 从此我不再仰脸看青天,不再低头看白水,只谨慎着我双双的脚步,我要一步一步踏在泥土上,打上深深的脚印! ——朱自清

• 台阶是一层一层筑起的,目前的现实是未来理想的基础。只想将来,不从近处现实着手,就没有基础,就会流于幻想。 ——徐特立

• 当你还不能对自己说今天学到了什么东西时,你就不要去睡觉。 ——利希顿堡

• 一个人假如不脚踏实地去做,那么所希望的一切就会落空。 ——摩路瓦

• 凡事都要脚踏实地去做,不驰于空想,不骛于虚声,而惟以求真的态度做踏实的功夫。以此态度求学,则真理可明;以此态度作事,则功业可就。 ——李大钊

• 每一发奋努力的背后,必有加倍的赏赐。 ——安东尼·罗宾

第十一节　我要感恩奋进
——知恩感恩,勤奋努力

感恩是每个人应有的基本道德准则,是做人的起码修养。感恩是一种文明,感恩是一种品德。人有了感恩之心,人与人,人与自然,人与社会也会变得更加和谐,更加亲切。我们自身也会因为这种感恩心理的存在而变得愉快和健康起来,生命将得到滋润。

只要我们人人都有一颗感恩的心,就会感到世界原来是那么美好。只要我们人人都有一

颗感恩的心,我们的校园、我们的社会也必将会更加美好。

一、知恩感恩

感恩是每个人应具备的基本道德准则,是做人的起码修养,也是人之常情,对于今天的广大青少年来说,感恩意识绝不是简单地回报父母的养育之恩,更是一种责任意识、自立意识、自尊意识和健全人格的体现。懂得感恩,才会懂得付出,才会懂得回报。学会感恩,懂得感恩,应成为每个人的美德。只有人人拥有一颗感恩的心,我们的校园、我们的社会才会更加和谐,我们才能够拥有一个美好的未来。

1.感激祖国成才之恩

我们国家大力发展职业教育,每名就读学生享受 1950 元/年的国家学费减免政策;按照国家规定的比例,第一、二学年在籍在校就读的一部分家庭经济困难学生(20％的比例)可再享受国家生活费资助 1000 元/生·期,一、二、三年级建档立卡学生还可享受 500 元/生·期的特别资助及中职"雨露计划"750 元/生·期。

感恩党和国家对职业教育的大力支持,给学生们提供了成才的立交桥,求学有门,升学有望,就业有技,创业有路。我们要倍加珍惜大好的学习机会,不断提高自己各方面的能力。

相关链接

来自农村家庭的两姐妹,初中毕业后由于家庭贫困无法读书。在快要放弃读书梦时,受益于国家对中职生的资助政策,她们来到我校继续学习,后来又顺利考取了某高职院校,毕业后被成都一家公司录取,人生翻开了新篇章。她们感慨地说:"回首这几年的历程,如果没有国家的资助政策,我们早就踏上了打工的路;如果没有学校这片适合我们生长的土壤,我们不会这样阳光、快乐、自信……"

2.感激父母养育之恩

从我们来到这个世界,经历天真烂漫的童年、少年,直到自食其力的成年,父母用浓浓的爱和无尽的心血陪伴我们成长。或许有时我们会对父母的唠叨感到厌烦,或许对他们外出打工无法照顾自己不能完全理解……其实,试着走进父母的内心,你会发现父母对我们深深的爱。

感谢父母,给予我们生命,抚养我们成人。

倡导节约,杜绝浪费,"为父母节约一分钱,一粒米"。

完成爱心家庭作业,比如,送父母一句温馨的祝福;给父母讲一个开心的故事;给父母过生日;赠送亲手制作的礼物;给父母捶捶背、打一盆水、洗一洗脚;为家里做四件家务事:打扫卫生、叠被、洗碗、洗衣物等等。

向父母写一封家书,汇报自己在校学习、生活情况。

3.感激老师培育之恩

从蒙学初开的小学生到求知若渴的少年,是老师领我们徜徉在知识的海洋;从一无所知的过去到现在的初知事理、学习一技之长,老师为我们付出了大量的心血。或许,有时我们对老师的苦口婆心感到不满,有时对老师的态度心存芥蒂……请你听一听老师的肺腑之言,静静想想,你会感受到老师对你的好。

相关链接

老师的肺腑之言

老教你,不是你不优秀,而是帮助你更优秀。

严管你,不是老师要求高,而是社会要求越来越高。

批评你,不是你的错不可原谅,而是提醒大家都要注意。

公开说你,不是不给你面子,而是阳光透明,是对所有人一样。

感恩老师,他们交给你知识,引领你走入知识的海洋。

见到老师,使用尊敬老师的文明用语。

上课认真听讲,认真思考和回答老师提出的问题。

向老师献真情,如给老师写一封信、找老师谈一次心、为老师做一张贺卡或献一份礼物、向老师提一个建议、向老师表一个决心。

4.感激同学帮助之恩

感恩同学,他们让你感受到世界的温暖。

同学之间互帮、互助、互学、互进。

积极参与扶贫助学献爱心活动,力所能及地提供自己的一份帮助。

自觉参与帮助社会弱势群体的社会实践活动,贡献自己的一份爱心。

积极为班级做公务,为同学们提供各种便利,为集体活动尽自己的一份力。

5.感恩自然的赐予

每当我们睁开眼睛,就能看到大自然的一草一木;每当我们倾耳聆听,就能感受大自然的一山一水;每当我们做深呼吸,就能闻到来自大自然的芬芳。大自然赋予我们那么多,我们应该有所回报,表达人类对大自然的感恩。

蔚蓝的天空,漂浮的白云,自由的鸟儿……都是大自然的恩赐,它给了我们生存的物资能源、环境能源,让我们的视野变得丰富,让我们的生活变得充实,我们应该感谢自然的美好,放下所有杂念,怀着一颗感恩的心,把自己融入自然,在自然中放飞心灵,感受山川草木、花鸟鱼虫的内心。

自觉爱护环境、保护环境,爱护校园的一草一木,一事一物。

6.感恩故事:一杯牛奶

一个生活贫困的男孩为了积攒学费,挨家挨户地推销商品。他的推销进行得很不顺利。傍晚时他疲惫万分,饥饿难耐,绝望地想放弃一切。

走投无路的他敲开一扇门,希望主人能给他一杯水。开门的是一位美丽的年轻女子,她笑着递给了他一杯浓浓的热牛奶。男孩含着眼泪把它喝了下去,从此对人生重新鼓起了勇气。许多年后,他成了一位著名的外科大夫。

一天,一位病情严重的妇女被转到了这位著名的外科大夫所在的医院。大夫顺利地为妇女做完手术,救了她的命。无意中,大夫发现那位妇女正是多年前在他饥寒交迫时给过他一杯热牛奶的年轻女子!他决定悄悄地为她做点什么。

一直为昂贵的手术费发愁的那位妇女办理出院手续时,在手术费用单上看到的是这样七个字:"手术费:一杯牛奶。"那位昔日美丽的年轻女子没有看懂那几个字,她早已不记得那个男孩和那杯热牛奶。然而,这又有什么关系?

相关链接

感恩影片推荐：

《感动中国年度十大人物》《一个也不能少》《华罗庚》《千手观音》《永远的丰碑》《长征》《妈妈，再爱我一次》等。

感恩歌曲推荐：

《感恩的心》《说句心里话》《白发亲娘》《烛光里的妈妈》《母亲》《妈妈的吻》《念亲恩》《儿行千里》《常回家看看》《爱的奉献》《为了谁》《奉献》《感谢》《感谢你》《五星红旗》《春天的故事》《长大后我就成了你》《好大一棵树》等。

二、勤奋努力

1. 中职生应具备的专业素质

专业素质，是一个人的核心竞争力，是指一个人为了顺利从事某种具体的实践性活动所必须具备的特殊品质，是个体履行岗位职责、承担本职工作、完成各项任务的能力体现。中职学生的专业素质体现为通过专业学习和训练后所形成的专业方面的基本素养，是其为社会经济发展服务的直接内在素养。从这个意义上讲，它是中职学生的立身之本。中职学生应具备如下专业素质。

职业技能素质。技能是谋生的手段，只有掌握扎实的专业技能，才能更好地适应将来工作的需要，为今后"干一行、爱一行、专一行、精一行"奠定基础。

职业道德素质。作为现代职业人应该具备诚实守信、爱岗敬业、严谨务实、团结协作、与时俱进、勇于进取等优秀品质。

职业拓展素质。主要表现为以基础文化知识和现代科技知识为依托，尽快吸收新知识，掌握新技能，不断完善自己的知识结构的能力。

2. 中职学生应学会学习

著名学者托夫勒指出："未来的文盲不是不识字的人，而是没有学会学习的人。"学会学习是一生的事业，摸索一套适合自己的学习方式，是会学习、有效率的重要标志。

对于学习，首先要有一个好的学习态度。学习永无止境。周恩来同志就曾说过，人要活到老学到老。

其次，要培养学习兴趣。"兴趣是最好的老师"，学习兴趣是影响学习效果的重要因素。浓厚的学习兴趣能调动内驱力，促进大脑处于积极活动状态，促使其产生探究心理和强烈的求知欲，积极动脑思考。

最后，要有一个好的学习方法。学习的途径是多方面的。一是向书本学习，我们要结合自己的专业，阅读相关的理论书籍，使自己的实践始终在正确的理论指导下进行。二是向教师学习。要虚心向教师学习，认真听课，认真完成作业，认真参加实践活动。三是向同学学习。三人行必有我师，身边的同学各有所长，我们要虚心向他们请教。

3. 享受学习快乐，体验成功愉悦

（1）相信自己是成功的开始。

心理学家罗森塔尔曾做过一个实验：他从一所小学的各个年级中抽出部分学生，进行所谓的"预测未来发展测验"，而后将一份"最佳发展前途者"名单交给学校教师，并叮嘱千万保密。实际上,名单上的学生是随机确定的。然而一学期后,名单上的学生成绩显著提升。

每个学生都有发展的潜能。在做任何事情以前,如果能充分肯定自我,相信自我,就等于已经成功了一半。当你面对困难和挑战时,你不妨告诉自己:你就是最优秀最聪明的人,那么结果肯定会不一样。学生一旦认为自己是最优秀的,就会充满信心,非常努力,学业成绩、个性等各方面就会获得明显的进步和发展。

(2)不断反思是成功的途径。

反思,简单地说就是对过去经历的再认识。我国著名理学家朱熹早就提出了"学、问、思、辨、行"的学习模式。实践证明,在学习过程中,如果能抱着积极探索的态度,有针对性地开展问题研究,学会自问,学会自省,学会自我调控,不但可以培养学生的自主学习能力,而且可以促使学生产生勇于探索的科学精神,对学生来说终身受益。在不断反思、不断调整的过程中,一个人更容易走向成功。

(3)勤奋努力是进步的阶梯。

贾兰坡说过:"搞学问就像滚雪球,越滚越大,不滚就化。"知识在于一点一滴的积累,日久成多,就将成为一个有学问的人。学习会面临很多困难,我们应该明确学习目的,自主学习,做到"一课一得"。围绕学习目标,让课堂成为我们共同的、生动的、真实的生活,主动解决问题,实现每堂课有收获,每堂课完成一个学习目标,解决一个实际问题。

(4)享受学习是成功的保障。

哲学家米勒指出,长久的快乐是通过满足基本需求并享受满足的过程达到的。成功是什么?成功就是达成所设定的目标,也就是实现自己的理想。成功其实也是一种积极的体验,是一个人达到自己理想之后一种自信的状态和一种满足的感觉!享受学习过程中的进步,享受学习成功后的愉悦,是成功的重要保障。

一个人在面对困难时所表现的态度,往往受过去成败体验的影响。一些同学之所以学习没有兴趣,主要是由于以往学习过程中反复经历失败,很少品味成功的愉悦。因此,我们要发掘自身的潜能,不断认识、发现自己,并为新的成功不断努力。

📖 相关链接

一名计算机专业学生的演讲:我是一名快乐的中职生

我是一名中职生,我会全身心地投入学习,做一名认真学习、努力学习的好学生。作为一名中职生,我一定微笑面对我以后的生活,努力、认真做好我的工作。

我十分自豪我是一名计算机专业的学生,因为现在的世界已成为地球村。地球村是网络世界,网上购物、网上交易、网上学习早已成为时代潮流,计算机已经成为人类生活所必不可少的东西,而我是一名计算机人才。市场经济对计算机人才十分重视,十分爱惜,十分需要,我十分自信,因为我的技能、技术将会充分发挥出来。

郭沫若曾说过:"兴趣也有助于天才的形成,爱好出勤奋,勤奋出天才,兴趣能使我们的注意力高度集中,从而使得人们能完善地完成自己的工作。"只有这样,才能成为国家有用之才。所以:

我骄傲自豪,因为我是计算机人才。

我充满信心,因为我是计算机人才。

我快乐幸福,因为我是计算机人才。

今天我以职校生为荣,明天职校以我而成名。

三、修炼实践

1.我来设计

设计一下如何用实际行动表达自己的感恩之心。

2.谈一谈

自己有什么打算？

3.心灵氧吧

- 当时间的主人，命运的主宰，灵魂的舵手。——罗斯福
- 做了好事受到指责而仍坚持下去，这才是奋斗者的本色。——巴尔扎克
- 停止奋斗，生命也就停止了。——卡莱尔
- 天才就是无止境刻苦勤奋的能力。——卡莱尔

第十二节 我要做个"匠人"修颗"匠心"

工匠，劳动者。人生在勤，勤则不匮。人类是劳动创造的，社会也是劳动创造的。可称"工匠"者，多是在劳动中精益求精者、勤勉不懈者。工匠，既是称谓，也是赞誉。

一、走近工匠

1.工匠是职业，也是态度，更是精神

依天工而开物，观物象而抒臆，法自然以为师，毕纤毫而传神——工匠做事，有板有眼，一丝不苟，求真唯美。把一份劳动角色做到如此，工匠，就不再只是对工作身份的称谓，而体现出一种特定的态度。态度，在经年累月的打磨之下，又会成为精神。工匠精神，自古至今，在中国劳动者的血脉里，从未缺席。

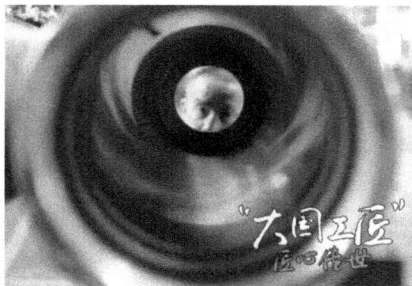

戎鹏强，北重集团响当当的"镗工大王"，他主要负责对火炮身管内膛进行精镗，是保证火炮直线度，确保火炮打击精度的关键工序。他的"超长小口径管体深孔钻镗"操作法破解了高压釜出口偏难题，填补了国内空白。

2.农业文明有工匠，工业文明有工匠，信息文明有工匠，生态文明有工匠

在田间地头，精耕细作，汗水滴滴落，粮食粒粒收，是为工匠。在工厂车间，精打细磨每一个零部件，把工业产品做到极致精准，是为工匠。在信息技术的"0 和 1"中缜密推导，在大开大合的网络世界里串联纤毫，是为工匠。寻找生物多样性中各物种间的微妙平衡，在绿水青山与金山银山之间构建精准的绿色机制，是为工匠。

毛正石出身于工人世家,现在是中车集团大连机车车辆厂的高级技师。他30年的潜心钻研和苦苦求索,攻克了铸造战线上一道道技术难关,成为精雕国际标准的铸造大师、行业技术权威。

3. 工匠既不平凡,又平凡

木匠千千万,不见得人人都成鲁班。厨工遍地走,未必都能炼成解牛的庖丁。工匠有门槛,功力到、工夫到,才成器。工匠的大门却又是敞开的,但凡有心的劳动者,都可以成为工匠,或让自己走在成为工匠的路上。

4. 工匠既循规蹈矩,又不循规蹈矩

有规有矩,才可定方圆。循规蹈矩,在车床边就是执行最精密的工业标准,在田地间就是恪守五谷生长的农事规律。工匠需有耐心,一个动作常重复成千上万遍。工匠得有恒心,在该守的规矩、标准、尺度前,从不随意妄为。工匠又要有足够丰沛的好奇心,能工巧匠,不只是重复前人,还应是探索未知世界时的排头尖兵——在循规蹈矩中坚守、传承,在不循规蹈矩中创新、创造。

5. 工匠既可复制,又不可复制

可复制的是工匠的精神以及工匠们身上所承载的劳动态度、劳动标准。不可复制的是每一位工匠的酸甜苦辣,每一位工匠的独到魅力。工匠可多得,要复制工匠,工匠精神就是最好的基因、公开的密码。工匠亦不常得,千锤百炼、千辛万苦,都不过是一位伟大工匠诞生前的序曲。

二、学习工匠精神

1. 工匠精神造就中华民族辉煌历史

工匠精神一直流淌于中华民族的血脉之中,一部中华文明史凝聚着历朝历代工匠们的智慧和创造。如同诸子百家造就了中华民族思想天空的群星灿烂一样,工匠精神也曾造就我们民族的百业兴旺、空前繁荣,同样是星光璀璨。

《增广贤文》有言:"良田百顷,不如薄艺在身。"《考工记》记述:"知者创物,巧者述之守之,世谓之工。百工之事,皆圣人之作也。"蜿蜒万里的长城、栩栩如生的秦陵兵马俑、被称为"臻于极致的青铜典范"的四羊方尊、绚丽神秘的敦煌壁画和彩塑、巧妙绝伦的赵州桥……这些珍贵的历史遗迹无一不是工匠精神的化身。又比如中国红茶,曾经成为欧洲皇室贵族的标签。小仲马在《茶花女》中描述,"你连中国红茶都喝不起,还算什么贵族?"现在国人一窝蜂地到国外去买奢侈品,殊不知历史上,中国的产品曾经被西方顶礼膜拜,我们是名副其实的奢侈品出口大国呢!

相关链接

历史上我国的茶叶、丝绸和瓷器等优质产品远销海外,深受国外消费者追捧。据葡萄牙人记载,16～17世纪,葡萄牙每年自澳门运往长崎的丝绸,少时约1500担,多时约3000担。1575年,菲律宾的西班牙殖民者开辟了中国到菲律宾、墨西哥的"太平洋上的丝绸之路",每艘船满载中国丝绸多至1200百箱。18世纪末,在墨西哥的进口总值中,中国的丝绸产品占63％。据统计,从康熙元年到鸦片战争前夕,中国开往日本的商船所载货物70％以上是丝绸。再看看瓷器外贸情况。中国瓷器在唐代时的制作技术已达到相当高的水平,正是这一时期,中国瓷器开始依靠海上丝绸之路外销,主要输往日本、朝鲜、西亚、南亚以及非洲的埃及。1405～1432年,郑和七下西洋,船队所载物品相当一部分是瓷器。1602～1682年,荷兰东印度公司商船共运销瓷器1200万件,其中中国瓷器占98.3％,达1010万件。1684～1791年,东印度公司垄断了中国瓷器的进口,约有2.15亿件中国瓷器被运到英国。

2.工匠精神支撑强国战略

随着劳动力成本的增加,我国制造业的传统优势正在丧失,从中低端向高端转移势在必行,而以工匠精神为核心的产品质量始终是我们努力的方向。

《中国制造2025》指出,没有强大的制造业,就没有国家和民族的强盛,打造具有国际竞争力的制造业,是我国提升综合国力、保障国家安全、建设世界强国的必由之路。

3.工匠精神锻造国民新素质

工匠精神是民族素质的重要内容,它首先体现为职业操守。这种职业操守,主要不是靠法律或制度限定,而是来源于"道德的力量"。懒惰、不思进取、以次充好、山寨成风,这是职业操守的丧失。要弘扬工匠精神,就必须和这些东西做彻底的决绝,使每个人对这些东西不屑一顾,甚至使其一直处在市场审判和良心审判的被告席上。

德国人近乎刻板的严谨认真,使产品质量丝毫不差;日本人视质量为生命的强烈自尊,将产品好坏与个人荣辱联系在一起;瑞士人以忠诚和专注闻名,其银行业、钟表业在全球独占鳌头,渊源有自。这些国家正是得益于国民性格中的优秀因子,从而塑造了本国制造业和商业领域的巨大成功,并且因为产品的质量赢得了世界对其的刮目相看。由此可见,国民素质成就了工匠精神,工匠精神又强化了国民素质。

要完成民族复兴的伟业,就要充分发扬工匠精神。要将持之以恒、专注敬业的工匠精神内化为国民品性,推动中华文明的复兴。当中国精美的产品流行于世时,中华文明的伟大魅力也就昭然于世了。

4.工匠精神的内涵

党的十九大报告中提出"建设知识型、技能型、创新型劳动者大军,弘扬劳模精神和工匠精神,营造劳动光荣的社会风尚和精益求精的敬业风气"。报告中所说的"工匠精神"是一种职业精神,同时又是职业道德、职业能力、职业品质的体现,是从业者的一种职业价值取向和行为表现。工匠需具备在敬业、精益、专注、创新等方面不断突破自我的优良品质。

敬业精神。敬业是从业者基于对职业的敬畏和热爱而产生的一种全身心投入的认认真真、尽职尽责的职业精神状态。从业者把工作当修行,通过工作,提高心性,修炼灵魂,当成一生的信仰和追求。而这一切都要从敬业开始,让敬畏和热爱充斥工作的整个始末,立足本职,不慕虚荣,每一份工作都值得珍惜,干一行爱一行,以寻找人生最大的快乐。"敬业乐群""忠于职守"，这也是中华民族历来的传统，敬业是中国人的传统美德，也是当今社会主义核心价值观的基本要求之一。

精益精神。精益就是精益求精，就是要超越平庸，选择完善。老子曰："天下大事，必作于细。"作为从业者，要认准目标，执着坚守，耐得住工作上的枯燥与寂寞，经得起职场上的诱惑与考验，为自己的意念执着，切不可浅尝辄止、半途而废。以匠人之心，追求技艺的极致，大胆创新和突破，练就令人叹为观止的完美技艺。因此，要想做出成绩，只能专心致志地做一件事情，把其做精、做到极致，方能成就无限完美。

专注精神。专注就是要踏实严谨，一丝不苟。在职场上就应该严格遵循工作标准，杜绝粗心大意，认真做好工作的每一个细小环节。严格遵循工作标准，每个步骤、每个环节都按要求做到位，因为细节决定成败，细节成就伟大。杜绝粗心大意，"差不多"就是差很多，细致入微，把每个细节都做到极致、做到完美，这是一切"大国工匠"所必须具备的精神特质。

创新精神。创新就是要追求突破、追求革新。"工匠精神"强调执着、坚持、专注，强调把"匠心"融入生产的每个环节，既要对职业有敬畏、对质量够精准，又要富有追求突破、追求革新的创新活力。事实上，古往今来，热衷于创新和发明的工匠们一直是世界科技进步的重要推动力量。

工匠精神落在个人层面，就是一种认真精神、敬业精神，不仅仅把工作当作赚钱养家糊口的工具，而是树立起对职业敬畏、对工作执着、对产品负责的态度。与工匠精神相对的，则是"差不多精神"——满足于90％，差不多就行了，而不追求100％。我国制造业存在大而不强、产品档次整体不高、自主创新能力较弱等现象，多少与工匠精神稀缺、"差不多精神"显现有关。

三、培养好习惯，提升好能力，做个好工匠

1.用工匠亲、勤、细、实的精神，培养良好的习惯

工匠的成功离不开对工作的热爱，对工作的亲力亲为，敢于担当；离不开对工作的勤勤恳恳、兢兢业业，敢于负责；离不开对工作细致入微的投入和执着，更离不开对工作实实在在的无私奉献。

2.用工匠精益求精的精神，提高应用能力

精益求精，意思是说手艺已经很好了，还要求更好。技能是中职学生在社会中的生存之道、立足之本。学生的应用能力有专业理论知识、专业技术应用能力、职业道德素养、社交能力和谈判能力、观察力和敏锐度、外语能力、应变能力等。我们要不断提高我们的应用能力。

3.用吃苦耐劳的工匠精神，培养社会适应能力

中职学生要满足企业需要，适应工作岗位，实现职业理想，最重要的品质就是吃苦耐劳。学校会举办有很多主题活动，以培养学生吃苦耐劳的"工匠精神"，同学们要积极参与，勇于锻炼自己。

相关链接

目标对人生的影响

哈佛大学曾经进行过一项关于目标对人生影响的跟踪调查。他们在一群智力、年龄、学历、环境等客观条件都差不多的年轻人中调查发现：3％的人有十分清晰的长远目标，10％的人有清晰的短期目标，60％的人只有一些模糊的目标，27％的人根本没有目标。25年后，哈佛

大学再次对他们进行跟踪调查,结果令人十分吃惊! 当年那3％的人全部成了社会各界的精英;那10％的人都是各专业各领域的成功人士;那60％的人大部分生活在社会中下层,事业平平;那27％的人工作不稳定,过得很不如意。

四、修炼实践

1.谈一谈

结合专业实际,谈一谈自己打算如何做个"匠人"修颗"匠心",培养工匠精神。

2.读一读

如何做一个有气质、有风度的中职生(摘编)

(1)别人给倒水时,不要干看着,要用手扶扶杯子,以示礼貌。

(2)别人对你说话,你起码要能接话,不能人家说了上句,你没了下句,或者一味地说着"啊、啊、啊""是、是、是"。

(3)不揭别人的短处。

(4)听别人说话的时候,眼神不要游移,这样显得很没礼貌。

(5)站有站相,坐有坐相。

(6)说到就一定要做到。 做不到的就不要承诺。

(7)不要贪小便宜,不要贪财,钱再多也有花完的时候。

(8)企业的规矩是一把尺子量到底,遵守规章制度没有价钱可讲,制度不会向你妥协。

(9)自己有本事才是真的本事。

(10)别人批评你的时候,即使他是错的,也不要先辩驳,等大家都平静下来再解释。

(11)生活中会遇见各式各样的人,你不可能与每个人都合拍,但是有一点是放之四海皆准的:你如何对待别人,别人也会如何对待你。

(12)做事情,做好了是你的本分,做得不好就是你失职。

(13)机会只留给有准备的人,天上不会掉馅饼。

(14)要对自己的行为负责,不要怨天尤人,在做之前要想想应不应该,出了事要学会自己解决。

(15)不重要的小事上不要斤斤计较,过去的就让它过去吧。

(16)说话时请和他人保持距离,不要紧贴别人。

(17)多用"您""请问"这样的敬辞,多用"麻烦您""打扰了""实在很抱歉"之类表示歉意的词,多用"好吗""行不行""您觉得呢"等带询问语气的词。

(18)公共场合,手机铃声、信息提示音调的小声一些,最好是震动。 讲电话时不要兴致勃勃地提高音量、手舞足蹈,破坏了周围的宁静,让别人都不得不注意到你,那是很失礼的。

(19)当学弟学妹向你打听学校时,一个新员工向你询问你的单位或者部门时,即使你讨厌这个地方,最好也客观地评价它,不要带自己的主观偏见。

3.心灵氧吧

• 工作是一种修行,将毕生岁月奉献给一门手艺、一项事业、一种信仰,这个世界上有多少人可以做到呢? 如果做到需要一种什么精神支撑呢?

• 一旦你决定好职业,你必须全心投入工作中,你必须爱自己的工作,千万不要有怨言,你必须穷尽一生磨炼技能,这就是成功的秘诀,也是让人敬重的关键。 而这就是工匠精神最纯真的呈现。

• 工匠精神在欧洲,象征着瑞士钟表的品质以及德国工匠的严谨与精确。工匠精神之于事业,则是服务第一,其他都是第二。

• 工作不仅仅是我们赚钱谋生之道,更应该是我们追求目标、梦想,实现人生价值的舞台。

第二章 行为习惯篇

关键词 "五个学会" "三个规范"
五个学会 学会微笑 学会打招呼 学会让道 学会讲卫生 学会爱公物
三个规范 规范形象 规范语言 规范行为

第一节 五个学会,好习惯伴我们一生

"五个学会"指的是学会微笑、学会打招呼、学会让道、学会讲卫生、学会爱公物,是我们都能做到且能做好的日常生活中的小事。坚持做好"五个学会",是中职生素质养成的第一课。

一、大力开展"五个学会"活动,是学校发展的需要

职业教育的发展受到党和国家的高度重视,受到省内外知名企业的高度关注,考察指导、参观取经、相互交流、人才选聘,校园的客人络绎不绝。他们逛校园、听上课、到宿舍、到食堂,与学生们亲密接触,他们感受到了校方的热情,更体会到了我们职业学子的良好素质。随着学校的发展,我们美丽的校园将会迎来更多的来宾,获得更多的荣誉,开展"五个学会"活动,提升学生的素质,就是为了迎接更多的挑战。有朋自远方来,不亦乐乎?给客人展示我们的美好形象,是一件令人自豪的事。

二、大力开展"五个学会"活动,是提高我们素质的需要

我们有过硬的知识技能,更要有良好的道德素质,具备社会公德。学会微笑、学会打招呼、学会让道、学会讲卫生、学会爱公物,是社会公德,更应作为职校生的职业道德。一言一行都有学问,一举一动都能显示风格。微微一笑是积极生活的态度,主动与对方打招呼是绅士风度,学会让道是为别人提供方便,讲究卫生是良好的生活习惯,爱护公物是爱校的具体表现。一个人不具备待人处世的艺术,没有谦恭礼让的品质,甚至行动带有破坏性,即使有技术,是人才,也不可能受到欢迎,更不可能得到领导的信任和重用。

相关链接

有记者访问一位获得诺贝尔奖的科学家,"教授,您人生最重要的东西是在哪儿学到的呢?""在幼儿园。在那里,我学到了令我终身受益的东西。比如说,有好东西要与朋友分享,谦让,吃饭前要洗手……"

我们完善自己的文明修养也一样,并非一定要有什么了不起的举措,而是要从吃饭前要洗手这些小事做起。养成文明的习惯,使文明的观念从意识层次进入无意识层次,使文明贯穿我们的一举一动。

三、大力开展"五个学会"活动,是校风建设、班风建设的需要

学校是我家,校风建设靠大家,大家都行动起来,人人都做到"五个学会",让好的习惯从

今天开始养成,把美好的形象展示给老师,展示给同学;让学校在我们的共同努力下,形成良好的校风:严谨规范、自信自强。

每位学生都要树立"五个学会"光荣,违反"五个学会"可耻的观念。人总是在不断的发现、总结中进步,相信同学们会以积极的姿态,严格要求自己,不断战胜自己,积极地投身到"五个学会"活动中来。学校将专门安排力量检查督促各班开展"五个学会"活动的情况,好的现象及时通报表彰,坏的现象及时教育处理。让我们一起批评不认真参加"五个学会"活动的个人,一起建设我们共同的家园。

修炼提示

每天我们都问一问自己:今天我做到"五个学会"了吗?每天我们都监督一下同学:"五个学会"你哪些方面做得不到位?还有哪些方面急需改进?面对老师,我们微笑着打招呼了吗?食堂就餐,我主动排队了吗?上下楼道,我礼让右行了吗?寝室里,我们的内务符合标准了吗?校园里,我们还在乱扔垃圾吗?不断反思,不断进步,不断提升,让我们一起加油!

四、修炼实践

1. 智慧加油站

"五个学会"是我们走进职校的人生起点,阅读下面的短文,谈谈你进入职校后,怎样走好自己的人生起点,是从起点就开始获得不同的感受,还是停在原地不动,没有一点改变?

你的终点我的起点

(一)

有一个老人和年轻人在海边钓鱼,老人见年轻人动作比较笨拙,问:"刚学着钓鱼吧?"年轻人点点头。老人又说:"我从小就在这钓鱼,几十年了,靠此养活了自己。"年轻人说:"我向你学钓鱼吧。我要钓很多很多的鱼,赚钱后买一条渔船,然后赚更多的钱买更多渔船,接着成立公司,再争取让公司上市。"老人又问:"那么公司上市后,你干什么呢?"年轻人答:"那时也许我已经老了,我就可以到这里钓鱼了。"老人不解,说:"你现在就能够这样做呀,同我一样。"年轻人说:"不一样。您的一生只是一个点,而我的一生将是一个圆。"

(二)

有两个高中生,理想都是考上清华大学。高考揭晓后,他们的分数都达到了重点线,但都没有被清华大学录取。甲斩钉截铁地说:"我要复读,上清华是我最大的梦想,否则,我将遗憾终生。"乙说:"我会选择一所不错的理工大学。没能考上清华,让我失去了更好的平台,我会用加倍的努力来弥补。"后来,甲复读三年,终于如愿以偿。大学毕业后,怀抱清华这个金字招牌,很容易地获得了一个白领职位,从此安然度日。

几年后,甲与乙不期而遇,寒暄后,才知乙已成为一家公司的老板。乙向甲咨询到清华读MBA的事,甲惊叹道:"原来,你的清华梦也这么执着。"乙笑答:"也不是,你把考取清华当作目标,我把它当作实现目标的一个机会、一个步骤。"见甲瞠目,乙又说:"你的终点,对我来说是真正的起点。"

(三)

有一个经济学家,发生经济危机后,也站到领取失业救济金的队伍里。周围的人嘲笑他:"你整天研究经济,结果还不是和我们一样。"经济学家笑笑,说:"学经济不能保证我不失业,但有一点我与你们不同,那就是我知道我们为什么会失业。"

每个人从生到死的距离,都叫一生。人生的区别,就在于如何走过这段距离。如果人生只是停在原地不动,如果人生不是由无数个起点和终点转换组成,如果人生没有获得不同的感受,如果人生没有弄清更多的为什么,这样的人生是短暂而了无生趣的。

2.谈一谈

改变坏的习惯是一件痛苦的事情,养成好的习惯却是一件幸福的事情。读下面的故事,谈一谈"五个学会"的现实意义。

过去同一座山上,有两块相同的石头,三年后发生了截然不同的变化。一块石头成为雕像,受到很多人的敬仰和膜拜;一块石头却成为路边石,被人搬来搬去,还经常受到践踏、污损。路边石极不平衡地说道:"老兄呀,三年前,我们曾经同为一座山上的石头,今天却有如此大的差距,我的心理特别痛苦。"雕像石头答道:"老兄,你还记得吗? 三年前,曾经来了一个雕塑家,你不愿意改变,更害怕割在身上一刀刀的痛,你告诉它只要把你简单雕刻一下就可以了。而我那时想象未来的模样,乐于改变,也不惧怕割在身上一刀刀的痛。于是,雕刻家在你身上只是简单地处理了一下,而在我身上呢,锤子砸,钢锯锯,刻刀刻,纱布磨……我经受的改变是你的数倍,我忍受过的痛苦比你多得多,这才产生了今天的不同啊!"路边石听了这一席话,既惭愧,又后悔。

3.心灵氧吧

谈谈你对下面这些格言的理解。

(1)不是每一次努力都会有收获,但每一次收获都必须努力。

(2)批评可以让你更加完善,你越心平气和地对待它,你从中获益越多。

(3)当你往前走的时候,要一路撒下花朵,因为同样的道路你决不会再走第二回。

(4)行走不费力的路,确实存在。可我告诉你,那是下坡路。

(5)不要同情自己,同情自己是卑劣懦夫干的勾当。

(6)找理由支持你去做该做的事,不要找理由支持你去做不该做的事。

(7)埋怨别人,天昏地暗;改变自己,风和日丽。

第二节　学会微笑,灿烂人生

微笑能给人一种容易接近和交流的印象。微笑是一个人良好心境的表现,说明一个人的心地平和,心情愉快;微笑是善待人生、乐观面世的表现,说明一个人的心里充满了阳光;微笑也是有自信心的表现,对自己的魅力和能力抱积极和肯定的态度;微笑是一个人内心真诚友善的自然表露,说明这个人善良、心胸坦荡。所以,人们在许多种笑里面,将微笑作为一种文明礼貌的标准。

一、微笑的功能

微笑是社交场合中最富有吸引力、最有价值的面部表情。微笑是自信的象征,是礼貌的表示,是心理健康的标志。微笑,表现着人际关系中友善、诚信、谦虚、和蔼、融洽等最为美好的感情因素,具有一种天然的吸引力,能使人相悦、相亲、相近。微笑是一种天然资源,它给人留下的是宽厚、谦和、亲切的印象,表达出的是对他人的理解、关爱和尊重。微笑不需要投资,但微笑的价值是无限的,微笑可以增加利润,微笑更能创造成功和奇迹。

微笑具有下列沟通功能。

1.缩短心理距离

微笑表示自己心地坦荡,善良友好,待人真心实意,而非虚情假意,使人在与其交往中自然放松,不知不觉地缩短了心理距离,为深入沟通与交往创造温馨和谐的氛围。

2.润滑人际关系

微笑是一种令人感觉愉快的面部表情,让人感受友好和亲切。面露平和欢愉的微笑,说明心情愉快,充实满足,乐观向上,善待人生,这样的人才会产生吸引别人的魅力。用微笑来接纳对方,不但可以反映出良好的修养、待人的真诚,而且能给对方留下美好的心理感受。因此,有人把笑容比作人际交往的润滑剂。

3.化解矛盾

真正的微笑应发自内心,渗透着自己的情感。表里如一,毫无包装的微笑,具有感染力,被视作"参与社交的通行证"。微笑,不仅能传递和表达友好、和善,而且还能表达歉意、谅解。真诚的微笑是广交朋友,化解矛盾的有效手段。

相关链接

"经营微笑"让希尔顿获得成功

从一家扩展到70多家,从5000美元发展到数十亿美元,名声显赫的美国希尔顿酒店,半个世纪以来,稳坐世界酒店业"大哥大"位置。当有人探询其成功的秘诀时,希尔顿微笑着说:"经营微笑。"

20世纪30年代美国经济处于萧条状态,工厂倒闭,工人失业,85%的民众靠社会救济金维持生计,哪有闲钱去住酒店。因此,全美国80%的酒店关门打烊,转让出售的广告几乎遮盖了酒店的大门和橱窗。希尔顿酒店也是一年接一年的亏损,一度达到欠债50万美元的境地。面对此情此景,希尔顿召集管理人员研究对策,寻找摆脱困境的良方。有人建议降低床位费,有人提出提高饭菜档次,还有人提出了添置一流设备的方案。

面对五花八门的方案,希尔顿却提出"经营微笑"的独特思路。希尔顿告诉管理人员和员工,酒店只有一流的设备而没有一流的微笑,客人会认为我们提供的服务是欠缺的、不完美的。生活中缺少了微笑,犹如花园没有阳光。所以,希望大家思考一下,如何"经营微笑"的具体方略。

虽说"经营微笑"一词对希尔顿的员工来说,是第一次听到,经营思路、经营举措也是个"盲区",但他们虚心接受希尔顿的"培训"。满怀自信,微笑常挂在脸上的希尔顿向员工呼吁:"目前,我们正值酒店亏损时期,为了将来能有云开雾散的一天,请各位千万别把愁云挂在脸上。请记住,希尔顿酒店的全体员工不是在经营酒店,而是在诚心、精心经营微笑,笑里藏着美金,笑里孕育着日出和鲜花。"

在微笑经营的具体措施上,希尔顿制定了一套完整的步骤和规则。例如,他们根据只有发自内心的微笑才是诚恳的和可亲的这一心理印象,首先培养员工热爱酒店、把客人当亲人的思想感情;其次,把微笑和态度和蔼、语言温馨、举止规范礼貌等素质纳入量化考核,实行奖惩制度,把微笑这个"软件"提高到比任何"硬件"都重要的位置。

当时,面对经济大萧条的现状,大多数美国人都愁云满面,对前途迷茫和失望。因此,微笑成了20世纪30年代美国最为短缺的"精神产品"。希尔顿正是发现了这一商机,把酒店当作出售微笑的市场,采取迂回曲折的"曲线救国"方针,让希尔顿酒店处处绽放微笑的花朵,成为美国人恢复自信、安慰灵魂、寻求寄托、感受亲切的家园。

事实上,在那些纷纷倒闭的只剩下20%的酒店中,只有希尔顿酒店服务员的微笑是持久的、诚恳的、美好的。微笑宛如阳光,人人向往阳光,由此不难想象,希尔顿酒店被顾客光顾的情景了。美国经济刚一回暖,希尔顿酒店率先跨入了新的繁荣时期,在别人装饰酒店寻找客源的时候,希尔顿已是日进斗金的黄金旺季。

4.表达乐观人生

微笑在学习、生活、工作中都有非常深刻的内涵。微笑着接受批评,显示你承受错误但不诚惶诚恐;微笑着接受荣誉,说明你充满喜悦但不骄傲自满;遇见领导、老师,展示一个微笑,表达你的尊敬但无意讨好;微笑着面对困难,用笑脸迎接命运,用百倍的勇气来应付一切的不幸,说明你经得住考验和磨炼,你有战胜困难的勇气和信心。

5.营造"人和"的氛围

我国有句俗话叫作"和气生财",要成就一番事业,需要天时、地利、人和,天时不如地利,地利不如人和,而微笑最易营造人和的氛围。微笑是人宝贵的无形资产,可以说成功从微笑开始。某公司的人事经理经常说:"一个拥有纯真微笑的小学毕业生,比一个面孔冷漠的哲学博士更有用。"

>>> 修炼提示

微笑是甜美真诚自然的笑容,是面对生活、面对他人最友善、最丰富、最贴切的面部表情。面对困难和挫折、遇到同学间有摩擦、遭遇烦心事和打击,微微一笑,心胸舒畅。微笑是心胸宽广、坦荡的表现,她所传递的是积极的生活态度、不断进取的理想信念。微笑是无声的、优美的语言,是对长者的尊重,是对同学的肯定,是道歉语,是祝贺词,是问候语,是欢迎曲,是润滑剂。

二、微笑的形象和要求

微笑是指不露牙齿、嘴角两端稍稍翘起的笑。

微笑时,面部肌肉放松,嘴角微翘,轻笑而不露齿,尤其要避免露出牙龈,同时避免牵动鼻子。练习时,要注意下唇不要用力过大。

微笑的主要要求是发自内心。它体现的是内心的快乐,是内心情感的自然流露,包含着对他人的关心和热忱,给人以温暖的感觉,而不是故作笑颜,曲意奉承。微笑还要保持适度。在递送、打招呼时,微笑可以主动热情、亲切友好。而在辩论、讨论中,微笑应当是潇洒大方、不卑不亢。

微笑要与眼睛相结合——当我们展示微笑时,眼睛也要"微笑"起来,否则给人的感觉是"皮笑肉不笑"。

微笑要与语言相结合——当我们表示欢迎对方时,不但要微笑还要和"您好""欢迎光临"等语言相配合,让人觉得你更具有亲和力。

微笑要与身体相结合——微笑时还要正确地与我们的身体语言相结合,微笑时身体不能表现得懒散、消极。只有做到口到、眼到、神色到,笑眼传神,微笑才能扣人心弦。

微笑要与仪表、举止相结合——以笑助姿、以笑促姿,形成完整、统一、和谐的美。

含义不同的微笑表现也不同。

【练习】

1.兴奋、幸福、心中暗喜的微笑

表现为眼睛睁大,瞳孔放大,眼睛闪动频率加快,眉毛轻扬,嘴角平或微微向上。

2.兴趣盎然的微笑

表现为眼睛轻轻一瞥,停留时间约一秒钟,眉毛轻扬,嘴角向上。

3.对对方感兴趣的微笑

一般采用亲密注视的方式,眉毛轻扬或平,嘴角向上。

4.交际应酬时常用的微笑

表现为社交注视方式,眉毛平,嘴角向上。

5.与对方保持距离或冷静观察的微笑

表现为平视或视角向下,眉毛平,嘴角向上。

>>> 修炼提示

全体学生要微笑着面对生活、微笑着面对他人、微笑着面对困难。与领导、老师、同学等交谈时面带微笑,友好地注视着对方,坦诚交流,用语文明礼貌,需要别人帮忙时面带微笑。

每天起床时给自己一个微笑,舒缓心情,让自己一整天都拥有一个好心情。

三、修炼实践

1.微笑行动

在校园中面对学校教职员工、面对同学、面对来宾时面带微笑,做到有礼有节;微笑面对困难、乐观面对同学间的矛盾。按照此要求开展两周的微笑行动,活动结束后进行总结,开展批评与自我批评。

2.谈一谈

谈谈你对微笑功能的理解和自己的打算。

3.拓展阅读

握住自己快乐的钥匙

一个成熟的人应该掌握自己快乐的钥匙,他不期待别人使他快乐,反而能将快乐与幸福带给别人。每个人心中都有一把"快乐的钥匙",但我们却常在不知不觉中把它交给别人掌管。

一位女士抱怨道:"我活得很不快乐,因为先生常出差不在家。"她把快乐的钥匙放在先生手里。一位妈妈说:"我的孩子不听话,叫我很生气!"她把快乐的钥匙交在孩子手中。男人可能说:"上司不赏识我,所以我情绪低落。"这把钥匙又被塞在老板手里。婆婆说:"我的媳妇不孝顺,我真命苦!"年轻人从文具店走出来说:"老板服务态度恶劣,真把我气炸了!"

这些人都做了相同的决定——就是让别人来控制他的心情!

当我们容许别人掌控我们的情绪时,我们便觉得自己是个受害者,对现况无能为力,抱怨与愤怒成为我们唯一的选择。我们开始怪罪他人,并且传达一个讯息:"我这样痛苦,都是你造成的,你要为我的痛苦负责!"此时我们就把这一项重大的责任,托付给周围的人——即要求他们使我快乐。我们似乎承认自己无法掌控自己,只能可怜地任人摆布。这样的人使别人不喜欢接近,甚至望而生畏。

一个成熟的人能够掌握住自己快乐的钥匙,他不必期待别人使他快乐,反而能将快乐与幸福带给别人。他情绪稳定,能为自己负责,和他在一起是种享受,而不是压力。

修行人教我们:做自己的主人,不要被环境、物欲左右。你的钥匙在哪里?在别人手中吗?快去把它拿回来吧!

快乐的源泉来自自己,而非他人!

4.心灵氧吧

• 人生的道路都是由心来描绘的。所以,无论自己处于多么严酷的境遇之中,心头都不应为悲观的思想所萦绕。——稻盛和夫

• 一切的和谐与平衡,健康与健美,成功与幸福,都是由乐观与希望的向上心理产生与造成的。——华盛顿

第三节　学会打招呼,充满自信

主动与别人打招呼是待人处事的"润滑剂";是人际关系中打破尴尬局面的良好形式;她能构建一种和谐的人际氛围,拉近己方与他方的心理距离。

打招呼是学校里每天发生的司空见惯的事情,我们很少想过,在打招呼的背后,存在许多的问题,值得研究,值得思考。

一、打招呼的功能

打招呼也称问候。见面打招呼、问好是人们在交往中借助交谈互表友好和认定的一种方式。打招呼是人们见面时最简便、最直接的礼节,主要适用于在公共场所相见时,彼此向双方问安问好,致以敬意或表达关切之意,例如,主动迎向对方时,当对方向自己问好时,当对方来到自己生活或办公的环境时,自己主动与对方进行联络时。

打招呼是一个人具有阳光心态的表现,在招呼别人的同时,也是在展示自己良好的素质,传递对生活积极的态度;既显示了自己的落落大方、自信自强,又能构建和谐的同学关系,营造友善的人际氛围。

二、打招呼的基本要求

1.得体

中国人见面较喜欢互相问候,而且越是先问候别人,越显得热情、有教养,知礼、明礼。例如,工作中最普遍的是"你好! 再见!"等话,有时再加上一句恰当的称呼,如"张教官,您好!""李老师,再见!"就会显得亲密。当然随着社会的发展和人们观念的改变,招呼、问候的语言愈加丰富,但其中最重要的不是说什么,而是主动的态度。

2.适度

(1)与场合相符。

选择招呼的方式、语言要考虑环境、场合因素,生活场合、关系密切的人之间可以运用轻松、随意的招呼方式和语言,而在工作、社交乃至国际交往中就应该选用较正式的招呼方式和语言。

(2)与自己的身份相符。

通常问候之后,人们会很自然地行见面礼,以示友好。这时你要注意依照自己的身份来选择是否施礼或行哪一种礼节。如办公室的普通职员面对高级别的来访或洽谈业务者,一般不需要放下手中的工作,热情驱前行礼。即使需要,也要以本民族的见面礼节形式为佳。

▶ 修炼提示

打招呼最重要的是要做到恰到好处,大方得体。

打招呼并不难,难的是恰到好处,大方得体。这还真有点学问,请看下例。

例1：傍晚时分，小李走在街上，迎面看到王叔从公共厕所出来，就热情地打招呼："王叔，您吃过了！"王叔一脸的不高兴，"哼"了一声走过去了。正确的做法是问一声"您好！"或说一句与厕所无关的话，如"您回家啊""今天下班早点呀"等。

例2：张女士身体较胖，但总喜欢别人说她瘦。有一天，她穿了一件连衣裙，看样子挺高兴，小李碰见她，就打招呼说："张姐，又瘦了。"张女士以为说自己瘦了，就高兴地说："真的？"小李说："我说衣服！"张姐一听就生气了，因为戳到了她的痛处。正确的做法是不要开玩笑，带着羡慕之意说："你穿这件衣服真好看！"不说胖瘦这个敏感的话题。

简单说，打招呼要注意时间、地点、场合，不同的情况说不同的话；要注意尊重别人，不要拿对方的缺欠开玩笑；打招呼的语言要简明易懂，不要使用可能产生歧义的话语，如"您要是走了，那怎么办？"还要注意男女有别、长幼有序，不可没大没小，信口乱说。

三、打招呼的一般规则

男性先向女性致意，年轻的不管男女均应首先向年长者致意，下级应向上级致意。两对夫妇见面，女性先互相致意，然后男性分别向对方的妻子致意，最后男性互相致意。

在大街上打招呼，三四步远是最好的距离，男性可欠身或点头，如果戴着帽子须摘去。与人打招呼时，忌叼着烟卷或把手插在衣袋里。

在各种生活场景中，均应主动微笑点头致意，以示亲和。

对熟人不打招呼或不应答向你打招呼的人都是失礼的行为。

与西方人打招呼时避免中式用语"你上哪儿去""你干什么去"等，在西方人看来，有涉人私事之嫌，是失礼的语言；更不应说"吃饭了吗"，否则被误认为你想邀请他一起吃饭。

与少数民族及信奉宗教的人打招呼应根据当地的宗教信仰及招呼习惯。

打招呼也可以灵活多样，点头、微笑、招手、击掌、抚摸、英语应答、语言赞赏、幽默对话等等，都是可以的，只要是发自内心，出乎自然就好。

四、常见打招呼用语

最简洁明了、通用性最广泛的用语是"您好"，这既是一个问候语，同时又有一种表示对他人祝福的含义。

根据碰面的时间，互相道一声"早晨好""下午好""晚上好"，也是一种比较简单、实用、明了的招呼用语。

另外，诸如"你早""在哪儿做事"等，也是较常见的招呼语。

▶▶ **修炼提示**

学会打招呼就是要熟练地掌握各种称谓，并根据对方的服饰等迅速做出判断，主动与对方打招呼。学会打招呼，从认识你的同桌开始。注意礼貌用语！时间久了，大家一定会记住你并且喜欢你的。

五、修炼实践

1.打招呼行动

（1）见到老师礼貌地点头致意，说"老师好"。

（2）见到同学文明地道一声"同学好"。

（3）见到教官、生活老师、工人主动问声"教官好""老师好""您好"。

（4）见到认识的人称其姓和职务并说声"您好"。

（5）见到外来领导、来宾主动说"领导好"。

（6）见到长者主动与他们打招呼。

按照以上要求开展两周的打招呼行动,活动结束后进行总结,开展批评与自我批评。

2.心灵氧吧

• 一个人的礼貌是一面照出它的肖像的镜子。——歌德

• 礼貌像只气垫:里面可能什么都没有,却能奇妙地减轻我们的颠簸。——约翰逊

第四节　学会让道,给自己更广阔的天地

一、让道是民族传统中的一种美德

从古代起,我们民族就开始推崇"让道"的典范供人们效仿,其最早者当推尧、舜、禹之间的"禅让"。从那时起,这样的例子就屡见于浩如烟海的历史典籍。

唐高祖让位于唐太宗,周世宗之子让位于赵匡胤等等。在这些例子中,有的让得真诚,有的让得虚假;有的出于主动,有的出于被迫。

凡在历史上获得"让贤"名声的人,多为当时和后世称道、追捧。当代名将粟裕"两让司令一让元帅"的故事,就一直被传为佳话。

相关链接

粟裕"两让司令一让元帅"

粟裕大将戎马一生,导演了一幕幕摧枯拉朽、气吞山河的战争史剧:苏中战役、宿北战役、鲁南战役、莱芜战役、孟良崮战役、沙土集战役、豫东战役、济南战役、上海战役以及他参与指挥的渡江战役、淮海战役等,都是其卓越军事才能与指挥艺术的生动体现。粟裕不仅在军事指挥上享有盛誉,而且在对待个人得失荣辱上也为我们做出了榜样,他"两让司令一让元帅"的故事,就被传为美谈。

1945年10月,中央任命粟裕为华中军区司令员,张鼎丞为副司令员,粟裕认为张鼎丞在很多方面都优于自己,若张鼎丞任司令员,自己任副职,协助张鼎丞工作,会更有利于党的事业。为此,他再三恳请中央改任,最后中央接受了他的请求,重新作了任命。

1948年5月,陈毅同志调中原工作,中央决定华东野战军由粟裕领导,粟裕坚持认为陈毅是华东野战军众望所归的统帅,陈毅继续担任华东野战军领导更为合适。经他一再恳请,中央决定陈毅仍任华东野战军司令员兼政治委员,陈毅不在位期间,其职务由粟裕代理。

1955年,我军实行军衔制。在讨论粟裕的军衔问题时,毛主席考虑到粟裕的资历、威望和战功,给予了粟裕极高的评价,说"论功、论历、论才、论德,粟裕可以领元帅衔",要给粟裕授元帅衔。由于粟裕事前已上书请求坚决辞去元帅衔,周总理说:"粟裕二让司令一让元帅,人才难得,大将还是要当的。"毛主席补充说:"而且是第一大将。"于是粟裕便被授予了共和国的大将军衔。

粟裕大将的"三让",体现了老一辈无产阶级革命家的崇高境界和为党和人民事业无私奉献的精神风貌。"生死沉浮寻常事,乐将宏愿付青山。"粟裕大将的这句肺腑之言,正是他高风亮节、胸怀宽阔的精神写照。

二、让道的功能

1.为别人让道有助于整个事业的发展

寸有所长，尺有所短。不要任何时候都自视"天下第一"。自己弱，不说了，有"自知之明"足矣。自己强，"强中更有强中手""长江后浪推前浪"。

在古代，"江山代有才人出，各领风骚数百年"；在信息时代的今天，无论哪个地方，哪个领域，能"各领风骚"的，有几天？

君有"金刚钻"，别人说不定怀揣"撒手锏"。为别人让了道，很多时候可能会为整个社会、团体事业的发展创造出大好良机。

英国首相丘吉尔当听说百姓不再投自己的票而另选他人担任内阁首相时，感叹地说出了一句格言式的名言："一个敢于抛弃英雄的民族是一个伟大的民族，成熟的民族。这不失为英吉利民族的骄傲。"

2.为别人让道也能为自己拓宽道

许多会开车的人都知道，当一段路堵得一塌糊涂的时候，如果谁都赌气不让，最后吃亏的是包括自己在内的整个南来北往的车辆。如果有一两个"高风亮节"的司机暂时避开大道，除了对大家有利外，最终还是会惠及自己。

也许这里耽误了点时间，怕什么呢？倘到达目标是短途，便无所谓了，"平稳"跑到终点；倘前面的路还很漫长，在后面的路上"加加油"，也会赶得上。

三、让道的要求

1.让道就是要宽以待人

一个以敌视的眼光看人，对周围的人戒备森严，心胸窄小，处处提防，不能宽大为怀的人，必然会因孤独而陷于忧郁和痛苦之中；而宽宏大量、与人为善、宽容待人，能主动为他人着想，肯关心和帮助别人的人，则讨人喜欢，被人接纳，受人尊重，具有魅力，因而能更多地体验成功的喜悦。

相容就是宽厚，容忍，心胸宽广，忍耐性强。人们往往把宽广的胸怀比作大海，能广纳百川之细流，也不拒暴风雨；也有人把忍耐性比作弹簧，具有能伸能屈的韧性。有人说过这样一句话："谁若想在困厄时得到援助，就应在平时待人以宽。"就是说，相容接纳、团结更多的人，在顺利的时候共奋斗，在困难的时候共患难，进而增加成功的力量，创造更多的成功的机会。反之，相容度低，则会使人疏远，减少合作力量，人为地增加阻力。宽以待人，就要将心比心，推己及人。孔子早就告诫人们："己欲立而立人，己欲达而达人；己所不欲，勿施于人。"

2.让道就是要学会角色互换

一件事情，你自己不能接受、不愿意做，别人也一定不愿接受、不愿意做。在人际交往中，记住"己所不欲，勿施于人"的教诲是大有裨益的，它可以避免提出人们难以接受的要求，避免由此而来的难堪局面，建立和维持良好的人际关系。推己及人，是以自己为标尺，衡量举止能否为人所接受，其依据是人同此心，心同此理。将心比心，设身处地，还可以用角色互换的方法，假设自己站在对方的位置上，想想会有什么反应、感觉，理解他人，体谅他人。

3.让道就是要学会包容，宽容让人

在与他人交往中常常会因为对信息的意义理解不一，个性、脾气、爱好、要求的不同，价值观念的差异而产生矛盾或冲突，此时我们应记住一位名叫乔西·布鲁泽恩的作家的话："航行中有一条规律可循,操纵灵敏的船应该给不太灵敏的船让道。我认为,这在人与人的关系中也是应遵循的一条规律。"应该尊重他人意见,寻找共同立场,主动让道,而不应争先抢道。"礼让三分"能确保"安全",于己于人都有利。人往往能够将别人的缺点看得一清二楚,但这并不意味着你可以因此严厉地指责别人。在与人相处时,要懂得随时体谅他人,在温和且不伤害人的前提下,适宜地帮助别人。以严厉的态度对待别人,容易招致他人的怨恨,反而无法达到目的。若要避免遭受困扰,关键在于宽容待人。

做一个肯理解、容纳他人的优点和缺点的人,才会受到他人的欢迎。而对人吹毛求疵,又批评又说教的人,不会有亲密的朋友,周围人对他只有敬而远之。

古人云:"地之秽者多生物,水之清者常无鱼。故君子当存含垢纳污之量。"人不能太清高了,因为世界本来就很复杂,什么样的人都有,什么样的思想都有,如果你事事与人斤斤计较,只会自己堵住自己的路。一个人必须具有包容一切善恶贤愚的态度,才能有圆满的人际关系。但凡有影响、有魅力的人,都具有良好的品质。如果我们能爱心永存,真诚待人,宽以待人,就能尽可能多地赢得别人的好感、信赖和尊敬,就能较好地与周围人和睦相处,就能在人生旅途中顺利愉快地前行。

▶▶ 修炼提示

让一步海阔天空,让一步大道通途。学会了让的智慧,你也就学会了融合、利己利人的处世之道。学会在适当的时候让一让,让别人,最终是让了自己;不让别人,最终是不让自己,跟自己过不去。

四、修炼实践

1.让道行动

学会让道从身边小事做起。

(1)守规范。礼让右行要成为行路中应遵守的一条规范。在上下楼道时,不可占据迎面而来的对方的道路,不可拥挤冲撞;日常行路时靠右行走,不可在楼梯间、道路上东窜西窜,嬉戏玩耍,不可相互攀着行走或成排行走;迎面有人来时,要主动靠右让对方先行;迎面有领导、老师、同学等行走时,要学会谦让,停下来让对方先行;同向行走时,不可抢占他人行走的道路,不能推拉、拥挤。

(2)讲秩序。就餐、打卡、乘车、取钱等讲秩序、排好队,不插队、不抢位。

(3)学会礼让。遇事多给别人提供方便。

按照以上要求开展两周的让道行动,活动结束后进行总结,开展批评与自我批评。

2.谈一谈

谈谈你对让道功能的认识。

3.心灵氧吧

• 我们不要把眼睛生在头顶上,致使用了自己的脚踏坏了我们想得之于天上的东西。——冯雪峰

• 礼让不费什么,而得到一切。——蒙塔鸠

• 争先的路径窄,退后一步自宽平一步;浓艳的滋味短,清淡一分自悠长一分。

第五节　学会讲卫生，一屋不扫何以扫天下

一、讲卫生是一种良好的习惯

讲卫生是一种良好的习惯，它既是我们每个人的职责和义务，也是我们每个人每天要做的事情。它展示的是一个人的基本素质。

讲卫生能让我们生活在优雅、清洁的环境中，能看到美丽的环境，呼吸到清新的空气。在优雅、整洁、美丽的环境中学习、生活，我们的学习效率就会提高，生活质量也会提高，人也不容易生病。

相关链接

好习惯助人成功

福特大学毕业后去一家公司应聘，和他同时应聘的三四个人都比他的学历高，当前面的人面试之后，他觉得自己没有什么希望了。但既来之，则安之，他敲门走进了董事长的办公室。一进去，他看见进门的地方有一张纸，他弯腰捡起来，发现是一张废纸，便顺手扔进了废纸篓里，然后来到董事长面前说："我是来应聘的福特。"董事长却没向他提任何问题，当即宣布他已被录用，福特就这样进了公司。后来福特把这个公司改名为"福特公司"，也改变了整个美国的国民经济状况，使美国的汽车产业在世界独占鳌头。从这则故事中我们懂得了一个道理：好习惯是成功者必备的一种品质。

二、不讲卫生是一种陋习

我们经常看到一些人走着走着，便旁若无人地随口将痰吐在地上；有了果皮等废弃物，随手就扔；打喷嚏、咳嗽毫不遮掩……随地吐痰、乱扔垃圾等陋习，绝非是"区区小事"，而是害人害己的不文明行为。据专家介绍，一口痰里含有数十万个细菌，而病毒在痰中存活的时间要比在空气中长。随地吐痰，就会"祸从口出"。而乱扔垃圾，同样给传染病的传播提供了温床。

非典的肆虐、甲型 H1N1 流感的暴发、肺结核的传播，使我们痛切地感悟到，卫生与健康的关系是多么密切。谚语曰："播种行为便收获习惯，播种习惯便收获性格，播种性格便收获命运。"愿我们都养成良好的卫生习惯。

修炼提示

一张废纸，扔在教室里，你的行为代表个人；扔在校外你的行为代表学校，丢的是学校的脸。再看远一点，离开国门一步，肩负国家荣辱。一张废纸扔在中国是小事，扔在外国，你就丢了十几亿中国人的脸。

三、好的习惯需要日常养成

学会讲卫生就是要按照个人卫生要求、学校内务标准、教室布置要求、公共区域打扫要求等规范自己的卫生习惯。

1. 讲究个人卫生

养成良好的卫生习惯，爱清洁，讲卫生，勤洗头、洗澡、剪指甲、换衣服，饭前便后要洗手。

每天早晚要刷牙,内衣裤、袜子、鞋垫要做到至少2到3日换洗一次,外衣外裤要做到一周一洗。床上用品至少一月一洗。

2.严禁出现"五乱"现象,要杜绝校园中的乱扔、乱倒、乱吐、乱拉、乱画等"五乱"行为的发生

"五乱"的具体要求如下。

(1)乱扔指乱扔纸屑、瓜果皮、各种包装纸、塑料袋等生活垃圾。各类垃圾或废弃物只能扔在垃圾车或垃圾桶、垃圾篓内。所在班、寝室卫生区域中的垃圾桶、垃圾篓内的垃圾每天定时倒向垃圾车内。

(2)乱倒指乱倒垃圾、剩余饭菜及生活废水、污水。不将未洗干净的餐具带入寝室;不在学生宿舍走廊、楼梯间或把头伸出阳台外洗漱;剩余饭菜倒入食堂外垃圾桶内;生活废水倒入各寝室的便槽坑内;禁止将水从阳台倒向楼下或倒在阳台、房间、走廊、楼梯间的地面上;生活垃圾应放入垃圾篓内,禁止将垃圾放入水槽、便槽内。

(3)乱吐指随地吐痰、吐口水、擤鼻涕。如果是有慢性肺炎、肺结核等传染性呼吸道疾病的话,痰里面会有很多细菌,会传播疾病,因此不要在公共场合随便吐痰。要求将口痰、鼻涕吐或揩在卫生纸上,然后扔入垃圾篓内,也可将口痰吐于痰盂钵、垃圾桶、垃圾篓内。

(4)乱拉指乱拉屎、尿,要求大便要入便槽、小便入尿槽或便坑,禁止随地大小便。

(5)乱画指在校园内到处乱写乱画,要求不在教室、寝室、实验室、实作场等楼、室的墙壁上、地板上、课桌上、门窗上、玻璃上、黑板上乱写乱画,不在墙壁上踩脚印或未经允许对黑板或标语已有的内容进行涂改。

3.坚持教室、寝室、公区的"一日三扫,全天保洁"卫生值日制度

每个班都要进一步落实教室、寝室、公区三个区域的清洁值日,设立清洁卫生监督岗,保持教室、寝室的通风透气,将清洁卫生的打扫保洁与学生操行分挂钩。

4.坚持每天"拖擦刷倒"卫生制度

即每天做到瓷砖地板用拖布拖干净、墙壁瓷砖及各种栏杆、护栏用抹布擦洗、便槽用卫生刷刷洗、垃圾筐的垃圾一日倒三次。强调对卫生死角的经常性打扫,力求打扫后清洁如洗、一尘不染。

5.注意饮食卫生

讲卫生也指注意饮食卫生,不购买"三无"食品,不吃腐败变质食品,不在校门外小摊点吃东西,不隔着围墙向校外买东西等。

四、修炼实践

1.阅读拓展

阅读下面的故事,谈谈你的体会。

"没有一张废纸"——展示一个民族的力量

第十二届日本广岛亚运会结束的时候,十多万人的会场上竟然没有一张废纸,各国报纸都登文惊叹:"可敬、可怕的日本民族!"就是因为没有一张废纸,就使全世界为之惊讶,让全世界看到了一个民族的力量。

2.修炼曝光台

大家一起收罗自己身边不讲卫生的人和事,组织进行评论。

3.心灵氧吧

• 顺手捡起的是一片纸,纯洁的是自己的精神;有意擦去的一块污渍,净化的是自己的灵魂。

• 一屋不扫,何以扫天下?

第六节　学会爱公物,勿以恶小而为之

一、爱护公物是人人崇尚的社会公德

爱护公物,是人类文明的重要体现,是文明社会人人崇尚的社会公德,也是一个文明人不可或缺、珍贵无比的品德。爱护公物是一个人高尚道德之所在,爱护公物是一个人崇高品质的体现,爱护公物更是一个人美好心灵的写照。爱护公物能显示一个社会的风尚,体现一个民族的素质,反映一个国家的精神。

公物,包括所有的公共设施,在社会主义国家,都是属于国家和集体的。它是人民辛勤劳动的成果和血汗的结晶。热爱公共财产是热爱社会主义的一项重要内容,是热爱祖国、热爱人民和保护社会主义制度的具体表现。为了使社会主义的公共财产不受损害,我国宪法规定:"社会主义公共财产神圣不可侵犯。"爱护公共财产是公民应尽义务的重要内容之一,每个公民都有责任爱护和保护公共财产,坚决同一切损害和侵犯公共财产的违法犯罪行为做斗争。

一个懂得爱护公物的人,一定是一个善良明智、充满爱心的人。反之,一个不懂得爱护公物甚至破坏公物的人,则无疑是一个愚昧的人,一个境界低下、尚未被文明教化的人。

二、爱护公物的要求

1.从思想上认识爱护公物的重要性

公共财物为大家提供了良好的学习环境和生活条件,是为我们每位同学自己服务、为每个人提供方便的,破坏了它,直接的受害者是我们自己。尤其是公共安全设施设备,是为我们的安全保驾护航的,破坏了它们,就会危及我们的人身和财产安全。我们的城市建设、公共设施为全体市民提供了生活的便利,是切实为大家服务的。

2.要杜绝一切损坏公物的行为

对于损坏公物的行为,学校将加大查处的力度,一经发现,必将从严处理。同时呼吁全校师生,要敢于和破坏公物的人和行为做斗争,弘扬校园正气。希望同学们相互监督,伸出爱护公物的正义之手,使损坏公物的无耻行为有如"过街老鼠,人人喊打",使其无处藏身。欢迎各位同学举报,举报那些破坏公物的人和事,把举报信直接投到总务处或学生处。

3.爱护公物不仅表现在校内,在校外也应自觉爱护公用设施、文物古迹

文物古迹是国之瑰宝,是中华民族几千年文明史的象征,是优秀文化遗产的重要组成部分。爱护文物是每个中学生应尽的社会责任,也是讲道德、讲文明,有修养的外在表现。

4.爱护公物,从身边小事做起

(1)爱护公寓的公物。实行室内公物室长负责制、公寓公共区域公物集体负责制。同学们要爱护各种设施设备,学会科学使用,合理维护。

(2)爱护教室、实验室的公物。教室、实验室的公物责任到班,各班要成立"公物监护行动

小组",落实专人负责每一类公物的爱护。

（3）爱护走廊、楼梯间的公物。爱护门窗、疏散标志、消火栓、灭火器、应急灯、栏杆、警示标志等设施设备。不在教学区、生活区踢足球、打篮球、打乒乓球、打羽毛球等,不在教学区冲撞戏耍、攀高跳远。

（4）爱护校园中的道路、灯具、护栏、监控设施、运动场地及器具,爱护一草一木,保护校园绿化设施、绿化场地。

（5）爱护公物就不得将公共财物据为己有,就不得参与偷抢等违法活动。

同学们,勿以善小而不为,勿以恶小而为之。爱护桌椅、轻开轻关门窗等等行为看似简单,但意义重大;一个人做一件好事容易,做一辈子好事难。长久地将爱护公物坚持下去,也并非易事。请让我们从我做起,从身边做起,从小事做起,养成爱护公物的好习惯,用心去爱护所有的公物,让我们人人都有一颗文明的公德心,成为一名新时代高素质的职校生!

三、修炼实践

1. 爱护公物行动

在学校,爱护公物总是主流,令全体职校人欣慰自豪。然而就目前的情况而言,在爱护学校的公物方面,校园内还存在一些不尽人意的地方。

教室的门惨遭"毒脚";教学楼走廊上有一些安全指示牌、消防栓被破坏;学生公寓两侧楼道的开关经常被无端损坏;厕所边水池上的水龙头也面目全非;学校的草坪被走出一条路来,经过园林工人的修整后,仍有少数同学在践踏;教室里的讲台、课桌,甚至连电视难逃部分同学的毒手,等等。这些现象,与学校的文明风貌极不和谐。这是一种落后和丑恶,是我们全体师生的耻辱。

"学校是我家,公物爱护靠大家",请同学们认真阅读《爱护公物倡议书》,积极参与爱护公物行动。

爱护公物倡议书

全体师生,大家好:

当你走进一个干净整洁的校园,心情一定很舒畅。学校给我们营造了一个优美整洁的校园,为我们的学习和生活提供了良好的环境,让我们在优美舒适的学习生活环境中健康成才。

破坏公物是一种不道德不文明的行为,为了弘扬高尚道德风尚,养成文明礼貌的好习惯,我们特向全校师生发出如下倡议。

一、爱护公物是每个公民应有的道德品质,学校的公物是我们学生正常学习的物质保障。作为学校的一员,爱护校园是我们义不容辞的责任。

二、爱护课桌椅,不撤卸组装,不乱涂画刻,不随意粘贴物品,不踩、不拖、不敲桌椅,挪动桌椅。不损坏门窗,不损坏电器设备。

三、爱护校园公物,不破坏消防设施设备,不损坏标志标牌,爱护花草树木、休闲座椅、花坛草坪,保护运动场地,爱护各种体育设施设备、清洁卫生设施。

四、爱护实习实训室、实训场地设施设备,不经允许不能随便操作。

五、及时关水,关灯,关电器,节约用电用水。

六、发现身边的同学肆意破坏公物不能视而不见或扬长而去,应当及时提醒、劝阻并教育他们,提倡勇于抵制不良行为的新风尚。

爱护我们的校园、爱护校园里的一切公共财物,是一个人自身道德修养的体现,也是社会公德在校园里的体现,"爱护公物为荣,破坏公物为耻",从我做起,从小事做起,从身边做起,让美丽的校园在我们每个人的精心呵护下变得更加绚丽多姿,更加舒适宜人吧。

2.活动策划

召开"我爱公物"主题班会。

3.心灵氧吧

- 鸟儿因翅膀而自由翱翔,鲜花因芬芳而美丽,校园因文明而将更加进步。
- 让我们一起来关心集体,爱护公物,保护环境!
- 让我们的素质及文明展现在一言一行中!
- 勿以恶小而为之,勿以善小而不为。惟贤惟德,能服于人。——刘备

第七节 规范形象,展现青春风采

一、个人形象的重要性

1.得体地塑造和维护个人形象,会给初次见面的人以良好的第一印象

得体的形象包括发型、着装、表情、言谈举止、待人接物、女士的妆饰等。要想给人以好感,得体的塑造和维护个人形象是很重要的。生活中我们第一次见到某人的时候,心中总会有一个对他(她)的印象。通常所说的这个印象实际上就是指第一印象或最初印象。

》》修炼提示

约72%的第一印象决定了对一个人的观感,而且很少会改变其最初的判断。也就是说,给人的第一印象很好,即使往后在表现上有什么不尽人意的地方,别人仍会采取接纳、原谅的态度。但如果给人的第一印象是负面观感,往后即使加倍用心,也很难脱离坏印象的阴影。这正是"人永远无法给对方留下第二次第一印象"。

2.个人形象不是个人性的,它承担着对一个组织的印象

师生员工的个人形象,展示的是学校的校风;企业员工的个人形象,展示的是企业的文化。在组织生活中,个体的形象往往影响着组织给人的印象。

相关链接

潘石屹,SOHO中国有限公司董事长兼联席总裁。总是穿着黑衣服,戴着黑框眼镜,而且是多家跨国公司的形象代言人。他说这种着装并不是什么特意地形象设计,只是觉得别的颜色驾驭不住,怕穿了不合适。而黑色很简单,在正式、非正式的场合都适合,尤其是当他一天当中参加很多活动时,黑色可以以不变应万变。着装没有必要讲究名牌,另外保持形象的连贯性也很重要。千万不要今天这样,明天那样,否则会把自己的形象破坏掉。讲究个人形象的连贯性,会给人一种稳定、诚信的感觉。

3.个人形象是沟通工具

俗话说"人靠衣服马靠鞍",商业心理学的研究告诉我们,人与人之间的沟通所产生的影响力和信任度,是来自语言、语调和形象三个方面。它们的重要性所占比例是:语言占7%;语调占38%;视觉(即形象)占55%,由此可见形象的重要性。服装作为形象塑造中的第一外表,成为众人关注的焦点。你的形象就是你自己的未来,在当今激烈竞争的社会中,一个人的

形象远比人们想象的更为重要。一个人的形象应该为自己增辉,当你的形象成为有效的沟通工具时,那么塑造和维护个人形象就成为一种投资,长期持续下去会带来丰厚的回报,让美的价值积累,让个人消费增值。没有什么比一个人许多内在的东西都没有机会展示,还没领到通行证就被拒之门外的损失更大了。

4.个人形象在很大程度上影响着自己的发展

只有当一个人真正意识到个人形象与修养的重要性,才能体会到个人形象给你带来的机遇有多大。如果你注意到了这一点,那么你已经成功了一半。

▶ 修炼提示

形象是心理活动的外在表现,由表及里,形象展示了一个人的气质、气度。职校学子投身职场,外在形象是内涵、修养的表达形式。

二、树立绅士、淑女形象

认真学习绅士、淑女公约,对照公约,不断提升自己的形象。

1.绅士公约

热爱专业,志在四方,勤学上进,自立自强;

德才学识,博雅涵养,举止文雅,落落大方;

心灵舒展,自信开朗,孝敬父母,尊敬师长;

团结友爱,谦恭礼让,塑君子形象,展绅士风度,走强者之路,创人生辉煌。

2.淑女公约

穿着朴素,举止大方,心胸宽广,活泼开朗;

敬养父母,尊敬师生,明义达礼,淑女形象;

善于思考,富于想象,勤奋学习,竞争向上;

热爱劳动,全面成长,不怕挫折,学会坚强;

善抓机遇,应对有方,自尊自信,自立自强。

三、规范形象的具体要求

1.着装

(1)按规定着装。日常着装遵守学校要求,上衣、下衣均不许过短、过肥、过瘦、过透,图案不可太多,不许有装饰物;女生不穿吊带,如果穿裙子,裙子底边必须超过膝盖。

(2)参加集会、升旗仪式等活动时,根据季节情况统一着专业服装。

(3)严禁在宿舍区外穿拖鞋、背心,更不得赤脚、赤背。

(4)参加劳动、体育活动、上实作课、参加实习活动时的着装,由组织者统一规定。

(5)不允许把衣服披在肩上或不穿却将衣服扎在腰上。穿衬衣时,衬衣下摆一律扎于裤腰内。

(6)女生戴帽时,应将长发置于帽内。

(7)男生不留长发(发长不超过6厘米)、不理成光头。学生不烫发染发。

(8)不穿奇装异服,不准戴戒指、项链、耳环等饰品。

2.举止

(1)举止端正,精神振作,姿态良好。在与外界人员接触时,应态度和蔼,讲究礼貌,谦虚谨慎,处处维护学校的荣誉。

（2）不管是在校内还是在校外，都应言行文明，自觉遵守公共秩序和社会公德。

（3）同学之间应团结友爱，互相学习，互相帮助。

（4）参加集会时，以班级为单位按规定的时间、顺序，按指定的位置就座，严守会场秩序。在观看演出和比赛时，不得鼓倒掌、喝倒彩，散会时要依次退场。

（5）应养成良好的坐姿。上课、开会时，腰身挺直，双腿自然弯曲，两手平放在膝盖上。

（6）站立时应成立正、稍息或小步跨立姿势。

3. 礼仪

（1）参加升旗仪式时，衣着整洁，队列整齐，行队礼或注目礼；唱国歌要严肃、准确、声音响亮。

（2）按要求穿校服，坐正立直，行走稳健，两人成排、三人成列，谈吐举止文明。

（3）使用好礼貌用语：请、您、您好、谢谢、对不起、没关系、再见。

（4）使用好体态用语：微笑、握手、招手、鼓掌、右行礼让、回答问题起立。

（5）进校第一次见到老师，立定问好；上下课，起立向教师行注目礼；课上，发言先举手；课余，进老师办公室或居室打报告或轻敲门，经允许后再进入；当领导和老师来到学生宿舍时，学生应自行起立，或由先见者喊"起立"表示欢迎；在其他场所见到领导或老师应立正，并行礼问好。

（6）在家中吃饭请长辈先就座，离家或归家向父母打招呼。

（7）对待客人或外宾，主动问候，微笑致意，起立欢迎，招手送别。

（8）对待老、幼、残和军人，行走让路，乘车让座，购物让先，尊重帮助残疾人。

（9）递送或接送物品起立并用双手。就餐、打卡、乘车、取钱等讲秩序、排好队，不插队、不抢位。

（10）参加集会时肃静；大会发言先向师长和听众致礼，发言结束道谢；观看演出、比赛，鼓掌要适时适度。

四、修炼实践

1. 评一评下面的形象是否规范

(1)在校园的报橱前，有几个穿着时髦的学生在嗑着瓜子看报纸，瓜子皮随地飘散。

(2)一个男生留着长发，老师让他及时整改规范，他却说这是他的个性展示。

(3)一个女生戴着项链、耳环，学校教育她打扮要符合学生身份，她却说自己爱美，爱美之心人皆有之。

2. 规范形象行动

(1)对照学校规范形象的要求，检查一下自己和周围同学的形象是否规范。

(2)尝试从以下六个方面维护个人形象。

①外表、仪表（无异味、无异物）；

②表情（自然、友善、互动）；

③举止动作（风度，优雅的举止）；

④服饰（是教养阅历的表象，对对方的尊重，选择搭配到位）；

⑤谈吐，语言（压低声音，慎言内容、礼貌用语的使用）；

⑥待人接物（诚信为本、遵时守约）。

3.心灵氧吧

• 习惯真是一种顽强而巨大的力量,它可以主宰人生。因此,人自幼就应该通过完美的教育,去建立一种好的习惯。——培根

• 形象的重要性:形象就是宣传;形象就是效益;形象就是服务;形象就是生命;形象重于一切;留给别人第一印象非常重要。

• 准确自我定位。

第八节　规范语言,和谐校园

语言是人类最重要的交际工具,是人们进行沟通的主要表达方式。言为心声,好话一句三冬暖,恶语一言六月寒,礼貌用语暖人心怀,是人际关系的润滑剂,是经历了千百年时间检验的中华民族的优良传统。普通话语言优美、词汇丰富,是全国通用语,是联合国工作语言之一。普通话最能表达细腻的感情,能准确而形象地传情达意,流利的普通话也是职校学子投身职场的敲门砖,消除隔阂、驰骋职场的有效工具。

一、使用普通话

普通话已成为社会成员的共同课程,它是人际关系和社会交往的基本技能。在学习交流中,工作、人与人之间的来往接触中,都离不开讲普通话和运用规范汉字。尤其是中职生为将来就业创业的需要,更需要练好普通话。

相关链接

讲不好普通话很容易闹笑话,甚至惹来不必要的麻烦。

(一)

影坛大哥周润发曾说过这样一句名言:"天不怕、地不怕,就怕说不好普通话。"这句话可谓是一语说出了我国许多港台地区明星的心声。蹩脚的普通话不仅影响港台明星到大陆发展,还让他们闹出不少笑话。

第16届台湾地区金曲奖颁奖典礼上,颁奖嘉宾莫文蔚闹出"乌龙":莫文蔚一口广东普通话"黄"和"王"不分,将得奖的"黄立行"念成了"王力行"。王力宏开心地跑到台上领奖,亲眼看到得奖单后,又狼狈地冲下台,在场观众和嘉宾十分尴尬。

更经典的是,早些年"歌神"张学友也因为普通话出了不少丑。一次张学友对庾澄庆说:"看,这些'加子'好可爱,还飞来飞去呢。"庾澄庆听了半天,不明白张学友说的是什么。后来,顺着他指的方向一看,才明白原来张学友说的是"鸽子"。不过,后来张学友在普通话上下了不少功夫,进步十分明显。

由于普通话不过关,很多港台地区的电影明星都会花重金请人为自己的作品配音,然而请别人替自己说话却是一件很不痛快的事情。周星驰的"御用"配音演员石斑瑜就曾告诉记者,周星驰对他的感觉是"又爱又恨",尽管周星驰不喜欢别人代自己说话,但他的普通话太差,没有办法只能如此。石斑瑜的配音已经根深蒂固地留在影迷心中,周星驰本人的声音反而让观众觉得不自然。

有了诸多惨痛教训,许多看准内地市场的明星都苦练起普通话。

（二）

与闹笑话相比，林先生可为普通话说不好付出了惨重代价。林先生在广西南宁某建筑公司工作，讲一口"粤味普通话"。2001年，林先生承接了一个企业建筑工程。企业的老总是天津人，普通话非常"正"。结果两人上桌一谈，林先生错漏百出的普通话说得对方一愣一愣的，老听不清楚，林先生自己也急出了一身大汗。最后，对方老总"忍无可忍"，提前退席，建筑工程的事情也随之泡汤。

同学们要认真学习普通话，在公共场合要使用普通话，提倡私下交流也使用普通话。

二、使用文明语

1.熟练使用文明用语

熟练使用文明用语：请、您、您好、谢谢、对不起、没关系、再见。逐步减少、杜绝方言，不说、骂脏话。

2.文明用语歌

(1)初次见面说"您好"，请人解答说"指教"。客人来了说"欢迎"，麻烦别人说"打扰"。

(2)表示歉意"对不起"，表示回礼"没关系"。表示感激说"谢谢"，向人祝贺说"恭喜"。

(3)白天分别说"再见"，晚上分手道"晚安"。请人勿送说"留步"，交往"请"字记心间。

(4)好话一句三冬暖，恶语一言六月寒。文明市民语言美，走遍天下美名传。

三、善用语言，共建和谐校园

语言能最有效地表达情意、传递信息。一个善于利用语言来与人沟通的人，他取得成功的机会和可能性也较大。

1.学会寒暄和敬语

寒暄就是人们见面打个招呼，互相问候一声，以表示礼貌和关心。寒暄是交谈的润滑剂，与人初次相识，道声问候，即随之消失，单调的气氛也会活跃起来；与熟悉的朋友打声招呼，彼此之间距离更近，友谊更加巩固。进一步落实"学会打招呼"的要求，用文明的方式与人寒暄。

在寒暄中，敬语是表现使用者的修养和风度的最常用方式。敬语一般在以下场景中使用。

(1)相见道好。"您好"表示尊重，显得亲切、友善。

(2)偏劳道谢。"谢谢"。

(3)失礼致歉。"对不起""不好意思，给您添麻烦了"。

(4)拜托语言。"请多关照""拜托"。

(5)慰问语言。"辛苦了""您受累了"。

(6)赞赏语言。"太好了""真让我佩服"。

(7)同情语言。"您太辛苦了""太遗憾了"。

2.及时致歉，礼貌回应

群体生活难免磕磕碰碰，同学间难免有些小矛盾、小摩擦。为了些鸡毛蒜皮的小事，没必要将矛盾升级。不小心碰了同学，无意间弄脏了别人的衣物，人多时互相挤撞了一下，生活中有许多的小摩擦，当事人要及时致歉，礼貌地说声"对不起"，主动地回应声"没关系"。一声"对不起"，化解了同学间的矛盾与纠葛；一声"没关系"，融洽了同学情。一声"对不起"，展示的是良好的素质；一声"没关系"，反映的是个人的修养。

3.知恩要言谢

受到别人帮助与支持,得到老师、同学的谅解,获赠礼品与受到款待时,别忘了郑重其事地道谢。而且在表达的时候要真诚。得到老师、同学、朋友、邻居们的关照后,一定要去当面说一声"谢谢"。在公共场合,得到了陌生人的帮助,也应该当即致以谢意。

道谢要真诚。表示感谢,最重要的是要真心实意。在道谢的时候,为了表达自己的诚意,一定要做得认真、诚恳、大方。话要说清楚,特别是"谢谢"两个字一定要让对方清楚地听到。表情要加以配合,最好要正视对方双目,面带微笑。必要时,还可以专门与对方握手致意或者给对方鞠躬。

4.规劝、批评注意方式

在同学间我们要经常开展批评与自我批评,发现有违规违纪行为要进行规劝。规劝、批评是为了共同提高,真诚地帮助别人。规劝、批评别人时,要注意用语,语气要温和,做到苦口婆心。在规劝、批评别人的同时,不要盛气凌人,更不要对对方失去尊重,把规劝、批评变成严厉的呵斥。

要站在被规劝者、被批评者的立场上想问题,要让对方知道你是在为他着想,这样才能达到规劝、批评的效果。

四、修炼实践

1.说好普通话

认真学习普通话,积极参加普通话水平测试,考取普通话等级证书。

2.读故事,谈体会

有一次,列宁同志下楼,在楼梯狭窄的过道上,正碰见一个女工端着一盆水上楼。女工一看是列宁,就要退回去给他让路。列宁阻止她说:"不必这样,你端着东西已走了一半路,而我现在空手,请你先过去吧!"他把"请"字说得很响亮,很亲切。然后自己紧靠着墙,让女工上了楼,他才下楼。这不是良好文明礼仪的体现吗?我们从小接受文明礼仪的教育,很多同学都可以滔滔不绝地大谈文明礼仪。可是看见校园中随处丢弃的饭盒、饮料瓶,听着某些同学口中吐出的脏话,怎能不教人痛心疾首呢!难道我们都是"语言的巨人,行动的矮人"吗?明代大学者王守仁说,知是行的主意,行是知的功夫;知是行之始,行是知之成;知和行是一个本体、一个功夫。知而不行,只是未知。我们接受文明礼仪的教育,自己却吝于履行甚至反其道而行之,这跟从来没有接受社会教育有什么区别!所以我们要实践社会文明,就要从"知行合一"上下功夫,从自己的坐言起行上下功夫,就要告别不文明的行为。

3.心灵氧吧

• 赠人以言,重于珠玉,伤人以言,胜于剑戟。

• 讲话气势汹汹,未必就是言之有理。——萨迪

4.文明用语50例

(1)请。

(2)请进。

(3)请坐。

(4)请喝茶。

(5)请稍候。

(6)请用餐。

(7)请签名。

(8)请跟我来。

(9)非常感谢。

(10)请帮一下忙好吗？

(11)早上/下午/晚上好。

(12)请问您在哪高就？

(13)希望我们合作愉快。

(14)请问××地方怎么走？

(15)同志,请让一下路。

(16)请问需要帮忙吗？

(17)请问您有什么事？

(18)请问×××同志(先生、女士)在吗？

(19)售货员同志,请问这件物品多少钱？

(20)请让我看下说明书好吗？

(21)再给我换一件好吗？

(22)对不起。

(23)对不起,让您久等了。

(24)对不起,耽误您时间了。

(25)对不起,打扰您了。

(26)对不起,我认错人了。

(27)对不起,电话打错了。

(28)对不起,我不认识他(她)。

(29)对不起,我也不知道怎么走。

(30)对不起,我不是故意的。

(31)您好,请问找哪位？

(32)谢谢。

(33)不客气。

(34)欢迎光临。

(35)谢谢您的关心。

(36)您好,请呼……

(37)初次见面,请多关照。

(38)您好,是×××办公室(单位)吗？

(39)我很高兴认识您。

(40)非常感谢您的帮助。

(41)谢谢您的周到服务。

(42)您贵姓？

(43)请多指教。

(44)对不起,给您添麻烦了。

(45)没关系,不要紧。

(46)您老高寿？

（47）祝您一路顺风（平安）。

（48）祝您身体健康。

（49）对不起，请教一下。

（50）再见。

第九节 规范行为，坚持养成

一、规范行为的意义

行为是一个人综合素质的体现，德与才都要通过行为表现出来。

一言一行，一举一动，虽是我们外在的表现，但是真正体现的是我们的综合素质，反映的是我们的习惯养成。

只有行为规范，持之以恒，坚持养成，良好的习惯才能形成。好的习惯陪伴我们一生，幸福我们一生。

英国著名学者培根说过，习惯是人生的主宰。习惯一旦形成，便成为一种半自动化的潜意识行为，对人生、事业、生活起着决定性和永久性的作用。良好的习惯就像是人存放在自身的"道德资本"，而人在一生中都会享受着它的"利息"。正所谓"播种行为，收获习惯；播种习惯，收获性格；播种性格，收获命运"。可见，良好的习惯对于一个人的成功是多么的重要！

智育不好是次品，身体不好是废品，德育不好是危险品。德育必须从小培养，而其中最关键的就是规范行为，培养习惯，无论是道德习惯还是学习习惯。

二、没有规矩不成方圆

没有规矩不成方圆，规范行为就是要求一切行动听指挥，就是"在规定的时间到达规定的地点，在规定的地点做好规定的事情"，这是学校准军事化管理的落脚点，也是现代企业对员工最基本的要求。

1.行为文明

遵守日常行为规范，养成文明的行为习惯，做到不随地吐痰、不乱扔垃圾、杜绝乱写乱画和脚印横飞行为，不损坏公共设施、不乱穿马路、不打架斗殴、不吸烟、不饮酒、不赌博、不搞迷信活动。公共场所男女交往行为得体，见到老师、长者、客人应主动打招呼行礼、主动让路等。

2.仪表文明

保持良好的仪容仪表，参加公共活动穿着整齐清洁、得体大方，严禁穿拖鞋、背心进入校园。

3.语言文明

提倡说普通话，使用文明礼貌用语，做到不说粗话、脏话，公共场所不大声喧哗。

4.寝室文明

积极争创文明寝室，做到寝室卫生整洁，寝室内不使用大功率用电器、不留宿异性。

5.课堂文明

学生因病、因事不能上课必须办理请假手续；杜绝迟到早退现象，学生应在上课铃响之前进入教室，学生迟到，必须得到任课教师允许后方可进入教室；上课时，学生必须保持良好的精神状态,认真听讲、做笔记;不准睡觉、吃零食、讲话、玩手机游戏,不得看与该课无关的书籍和做其他作业;对教师提出的问题应积极思考,踊跃回答,加强与授课教师的课堂互动;必须关闭手机,不准接听电话,不准发短信,不得随意进出教室等。

6. 就餐文明

遵守食堂管理规定,排队就餐,不浪费食物,不乱扔垃圾。

7. 安全文明

增强安全意识和自我保护意识,注意用电安全、交通安全、财产安全,防火防盗,讲究饮食卫生。

8. 网上文明

中职生网上文明是中职生实现自律教育的重要形式。科学认识网络,理智对待网络,依法运用网络资源,正确分析、判断和甄别网络信息;认同网络文明公约,增强网络活动的法律意识、政治意识、责任意识、自律意识和安全意识,营造积极向上、文明安全的网络文化氛围。

9. 离校文明

做到毕业生满意离校、文明离校。

三、执行没有借口

1. 借口的本质

借口,就是拖延,是推卸责任,是自欺欺人的"鸵鸟政策",其目的无非就是为自己建造一个安全的角落,掩饰过失或无力执行。在团队中,寻找借口是最不可原谅的,团队的效率往往会因为一个人的借口而不能提高。借口有两种:一种是以某事为理由;一种是假托的理由。虽然人人都有自己的苦衷,找点小借口无伤大雅,但是,寻找借口成为习惯,那就只能是庸者的护身符,强盗的利剑,懦夫的盾牌。

在我们日常生活中,也常听到这样的一些借口:上班晚了,会有"路上堵车""手表停了"的借口;生意赔了,有"对手太精明了"的借口。不在自己的身上找原因,不去立刻设法杜绝问题的再次发生,久而久之,我们就会养成一个习惯:不去做现在可以做的事情,却下决心要在将来的某个时候去做。这样,便心安理得地不去马上采取行动,同时安慰自己,说自己并没有真正放弃决心要做的事情。他们一方面坚持自己的生活方式,另一方面又做出自己将要改变的声明,这种声明就没有任何意义。这样做的人,不过都是一些缺乏毅力的人,最后都将一事无成。借口看似平常,可它的危害却是无比巨大的,它会不经意间慢慢吞噬掉我们的诚实和自信,我们的热情和积极性,我们的责任感和危机意识,从内部击溃整个集体的凝聚力和战斗力。

2. 规范行为,不找借口

在实际的学习、工作中,我们每一个人都应当贯彻这种"没有借口"的思想。学习、工作中,多花时间去寻找问题,去反复分析对照制度,去不折不扣地整改落实,调整平和的心态,多做实事,相信总可以完美地执行制度,完美地提升自己。

(1)巩固"五个学会"活动成果。严格遵守"五个学会"活动的具体要求,微笑着面对学习与生活、待人接物招呼热情、谦恭礼让、讲卫生、爱公物。

(2)清楚地知道在规定的时间做规定的事,在规定的地点做规定的事,做什么事就做好什么事。

(3)严格执行一日生活制度,严格遵守寝室、教室、运动区域、集会活动纪律。

相关链接

任何一个伟大的团队，都必然拥有严明的纪律和一群非常遵守纪律的成员，解放军这个团队和团队中的每个战士就是如此才成就了大业，赢得了人们的尊敬。在解放军中，每一位战士都会坚决地服从并执行上级或集体的命令，从来不会因为任务的艰巨和困难而寻找借口。下级在首长布置完任务的时候，伴随着军礼的是一声干脆响亮的回答："是!"我们很少听到其他回答，就是这样简简单单的一个字，已经向我们展示了解放军战士区别于其他人的高贵品质，那就是——服从。

修炼提示

这个世界总是这样，强者越强，弱者越弱。其实如果你细心就会发现，强者强的道理其实就是一步一步驱逐每一个借口的过程；而弱者，都是一个又一个的借口，不断把他掩埋、挤压，最后只得萎缩到一个狭小的空间里，勉强地依靠东拼西凑的借口聊以自慰。

四、修炼实践

1.认真学习《中职学校学生行为"十不准"纪律规定》

下面是四川省教育厅川教〔2009〕239号的规定。

中职学校学生行为"十不准"纪律规定

一、不准携带隐藏管制刀具。

二、不准打架斗殴。

三、不准结伙滋事。

四、不准擅自外出。

五、不准酗酒抽烟。

六、不准衣冠不整。

七、不准侮辱他人。

八、不准赌博盗窃。

九、不准强行索要他人财物。

十、不准进营业性歌舞厅酒吧。

2.严守《一日生活制度》，落实行为习惯养成

以下是《一日生活制度》：

第一条　起床

(1)起床号吹响后，全体人员应立即起床，迅速按规定着装。

(2)突发重病号立即向教官、生活老师请假，及时治疗或按医生安排休息。

第二条　洗漱

(1)学生必须在洗漱室和指定的位置洗漱，自觉遵守秩序，维护公共卫生，注意节约用水，保持洗漱间卫生清洁。

(2)洗漱用具应按规定放在脸盆内，牙膏放在脸盆中央，肥皂盒、洗衣粉放在脸盆内，毛巾晾晒于晾衣竿上，脸盆按规定的位置整齐摆放。

第三条　就餐(早、中、晚饭、超市购物)

(1)按规定时间分组就餐。每人只能携带自己个人的餐具列队就餐，要增添饭菜必须再次有序排队。

（2）就餐时要保持安静，不得喧哗、打闹、敲碗筷和插队，就完餐后，碗筷应在食堂外洗碗槽处洗干净后才能带回寝室放到指定地点。

（3）超市购物每人只能携带自己个人的消费卡列队购物，不能代替别人列队或购物。

（4）勤俭节约。尊重食堂工作人员。

（5）自觉维护食堂的公共卫生，不乱倒饭菜。

第四条　上课

（1）提前进入课堂，不得迟到。实作课在实作指导教师的有序指导下进入实作场（室）。上下楼道谦恭礼让，靠右行走，不拥挤、推拉、玩手机、吵闹吼叫，不在人多情况下系鞋带捡东西。

（2）学生应自觉遵守课堂纪律。实作课严格遵守操作规程，在实作指导教师的安排下进行实作。

（3）上课时，值日学生干部下达"起立"口令，老师还礼后方可就座。

（4）上课不准会客。特殊情况离开教室需经老师批准。

（5）上课严禁睡觉、交头接耳、听随身听或阅读与上课内容无关的书籍。

（6）学生提问应举手，待老师允许后起立发问。老师指名提问，学生应起立回答。

（7）上课中应关掉手机。

第五条　午休

1.午休期间应保持安静，不得在寝室做有碍他人午睡的事情，如演奏乐器、高声喧哗、歌唱等。

2.午休期间通常应卧床休息，无特殊情况不搞其他活动。

3.起床号吹响后应迅速起床，整理内务，打扫卫生。

第六条　晚集合

1.晚集合时一般在教室集合，或根据安排进行轮训、集会。

2.教室集合按照学校、班级安排执行。

3.轮训时到指定地点集合，服从教官安排，遵守轮训纪律，预防拥挤踩踏。

第七条　晚自习

1.学生集中参加晚自习，到指定教室进行。

2.晚自习时间不得进行其他活动。不得大声喧哗、打闹，以免影响他人学习。

3.晚自习严格按照分组下课的规定，不得提前下课；下楼道不得推拉，严防拥挤踩踏事件发生。

第八条　晚点名

1.每晚就寝前二十分钟点名一次，各寝室室长或值日人员向教官、生活指导教师报告并签字确认。

2.晚点名以寝室为单位进行，教官、生活指导教师清点人数后，进行简短的讲评。表扬好人好事，传达学校安排等。

3.清点人数的方法：每名学生有固定的就寝位置，教官、生活指导教师按照学生就寝名册对号入座，如有未到者，各寝室室长或知情者说明原因。教官、生活指导教师做好记录并报告值班教师、班主任。

4.学生必须参加点名，不得无故迟到、早退，遇有特殊情况，需履行请假手续。点名时要遵守纪律，保持良好的姿态。

第九条 就寝和熄灯

1.就寝时间一到,即熄灯就寝,要保持室内和走廊安静。不准讲话、吸烟、听随身听、玩手机等。

2.教官、生活指导教师要随时查铺,学生未经允许不得在外住宿,不得留宿他人。

3.不准使用电褥、蜡烛、蚊香、应急灯等。

4.严禁学生窜楼层、窜寝室,在公寓追逐、打闹。

第十条 内务卫生

坚持教室、寝室、公区的"一日三扫,全天保洁"卫生值日制度。

坚持每天"拖擦刷倒"卫生制度。

严格按照学校寝室内务卫生标准,寝室内务做到"六个一条线":被子一条线、垫絮床单沿床内沿一条线、鞋子一条线、盆子一条线、洗漱用具一条线、杂物一条线。衣物晾晒分类、按高低顺序。

3.心灵氧吧

- 世界上最可怕的力量是习惯,世界上最神奇的力量也是习惯。——周士渊
- 人类的行为总是一再地重复,因此卓越不是单一的举动,而是习惯。——亚里士多德
- 失败者的一大弱点在于放弃,成功的必然之路就是不断地重来一次。

第三章　礼仪修养篇

关键词　四个热爱

四个热爱　热爱学校　热爱师长　热爱同学　热爱学习

第一节　人间处处有真情

一、感受亲情

古今中外，没有哪一种"情"能像亲情那样让人如醉如痴、魂牵梦绕。无数文人雅士为"亲情"咏歌题诗、著作立说；多少伟人名流对亲情刻骨铭心、一往情深。血浓于水、亲如父母道出了亲情的含义。血性男儿"上跪天，下跪地，中跪父母"，道出了父母恩情与天同高，与地同厚。

1. 父母对子女的亲情是人类最伟大、最无私的

从孩子呱呱落地到长大成人；从牙牙学语到出口成章，漫长的时日，融入了父母的苦痛，包含了他们无数辛劳。从孩子奶声奶气说上几句童谣到用稚嫩的声调背出一首唐诗；从写出一篇作文到学会第一个英语单词，成长的岁月和历程，浸透了父母无数心血，凝聚了父母无数期望。对于父母来讲，亲情蕴含的是一种义务，更是一种责任。

2. 人类的发展进步是与伟大的亲情密不可分的

亲情是推动人类发展、进步的强大动力。亲情的传递为地球衍生出了规范人类的基本道德标准，并使亲情的内涵扩展到了社会的各个层面。"爱民如子"是对好官的称谓；"人民的儿子"是对模范的褒奖；"亲如父母"是情感的极限词语。

3. 亲情升华为爱的奉献

亲情造就了充满柔情、温馨、美妙的人类之"爱"，而"爱的奉献"又成为人们升华亲情的崇高境界。亲情让千千万万的年轻人面对无私的父母那唯一所求——精神慰藉，去努力奋斗，去顽强拼搏，开创属于社会，也属于自己的美好前程。"为了母亲的微笑，为了大地的丰收，峥嵘岁月何惧风险"，反映的正是那些领悟到了"亲情"含义的人的心声。

不懂得何谓亲情，就不了解爱的丰富内涵。很难想象，一个受着父母恩泽，却认为理所当然，仅仅从精神上都不能回报长辈的人，怎能维系必须要靠"亲情"才能经营的自己的家庭？心中连父母都没有的人，又怎能够得到社会的尊重和信任呢？

》修炼提示

亲情是推动人类发展、进步的强大动力。

二、体验友情

1. 什么是友情

友情就是建立在具有共同理想和志趣等基础上的个体之间的一种美好亲密的情感。它产生于社会生活与交往，既是一种人际关系的体现，也是一种美好的社会性情感，是人类精神

家园中的宝贵财富。

2.友谊是很可贵的

当你有什么麻烦或者遇到挫折时,你就会想起身边的朋友,你需要他们的支持、鼓励。每个人都会有朋友,朋友就好像是你的家人一样。在你需要帮助的时候,朋友会对你伸出援手;在你需要鼓励的时候,朋友会对你说加油;在你需要一个可以为你倚靠的地方的时候,朋友会毫不犹豫地借个肩膀给你靠。如果你真心对待你的朋友,他们会给你一颗真诚的心。生命中失去了朋友,就好像在这个世界上失去了前进的方向。

>> 修炼提示

友情丰富我们的世界。

三、人间处处有真情

生活因有真情才变得更加温暖,世界因有真情才更像家园。母子之爱、夫妻之爱、朋友之爱、邻里之爱和人类之爱感动着我们,激励着我们勇往直前,不管是否相识,有真情把我们相连;不管是天涯海角,时空无法阻隔。翻开人类史,就是一部真情演绎的感人史,真情联系了角角落落,真情放大了人类灵魂!

相关链接

大爱无边,真情永远——写于北京奥运会赛后

8月24日夜晚,"鸟巢"上空熊熊燃烧的奥运圣火徐徐熄灭,北京奥运会在给世界人民带来16天的视觉盛宴后终于落下了帷幕。国际奥委会主席罗格先生用了"无与伦比"这个词来称赞这届奥运会。的确,美轮美奂的开幕式;菲尔普斯一人独揽8枚金牌的卓越成就;博尔特接连打破人类100米、200米、4×100米三项短跑极限带来的巨大振奋;38项世界纪录被打破;中国一举夺得51枚金牌,历史性地第一次登上金牌榜榜首带给国人的骄傲……所有这些,用什么溢美之词来称赞都不为过。

但是,在多年以后,当我们再次回忆起这届奥运会时,除了这些激动人心的比赛场景、回味无穷的骄人成绩,那一幕幕在北京奥运会上的感人画面也将永不褪色,永存我们心底——33岁的"体操妈妈"、德国的体操运动员丘索维金娜为给患白血病的儿子治病,再次披挂上阵,与比她年轻近20岁的其他选手同场竞技并摘得一枚银牌;难逃4年前雅典"魔咒"的埃蒙斯,最后一枪再次失手,又将金牌拱手相让后,一头埋进妻子怀中痛哭,温柔的妻子搂着他,像哄小宝宝似的轻声安慰;自嘲左腿永远不会抽筋,在女子10千米马拉松游泳比赛中,奋力划水的单腿"美人鱼"娜塔莉;德国举重冠军马·施泰纳把亡妻苏珊的照片和奥运金牌一同高高举起,让我们看到的不仅仅是这位大力士的强壮,更被他铁汉柔情的一面所感动;穿旧衣服和二手跑鞋参赛的伊拉克运动员;夺金后向赛场观众行跪拜大礼的张湘祥;刘翔因伤退出,但在次日比赛看台上仍打出"刘翔我们永远支持你"横幅的现场观众;在秀水街买东西时拿"菲鱼"儿子照片到处炫耀,得了不少实惠的菲尔普斯的英雄妈妈;作为一名普通观众坐在看台上观战,和大家一起忘情欢呼的国家领导人……所有这些定格的画面,都让人难以忘怀,都将和这次北京奥运会一起,成为人们心中难以磨灭的印记,给以体育竞技为主的奥运会增添了一抹人性的光环和爱的五彩。

8月21日,著名体操运动员李宁代表李宁基金向丘索维金娜捐赠了2万欧元,用于丘索维金娜儿子的白血病康复治疗,延续了这场爱的传递。正是有了像丘索维金娜这样的运动员,有了像李宁这样慷慨解囊的感人瞬间,我们的北京奥运会更加与众不同,令人难忘。赛场上的母子之爱、夫妻之爱、朋友之爱和人类之爱带给我们的感人瞬间,已成为北京奥运会的一大特色,它们闪耀着奥林匹克精神的光辉,使北京奥运会人文奥运的理念更加耀眼。

在现代社会,奥运会已不仅仅只是竞争,更是一次现代文明的聚会,是一种大爱无边的传递。金牌所带给我们的荣耀是短暂的,奥运精神才是保证体育发展永恒的动力。北京奥运会的绿色奥运、科技奥运、人文奥运三大理念,"同一个世界,同一个梦想"的奥运情怀,团结、友谊、和平的奥林匹克精神,在奥运健儿、世界人民的心中播下了和平、和谐的种子。北京奥运更是一场无私大爱的欢聚,传递真情的盛典。

抗震小英雄陈浩:不救人我会感到惭愧

12岁的陈浩静静地躺在成都市第五人民医院的病床上,双腿和右手打上了厚厚的石膏,胸前满是心电图监护仪的胶贴。20多个小时之前,他还是活蹦乱跳的六年级学生。12日的强震震倒了学校升旗台后的高墙,他被压在了瓦砾之中。

"他本来可以不这样的。"父亲陈强说。

陈浩是成都市温江区玉石乡实验小学的学生。12日下午2时许汶川发生了8.0级地震,而温江距离震中仅有55千米。

"我和班上的同学正在上课。突然两层的教学楼开始猛烈摇晃起来,我们都赶忙往楼下跑。"这个高挑清秀的男孩说。跑下了楼梯,穿过了楼边升旗台的他很快就到了安全地带。可转头一望,他看见一个女孩还在旗台的高墙前,想也没多想的他转头跑去,一把把女孩向外推去。不幸的事发生了:三四米的砖墙"哗啦"一下倒了下来,陈浩的背部和双腿都被埋在了厚厚的瓦砾之中。而那个他不认识的女同学却安然无事。

双下肢骨折、腰椎多处骨折、背部几乎没有完好的地方、肺挫伤和肺出血,医生给陈浩的伤下了定语——"严重"。在最初清理伤口的时候,由于伤员太多,陈浩没能用上麻药,可坚强的他愣是没有哭出一声。12日晚,陈浩高烧近40度。在昏睡中,妈妈抓住他突然扬起的双手,只听他呢喃"我抓住她了"……

"要是再遇到这样的事,我还会这样做的。因为能救而不救,我肯定会感到惭愧。"陈浩的语气很平静。在家中,由于父母多在外跑货物运输,他常年和爷爷奶奶生活在一起,虽然年少,却显得异常懂事。

坚强的他并不知道,那堵砖墙夺去了他三个最要好的同学的生命。

陈毅孝敬父母

曾读过许多名人孝敬父母的故事,如烈火救母、吸痰救母……最让我感动的是陈毅探母的故事。

1962年,陈毅元帅出国访问回来,路过家乡,抽空去探望身患重病的老母亲。

陈毅的母亲瘫痪在床,大小便不能自理。陈毅进家门时,母亲非常高兴,刚要向儿子打招呼,忽然想起了换下来的裤子还在床边,就示意身边的人把它藏到床下。

陈毅见久别的母亲,心里很激动,上前握住母亲的手,关切地问这问那。过了一会儿,他对母亲说:"娘,我进来的时候,你们把什么东西藏到床底下了?"母亲看瞒不过去,只好说出实情。陈毅听了,忙说:"娘,您久病卧床,我不能在您身边伺候,心里非常难过,这裤子应当由我去洗,何必藏着呢。"母亲听了很为难,旁边的人连忙把裤子拿出来,抢着去洗。陈毅急忙挡住并动情地说:"娘,我小时候,您不知为我洗过多少次尿布,今天我就是洗上10条裤子,也报答不了您的养育之恩!"说完,陈毅把裤子和其他脏衣服都拿去洗得干干净净,母亲欣慰地笑了。

陈毅元帅是个大人物,有繁忙的公务在身,但他不忘家中的老母亲,在百忙中抽空回家探望瘫痪在床的母亲,为母亲洗裤子,以关切的话语温暖抚慰病中的母亲。虽然陈毅元帅为母亲所做的只是一些平常得不能再平常的小事,但从这些平常的小事,看出了他对母亲浓厚的爱。他不忘母亲曾为自己付出的点点滴滴,理解母亲的艰辛和不易,知道报答母亲的养育之恩。

四、培育情商,放大真情

1.什么是情商

情商(EQ)是一个近几年才提出来相对智商(IQ)而言的心理学概念,它反映出一个人控制自己情绪、承受外界压力、把握自己心理平衡的能力,是衡量人的非智力活动的重要指标。科学研究表明,情商是比智商更重要的一个商数。美国哈佛大学教授丹尼尔·戈尔曼认为"情商是决定人生成功与否的关键"。有人预测,21世纪的人才竞争,不仅仅是智商的竞争,更重要的是情商的竞争。因此,我们不仅要关心自己的智商发展,更要关心自己的情商培养。

2.情商包括的内容

美国心理学家认为,情商包括以下几个方面的内容:一是认识自身的情绪,因为只有认识自己,才能成为自己生活的主宰;二是能妥善管理自己的情绪,即能调控自己;三是自我激励,它能够使人走出生命中的低潮,重新出发;四是认知他人的情绪,这是与他人正常交往、实现顺利沟通的基础;五是人际关系的管理,即领导和管理能力。

3.情商的水平界定

情商的水平不像智商水平那样可用测验分数较准确地表示出来,它只能根据个人的综合表现进行判断。心理学家们还认为,情商水平高的人具有如下的特点:社交能力强,外向而愉快,不易陷入恐惧或伤感,对事业较投入,为人正直,富于同情心,情感生活较丰富但不逾矩,无论是独处还是与许多人在一起时都能怡然自得。

4.情商是一个人成长与成功道路上不可缺少的因素之一

从某种意义上说,它比智商更能决定一个人事业的成功与家庭的幸福。成功100％＝智商20％＋情商80％。一个人情商的形成开始于幼儿期,形成于儿童期和少年期,成熟于青年期。

5.中职生情商的培育

在中职学校,学生失礼,甚至无礼之处并不鲜见。遇见师长不打招呼,径直而去很常见;因某事被老师责怪、批评而高声抢白、怒目相向者亦多;同学之间污言秽语、动辄拳脚相加者有之。青少年的情商处于形成的关键时期,培育青少年的情商尤其重要。

相关链接

马加爵16年寒窗苦读,就为了一次打牌作弊,杀害了四条年轻的生命。他们带着未能毕业的遗憾永远离开了我们,这让多少善良的人为他们心痛。马加爵的性格比较内向,平时很少跟人交流、沟通,有什么事情都闷在心里面,得不到宣泄,排解不了。由量变到质变,打牌成为了导火索。马加爵痴迷上网,喜欢看黄色录像,甚至逃课去看,去网络世界寻找更强劲的刺激,久而久之就会回避社会现实,淡化现实的人际关系,淡化与同学的友情甚至亲情,结果就会模仿网络对社会现实进行反抗,有些是伤害亲人,有些是伤害友人,甚至是伤害自己。如果马加爵是一个意志坚强、性格开朗、善于与他人相处、善于与他人沟通的人,他会心中积满怨恨吗？如果他的四位同学会为人处世，不讥笑、看不起马加爵，又怎会有这些悲剧呢？据说，马加爵的一位同学就因为从不讥笑他、不挖苦他而幸免于难！

修炼提示

在学校，我们除了学习知识、提高技能之外，更重要的是要学会做人，培养健康的人格和情感。

相关链接

海南女中学生李尚丽连续6年背残疾同学上下楼

每天上下课时间，在洋浦开发区洋浦中学新教学楼里，你都会看到一个戴着近视眼镜的女孩背着另一个女孩上下楼梯。天天如此，周而复始，她们的背影成为洋浦中学里独特的风景线。

背上的女孩名叫林明霞，背她的女孩名叫李尚丽，两人都是洋浦中学高三(4)班的学生。由于幼时便患了小儿麻痹症，在别的小朋友活蹦乱跳时，林明霞只能靠双拐走路。幸运的是，她碰上了李尚丽这样的好同学，背着她上下楼整整6年，让她顺利并快乐地度过了自己的中学时代。

由于李尚丽风雨无阻、6年不辍地背林明霞，她被团省委评为"海南十大杰出青年志愿者"。

李尚丽：别人能背我也能背

"其实，开始我并没有刻意要去背林明霞，只是看到她上下楼这么辛苦，觉得自己应该帮她。"说起自己第一次背林明霞时，李尚丽有些腼腆地说。

李尚丽的家在南便居委会，而林明霞家在洋浦居委会，两家相隔很远，在读洋浦中学之前，两人根本不认识。2001年9月，李尚丽升入洋浦中学初一(3)班就读。在参加军训时，李尚丽看到同班的一个女孩独自坐在训练场边，静静地看着别的同学训练，旁边放着一副拐杖。她的同情心不禁油然而生。她从别的同学那儿了解到，这位残疾的同学名叫林明霞，从小就得了小儿麻痹症，从幼时到小学都是靠轮椅行走，现在靠挂拐杖勉强可以行走，于是她暗暗决定，一定要帮助这位挂着拐杖的同学。

不久后的一天，她们班上电脑课，而电脑教室设在三楼。上课铃声响起后，同学们叽叽喳喳地直奔三楼。而林明霞站在楼梯口想挂着拐杖上楼，又怕自己不行。走在前面的李尚丽回头看到林明霞犹豫不决的样子，便返身下来对林明霞说："我来背你上去，好吗？"林明霞看着同样瘦小的李尚丽，怕她背不动自己，便有些犹豫。但李尚丽不由分说，背起她就上楼。上到三楼电脑教室门口后，李尚丽累得大口喘着气。

当时大家看到李尚丽把林明霞背上来时，先是愣了一下，接着不约而同地鼓起了掌。

初一时，教室就在一楼，李尚丽背林明霞的时候很少，只有在上电脑课或实验课需要上楼时才背。但从初二开始，背的次数越来越多，特别是升上高中后，教室的楼层越来越高，到了高三后，教室也升到了5楼。但李尚丽也没因此停止，一如既往地背着林明霞。

"是什么让你背林明霞一背就是6年呢？难道仅仅是因为同情吗？"记者问。

"也不全是。"李尚丽说，"作为和我同龄的一个小女生，她能坦然面对自己身体残疾的残酷现实，面对生活的种种困难，她没有退缩和自暴自弃，而是去挑战和克服，这让我敬佩。另外，她行走不便，挂着拐杖上楼更是危险，所以我看到她的第一天起，就下决心尽自己最大的努力帮助她，让她拥有和我们一样灿烂的花季。在她读小学时，也有同学背她，既然别人能背，我当然也能背!"

林明霞:幸运能碰上这么好的同学

"我真的很幸运,碰上李尚丽她们这么好的同学,没有她们的帮忙,我这6年的中学生活会过得很辛苦,也许会很自卑,中学的生活会很灰暗。"林明霞说。

林明霞说,在小学时她不能走路,只能坐轮椅上学。每天都是父母轮流接送她上下课。有时父母没有空来,班里的女同学就抱她坐轮椅,送她回家。到六年级第二学期,她才开始学用拐杖走路。

"同学们这么背你,你有没有感到难为情?"记者问。

"难为情倒没有,倒是觉得有些过意不去,毕竟我跟她们的体重差不多,她们背我时会很吃力。"林明霞说。她说,李尚丽的体重80多斤,她的体重是70多斤,每天李尚丽要背她从1楼上到5楼,有时候背到4楼时,李尚丽便筋疲力尽、步履蹒跚了,但她不忍心把她放下来,总是凭着一股韧劲,咬着牙背上5楼。

五、修炼实践

1.以"亲情"为主题写一篇文章,同学间进行交流

提示:亲情是什么? 她是第一次的付出,但又是永久的付出,是一种可以感受责任,而后却将责任变为习惯的无私。

2.谈谈你对下面三段话的理解

(1)朋友,不一定合情合理,但一定知心;不一定形影不离,但一定惺惺相惜;不一定锦上添花,但一定雪中送炭;不一定常常联络,但一定放在心上。

(2)友情像一杯水,普普通通但又不可或缺,生活中有许多好喝的饮料,但是你会发现最解渴的还是这杯水。

(3)有一条道路,走过总会想起;有一种感情,经过了就再也难以忘记;有一个向往,真是让人不能舍弃;有一种爱就是人间处处真情在。

3.心灵氧吧

- 人家帮我,永志不忘;我帮人家,莫记心上。——华罗庚
- 慈善的行为比金钱更能解除别人的痛苦。——卢梭

第二节 有一颗知恩的心,做一个感恩的人

每个人在一生之中,一刻也离不开其他人的劳动,在衣食住行的每个环节里,都凝结着其他人的劳动成果,在一个社会里,没有什么是理所当然应该得到的。既然如此,就要心存感激,知恩知报,只有这样,人生才会充满爱,社会才会更和谐,世界才会更美好。

一、知恩图报是做人的起码良知

哲学给人的定义是:人是社会关系的总和。如此说来,人是社会的人。事实上,每一个人都是在别人的呵护、影响、教育、培养、提携、关照、批评和帮助下生活着、成长着,任何人都离不开他人而孤立地存在着。每一个人的成就和进步,都融入了别人的心血、真情和智慧。因此,要常怀感恩之心,要常有图报之情,这是做人的起码道德和良知。

1.对父母的养育要知恩图报

十月怀胎的艰辛,从小到大的操劳,这是儿女们永远报答不了的父母恩情。正因为如此,"谁言寸草心,报得三春晖",便千古咏唱。乌鸦反哺,羔羊跪乳,动物尚且如此,何况人呢?

2.对组织、师长的培养、教诲、提携要知恩图报

毛泽东在当了党的领袖之后,依然对自己的老师徐特立尊敬有加。那是在徐老先生六十大寿时,毛泽东这样向他敬酒:"你过去是我的老师,现在是我的老师,将来还是我的老师!"我国肝胆外科专家吴孟超教授在蜚声中外以后,仍每年都去拜见他的老师。他在获得全国科技特等奖后,真诚地坦言:成绩和荣誉归功于党和军队,归功于教诲自己的老师。还有这样一位将军,他利用休假的时间执意跑到当年的老连长的家乡,对老连长恭恭敬敬行了一个军礼,深情地向老连长道谢:"当年是你提拔我当了班长,我才一步步走到了今天。"这就是感恩图报。但是,生活中也有这样一些人,把自己的进步、提升和取得的成绩只看作是自己能干,而把培养、提携自己的组织和领导早已抛到九霄云外,甚至还有因为个人私利没有得到满足而反目为仇、恩将仇报的。人们历来把这种人视之为小人,不屑与之为伍。

3.对自己身处困境或遭遇不幸时别人给予的特别关照要知恩图报

古人早有圣训:滴水之恩,当涌泉相报。当年朱元璋率兵打仗被困时曾一连几天粒米未沾,是一位农妇给他吃了一顿饱饭。对此,他总是感念于心,在当了皇帝以后还专程去看望这位农妇,谓之"一饭之恩不忘"。对同事、朋友的帮助要知恩图报。俗话说得好,一个篱笆三根桩,一个好汉三个帮。这是说任何人都需要别人的支持和帮助。更何况没有谁总是一帆风顺,总会碰到一些沟沟坎坎,别人的理解、支持和友谊比什么都珍贵。这些都应当铭记于心而永怀谢意的。

>> 修炼提示

知恩图报是我们民族质朴的传统,是做人起码的道德和良知,是立身处世的基础,更是构筑和谐人际关系必不可少的条件。知道并身体力行知恩图报的人,才有资格在天地间堂堂正正地做人。

相关链接

"感恩中国"张仁杰

他曾流浪街头,后被好心人收留。他没有工作,却用尽所有积蓄和精力,关注比他更需要帮助的人——流浪者。他没有权势,义举却引起中央电视台、凤凰卫视等各大媒体的关注。当他一脸沧桑的出现时,记者难以相信,这位被媒体称为"卑微救助者"的他,年仅21岁。

记者想要记录的,只是关于张仁杰的几个生活片段。

2006年2月14日上午10时,北京火车站。

今天对于小文、小武来说,是幸福的。刚刚完成手术的他们,终于登上了回家的列车。车缓缓地启动了,其父母王宣清、熊道香却一直跪在车厢门前,对着前来送行的张仁杰磕头……

小文、小武这对脑瘫双胞胎能找到张仁杰,很具戏剧性。现年15岁的他们,从小疾病缠身,只有挂着拐棍才能勉强站起来,后被确诊为脑性瘫痪。为了治病,他们曾和母亲一起沿街乞讨。去年10月,在好心人的帮助下,他们终于住进了东直门医院,却由于缺钱迟迟动不了手术。

和他们住同一病房的,是一个名叫王雪萍的小姑娘。她告诉王宣清,因为残疾,她不幸被父母抛弃,是张仁杰救了她。张仁杰和流浪者们混得很熟。每天他都会到五道口桥下,有时

送一些馒头,有时抱一大堆衣服,有时拖一桶清水过去帮老人们洗脸。张仁杰是"感恩中国"大网站的"总编",王雪萍建议他找张总编帮帮忙。

张仁杰了解小文、小武的困境后,立刻忙活开了。拿着两人的残疾证,他找到了东直门医院的领导、找到了国际儿童希望组织。在张仁杰和社会的帮助下,小文、小武终于接受了手术治疗。春节前夕,张仁杰又花了500多元租了房子,准备好煤气灶、床铺等日常用品,将一家四口接了过去。

2006年2月10日上午9时,王宣清的出租屋。

发生在刚过去的大年夜的故事,是王宣清含泪告诉记者的。

大年三十,一早张仁杰就将一只鸡、几包蔬菜等"年货"送到王宣清租处。年夜饭还没开始吃,他就把菜分出一半包了起来。晚上,他又买来几包饺子,拉着王宣清上街了。到五道口后,他们现场支起了炉灶,给每个老人捧上了一碗热腾腾的饺子,而张仁杰自己,已经六年没有回过家了。

张仁杰不觉得自己做了什么,只希望更多的人来关注生活在社会底层的人。出生于安徽农村的他,因交不起学费,曾被老师要求站在教室外听课。为了出人头地,张仁杰12岁时就出外流浪,后被好心人收留。2004年10月,怀揣着打工攒下的4万多元钱,张仁杰来到了北京。刚开始,张仁杰只是觉得流浪者可怜,试着帮助他们,没想到找他帮忙的人越来越多。他只好辞掉工作,创建专门的网站,并给网站取名"感恩中国",主要刊登反映乞丐们生活的纪实图片和文字,希望"唤起人们的知恩、感恩之心"。

除了帮忙买回家的车票,张仁杰很少给乞丐们钱。他只关心他们吃饱没有、有多久没有吃过肉了、有多久没洗过澡等生活小事。就是他的这种点滴关怀,感动了凤凰卫视《冷暖人生》节目组,并用了15天的时间跟拍他。

2月10日,北苑路边小餐馆。

"就来一个鱼香肉丝吧,便宜。"张仁杰连菜谱都没有打开,就点好了菜,而记者还在回想刚拜访过的张仁杰的"家"。

他所谓的"家",也就是"感恩中国"网站的办公室。月租金只有50元,是楼梯下隔出的一间只有一米宽、两米长的没有窗户的小房间。房间被一个折叠床板分成了两层,上面是"卧室",下面是"办公室"。屋里最值钱的,是他花300元买来的一台二手电脑。他就是用这台电脑,维护"感恩中国"网站,而网站所有的摄影、采访、编辑,全部由"张总编"一人完成。

记者曾多次联系张仁杰,但每次他都在忙。不是在五道口照看流浪者,就是在给生病的人买药,凌晨一点多,他还在街上查看是否有冻坏的老人。他坦诚地说,经常因为乞丐们的事情烦,多次想过放弃,但每当看到那些无助的眼神,却又情不自禁地伸出了手。

张仁杰不喜欢谈论自己,但说起路边的流浪者来,却滔滔不绝。他能一口气叫出很多流浪者的名字,说出谁生了什么病:王燕姐妹俩高位截瘫,现租住在一个小屋里;救助站里,还有3位老人至今尚未找到家人;五道口桥下,还有6位70多岁的老人无家可归……他不愿接受采访,总要求记者多写写路边流浪的老人、孩子。

2月15日下午6时,东直门医院。

在东直门医院骨科病房,张仁杰就像在自己家一样熟悉:王雪萍住在×楼梯左边的第二间,已动过手术;骨科B区一病房住的是小春月,还在等手术安排……这些都是张仁杰"硬"塞进来的。当记者随口问起他帮助过多少人时,张仁杰数了起来。一会儿,又冲记者皱了一下眉头:"记不太清了。"

刚刚住进 7 号病房的小鹏飞,目前还没有最后确诊。小鹏飞的母亲告诉记者,他们是看了中央台的节目后找到他的。

小春月的病房紧挨着洗手间,临走时,张仁杰多次叮嘱春月的父亲,"记得多给她洗洗澡,澡堂就在旁边呢,挺方便。"

当我们要走时,王雪萍不满地唠叨开了:"什么时候再来看我?"透过门缝,记者看到张仁杰对她敬了一个俏皮的军礼……

出医院后,张仁杰转身骑上自行车——为了省钱,他从来不舍得坐公交。每天,他就是骑着这辆破破烂烂的自行车,穿梭在北京的大街小巷,给流浪者送吃的、送穿的、跑救助站、跑医院。他说,如果一个老人倒在了地上,他要做的,就是将老人扶起……

二、有一颗知恩的心

人须知恩,这是人间最美好的感觉和最美好的情愫,时时知恩,心灵就会时时如沐春风,并充满着幸福感,这种幸福感会传递给周边的人,让别人也感受到温馨。把知恩变为一种幸福,你就不会因时事的变迁而把知恩之心淡漠、淡化、淡忘,把知恩之心,再进而变为施恩之心,情感和境界又会得到进一步的升华,"受人滴水之恩,必当涌泉相报",知恩图报是中华民族的传统美德,以怨报德,恩将仇报,历来为人所不齿。报恩施恩,其实都容易做到,在别人遇有困难时,你虽无能为力帮扶济困,但你却能够送去几句安慰的话,在别人取得成绩时,你能够投之以赞赏的微笑,这都应是报恩施恩之举。

报恩施恩的前提是要知恩,"己所不欲,勿施于人",己所悦者,施之于人,知恩是一种健康的心态,报恩施恩是知恩心态的外在流露,如果一个人心态不平衡,心理不和谐、不健康,不占便宜就觉得吃了大亏,那么他是不会把恩惠施之于人的。善于把恩惠施之于人的人,他一定会是一个知恩者。因此,知恩,使得感于内示于形的温情得以扩散、辐射,滋润着和谐的土壤,营造着温馨的环境,会使世界更美好。

有一颗知恩的心,会让我们的人际环境多一些宽容与理解,少一些指责与推诿;多一些和谐与温暖,少一些争吵与冷漠;多一些真诚与团结,少一些欺瞒与涣散。有一颗知恩的心,才更懂得尊重,尊重生命、尊重劳动、尊重创造。

有一颗知恩的心,才更能体会到自己的职责。在现代社会这个分工越来越细的巨大链条上,每个人都有自己的职责、自己的价值,每个人都在为他人付出。

三、做一个感恩的人

感恩是美好的,感恩别人,自己是幸福的;被别人感恩,不但是幸福的而且还是满足的。我们要感恩的人太多太多,老师、父母、同学……地球上的万事万物都值得我们感恩。

1.感恩父母

了解父母的辛苦,感悟父母的养育之恩,深入体会亲人乃至人间的温暖,激发感恩情感,学会体贴父母,明白父母的爱是无私的、博大的、不图回报的,懂得孝敬父母、感恩父母是儿女义不容辞的责任和义务。

2.感恩同伴

懂得同学间应友好相处,个人和集体互相依存,正确认识自己,养成合作品质。发展人际交往,培养合作、谦让、友爱的优秀品质,明白助人为乐的可贵,乐于帮助别人。

3.感恩老师

认识老师工作的辛苦,在生活和学习的点点滴滴中学会"感恩师长"。学会懂得用实际行动去关爱老师,尊重老师的劳动成果。

4.感恩学校

了解学校,欣赏学校,热爱专业,发展对学校的热爱情怀,认真学好专业。深入感受学校为自己的成长所付出的辛勤汗水,激发热爱母校,报效母校之志,为母校发展献计献策。

5.感恩社会

爱护社区公共设施,保持社区文明清洁。热爱社会,感悟"人人都献出一点爱,世界将变成美好的人间""关心别人,快乐自己"等良好道德。走入社会,体会到自己是社会大家庭中的一员,不仅要有享受社会的权利,还要有学会奉献社会、关心他人的义务。

6.感恩自然

感受地球的美和地球上生命的可爱,树立环保意识,保护动植物,贴近自然,与自然同呼吸。增强感恩自然,与大自然和谐相处的意识。

总是听见有人抱怨自己的生活不如意,没有什么可感恩的,可他们是否想过,在我们吃着香喷喷的米饭时,农民们在面朝黄土、汗流浃背地插秧、锄草;当我们住在钢筋水泥混凝土盖成的房子里舒舒服服休息时,建筑工人们正住在一个漏着风的工棚里祈祷他们的妻儿平安;在我们大年三十同家人一起吃团圆饭时,有多少解放军官兵在流着眼泪一遍又一遍地唱着思乡曲;当我们乘坐公共汽车的时候,当我们坐在教室里听课的时候,当我们生了病去医院的时候……这个世界上难道没有一个人值得你去感恩吗?世界上值得我们感恩的实在太多了,连脚下的一棵小草都值得我们去表达谢意。生活中的确有许多的不快,但只要我们有一颗感恩的心,一双善于观察的眼睛,我们的生活将会变得丰富多彩。

>> 修炼提示

拥有一颗感恩的心,懂得去孝敬父母;拥有一颗感恩的心,懂得去尊敬师长;拥有一颗感恩的心,懂得去关心、帮助他人;拥有一颗感恩的心,勤奋学习,练好技能,真爱自己;拥有一颗感恩的心,学会包容,赢得真爱,赢得友谊;拥有一颗感恩的心,拥有快乐,拥有幸福……

四、修炼实践

1.读一读

认真阅读下面的文章,仔细体会文章的感情,讨论如何"做一个感恩的人"。

感恩的心

展开一张叫情感的纸,提起一支叫感激的笔,写写给我生命的父母,写写给我知识的老师,写写给我友谊的同学,写写我一颗热忱、感恩的心。

一个婴儿呱呱落地,一个宝宝快乐玩耍,一个学子踏上征途……这其中涌着多少热烈而含蓄的亲情!

当甜梦温馨美好时,当月亮皎洁迷人时,当花季斑斓溢香时,当前程锦绣坦荡时,带着倔强的我们在求知路上拼搏;当无情的风、无情的浪突然袭来,也许,只有悲观失望,只有忧愁叹息。这时,就是我们的父母让我们看见敢上青天的雄鹰,看见敢下大海的巨龙。让我们相信我们只是让生活欺骗了我们的心,让泪水模糊了我们的眼。告诉我们,风雨之后依然是晴天,月缺之后依然是月圆。是他们带我们走出了生命的误区,是他们教会我们向困难挑战,是他们让我们在失败之后,重新扬起生命的风帆!

当年的雏鹰面对蓝天,他们一无所知,心里藏满解不开的谜;如今,他们凭借着强劲的翅膀遨游天空,去寻找未知的答案。但不管他们飞得多高,飞得多远,一定不会忘记他们可爱的家,一定会感谢父母给他们的爱。

还记得你的第一个老师吗?还记得老师和你说的第一句话吗?还记得老师第一次教育你吗?为了那无数的第一次,匆匆架起"心"的小船,在大海里拼搏。几多付出,几多收获,在努力下,"心"的小船乘风破浪,驶向了我们的理想。在老师的帮助下,理想的庄园终于依稀可见了!

在人生的十字路口,是老师向我们伸出了热情的手,那手是路标,于是我们在彷徨中坚定,在思索中清醒。是老师让我们看见了广袤无垠的天空,是老师让我们看见了碧波荡漾的大海。老师的谆谆教诲化作了我们脑中的智慧、胸中的热血、外在的行为。在人生旅途中,是老师丰富了我们的心灵,开发了我们的智力,为我们点燃了希望的光芒,给我们插上了理想的翅膀,遨游在知识的海洋里。因为有老师的一片爱心的浇灌,一番耕耘的辛劳,才会有桃李的绚丽,稻麦的金黄。当我们变成翱翔在天空中的雄鹰,当我们变成游动在大海里的蛟龙,这都是老师的功劳,所以我们要用"心"来感谢老师。

良师,更不失为益友,难道不是吗?

一个人一生如果没有朋友,可以说什么都没有。而同学的同窗友情,多年来的朝夕相处,会在一瞬间爆发,一瞬间感动。几年,虽然只有短暂的一瞬间,可我们一起歌唱友爱,歌唱希望,歌唱拼搏,融进了深情厚谊。

人们常说,战友与同学的友谊是世界上最诚挚最永恒的友谊,我们拥有其一,难道我们不应该幸福吗?难道我们不应该感谢同学们给了我们这样的友谊吗?人生的岁月是一串珍珠;漫长的岁月是一组乐曲,而同窗友情是其中最璀璨的珍珠,最精彩的乐章。

永远我都记得,在我肩上的双手,风起的时候有多么温热;永远我都记得,伴我成长的背影,用你沧桑的岁月,换我一生的幸福,快乐!

默默无闻育出桃李满天下,拳拳有志造就栋梁兴中华。在您的日历里只有春天,在您的人生里,只有为我们成长而萌生的喜悦。

朝霞中,我们携手进校;夕阳中,我们并肩回家;课堂上,有我们互助的身影,操场上,有我们欢快的足迹;比赛时,一个眼神,我们心领神会,实验时,一个手势,我们珠联合璧……多少个朝朝暮暮,沉淀了我们美好的情谊,留下了美好的回忆……

我感谢我的父母,感谢我的老师,感谢我的同学,感谢他们给了我绚丽多彩的人生,感谢他们让我拥有一颗热忱,感恩的心!

2.唱一唱

唱响感恩的心,用实际行动做一个感恩的人。

歌曲:感恩的心

我来自偶然,像一颗尘土

有谁看出我的脆弱

我来自何方,我情归何处

谁在下一刻呼唤我

天地虽宽,这条路却难走

我看遍这人间坎坷辛苦

我还有多少爱,我还有多少泪

要苍天知道我不认输

感恩的心,感谢有你

伴我一生,让我有勇气做我自己

感恩的心,感谢命运

花开花落我一样会珍惜

3.活动策划

以"常怀感恩之心"开展主题征文比赛。

4.拓展阅读

下面这篇文章是一位网络作者的心灵之语,读后谈谈自己的体会。

心怀感激

我感恩,感恩生活,感恩朋友,感恩大自然,每天,我都以一颗感动的心去承接生活中的一切。

我感谢……

感谢伤害我的人,因为他磨炼了我的心志;

感谢欺骗我的人,因为他增进了我的见识;

感谢遗弃我的人,因为他教导了我应自立;

感谢绊倒我的人,因为他强化了我的能力;

感谢斥责我的人,因为他助长了我的智慧;

感谢藐视我的人,因为他觉醒了我的自尊;

感谢父母给了我生命和无私的爱;

感谢老师给了我知识和看世界的眼睛;

感谢朋友给了我友谊和支持;

感谢邻家的小女孩给我以纯真无邪的笑脸;

感谢周围所有的人给了我与他人交流沟通时的快乐;

感谢生活所给予我的一切,虽然并不全都是美满和幸福;

感谢天空,让我懂得什么是广阔的胸怀;

感谢大地,让我明白什么是无私奉献;

感谢太阳,无论阴晴雨雪,她都高挂天空,让我知道尽责;

感谢天上所有的星,与我一起迎接每一个黎明和黄昏。

感谢我爱的人和爱我的人,使我的生命不再孤单;

感谢我的敌人,让我认识自己和看清别人;

感谢鲜花的绽放,绿草的如茵,鸟儿的歌唱,让我拥有了美丽、充满生机的世界;

感谢日升,让我在白日的光辉中有明亮的心情;

感谢日落,让我在喧嚣疲惫过后有静夜可依;

感谢快乐,让我绽开幸福的笑容,美好地生活;

感谢伤痛,让我学会了坚忍,也练就了我释怀生命之起落的本能;

感谢生活,让我在漫长的岁月里拾起生命的美丽;

感谢有你,尽管远隔千里,可你寒冬里也给我温暖的心怀;

感谢关怀,生命因你而多了充实与清新;

感谢所有的一切……

5.心灵氧吧

- 滴水之恩当涌泉相报。——谚语
- 生活需要一颗感恩的心来创造,一颗感恩的心需要生活来滋养。——王符
- 没有感恩就没有真正的美德。——卢梭

第三节　不做个人英雄,共建协作团队

一、个人英雄主义的危害

个人英雄主义是与革命英雄主义根本对立的一种精神风貌,是一些人的个人主义、冒险主义、自由主义、无政府主义在社会实践中的综合体现。主要表现为过分夸大个人作用,而贬低人民群众集体的力量和智慧,爱出风头,好大喜功,争名誉,争地位,缺乏组织纪律性和自我约束等。作为领导,往往表现为个人说了算,不能倾听下级意见,不顾主客观情况乱发号令。作为下级,往往表现为不听从指挥,不服从领导,瞎干蛮干,这往往损害革命队伍的团结和革命的利益。发扬革命的英雄主义必须反对个人英雄主义。

以突出个人为目的的英雄主义,这是自古以来就有的,现在也有,将来也一定有。这是人的本性和本我的表现。主要原因是不了解个人与集体、个人与历史的关系。脱离群众、脱离实际,背离国家和人民利益的英雄主义是注定要失败的。

相关链接

个人英雄项羽

楚汉之争,刘邦最后战胜了项羽,总是让人感到有些匪夷所思,不可思议。

项羽出身高贵,武艺超群,有情有义,在人们心目中是个大英雄。

刘邦出身平民,小时候是个连正经名字都没有的小混混,连他爹都管他叫无赖,长大了也是个好酒贪色的流氓。

哪怕打到最后,刘邦都做了皇帝了,自己都还在纳闷,为何得天下的不是项羽,而是我刘邦呢。

项羽失败时曾感慨说:"此天亡我,非战之罪。"

刘邦自己也说:"吾以布衣提三尺之剑取天下,此非天命乎。"

可我们不能把一切就全都归于不可测、不可知的天意。

人们在论及刘邦的胜利时,一定会说刘邦的用人和入秦后的约法三章。

在论及项羽的失败时,也一定会讲到项羽的不能用人和入秦之后的坑杀 20 万降卒。

其结论是刘邦拯民于水火,得民心者得天下,这样无论是登上皇帝宝座的刘邦,还是宝座下面的天下百姓,就都皆大欢喜了。

剩下的,就是庆幸幸亏没有让那个残暴和不得人心的项羽做皇帝,不然这天下百姓的日子就没法过了,还在项羽的水火中泡着、烧着。

可实际上,决战之后,无论刘项谁是最后的赢家,战争都将到此为止。

如果项羽不是太骄傲,不是自刎于乌江,而是渡江归去,振臂一呼,收江东豪杰子弟,卷土重来,只怕战争结束的时间和战争最终的结果如何,一切皆未可知。

项羽个人能力超群,有着超常的人格魅力,一个屡战屡胜,一个从未失败的项羽,只会一

次次地强化他的自信心，最终导致的一定是一个自以为是、不能听取他人意见的项羽。

英雄因自身的智慧和勇气，具有较强的独立意志，也因此缺乏合作和协调能力，在以楚为名的队伍中，是只有项羽一个超级英雄的，将士用命，所有人的奋勇拼杀都只能被笼罩和淹没于项羽个人巨大的光环之下。

极端的个人英雄主义是项羽的魅力所在，也是致使他失败的主要原因。

名企的陨落

中国的消费者们突然发现，往日如日中天、无限风光的乐华集团、乐百氏集团、秦池酒厂、沈阳飞龙、济南三株、小鸭电器等一批知名企业一个接一个地从人们的视线里消失。一个个意气风发、挥斥方遒的著名企业家们也一个个陨落，不知所踪。

为什么这些公司会陨落？

虽然我们必须承认，导致失败的原因通常牵涉一家公司所处的行业以及所特有的文化，每个公司倒闭的原因各不相同，但通过认真分析，我们可以发现隐藏在失败背后的一些规律。而了解这些，无疑对所有企业都大有裨益。

透过这些知名企业的陨落，在检视他们的失误时，尽管我们可以从中找到许多诸如盲目多元化、营销渠道决策错误及公司治理结构变革失误等导致失败的问题。但当我们往更深处剖析时，就会清晰地看到导致这些企业昙花一现般快速消失的核心原因，根本就是企业决策者"个人英雄主义＋独裁治理"模式的苦果。

生产万家乐空调的陈雪峰则具有典型的"个人英雄主义＋独裁治理"特征。

在陈雪峰的心中一直隐藏着像张瑞敏、李东生、黄宏生一样，做中国家电业的顶级风云人物的野心，因此他独断专行，不纳谏言，不但在公司战略上以卵击石，以微薄之力进军大家电，而且在公司内部治理上，自高自大，以为凭借自己的所谓的政治关系可以包打天下，所以根本听不进业内资深员工的忠告，动辄对员工大发脾气。

在公司骨干层的管理上，陈雪峰仅凭自身好恶任意任免高级管理人员，万家乐空调的品牌负责人换了一任又一任，结果都先后离职而去。公司的企业文化体系松松垮垮，缺乏足够的企业凝聚力，导致中下层员工缺乏归属感，结果公司上下人心涣散，最终导致公司倒闭，自己只身潜逃的下场。

相比之下，旭日集团领导人的错误则显得比较普通，首当其冲的就是"三缘情结"，即血缘、亲缘、友缘。

说到秦池酒，尽管这个品牌作为剖析失败的案例已经被业界批炒得老生常谈了，但许多评论对于秦池之所以失败的焦点，还都集中在"盲目造名"上。

但我们认为这仅仅是表象，而其更深层的原因其实仍在于企业决策者独断专行的个人独裁风格上。

在秦池酒如日中天的那几年，为了造名造势，秦池的老板甚至已经达到了不顾员工死活的地步，他们对员工的归宿、稳定毫不关心，宁愿牺牲员工的利益而拿着大把的钱去争那个充满着血色的"标王"。

透过这些失败企业的个案，我们不难看出，其实隐藏在中国企业家群体血液中的"家天下"的独裁思想以及企业家个人价值缺失和强烈的价值实现与扩张欲望，才是导致一些知名品牌不断陨落的根本缘由。

二、协作的团队才有强大的力量

对于一个团队来说,最基本的是要有一个清楚的目标:志同道合。反过来说,团队不是仅指任何在一起的工作集团,团队工作代表了一系列的激励倾向、积极响应他人观点、对他人提供知识并尊重他人的兴趣和成就的价值理念。团队的业绩来自每一个成员的个人成果,以形成集体成果,这就要求团队队员具有牺牲自我、协调一致、团结战斗的精神去完成团队的共同任务与目标。

所有的成功、高绩效的团队都有以下的特点:有共同的目标、责任;能够做到相互沟通、鼓励、共同学习、探索提高。

相关链接

俗话说,"一个和尚挑水喝,两个和尚抬水喝,三个和尚没水喝","一只蚂蚁来搬米,搬来搬去搬不起;两只蚂蚁来搬米,身体晃来又晃去;三只蚂蚁来搬米,轻轻抬着进洞里"。上面这两种说法有截然不同的结果。"三个和尚"是一个团体,他们没水喝是因为互相推诿、不讲协作;"三只蚂蚁来搬米"之所以能"轻轻抬着进洞里",正是团结协作的结果。有首歌唱得好"团结就是力量",而且团队合作的力量是无穷尽的,一旦被开发,这个团队将创造出不可思议的奇迹。

小溪只能泛起美丽的浪花,它甚至颠覆不了我们儿时纸叠的小船。海纳百川而不嫌其细流,才能惊涛拍岸,卷起千堆雪,形成波涛汹涌的壮观和摧枯拉朽的神奇。个人与团体的关系就如小溪与大海的关系,只有当无数个个人的力量凝聚在一起时,才能确立海一样的目标,敞开海一样的胸怀,迸发出海一样的力量。因此,个人的发展离不开团队的发展,个人的追求只有与团队的追求紧密结合起来,并树立与团队一起风雨同舟的信念,才能和团队一起得到真正的发展。

修炼提示

每个人都要将自己融入集体,才能充分发挥个人的作用。团队精神的核心就是协同合作。

1.团队的力量

当今社会,随着知识经济时代的到来,各种知识、技术不断推陈出新,竞争日趋紧张激烈,社会需求越来越多样化,使人们在工作学习中所面临的情况和环境极其复杂。在很多情况下,单靠个人能力已很难完全处理各种错综复杂的问题并采取切实高效的行动。所有这些都需要人们组成团体,并要求组织成员之间进一步相互依赖、相互关联、共同合作,建立合作团队来解决错综复杂的问题,并进行必要的行动协调,开发团队应变能力和持续的创新能力,依靠团队合作的力量创造奇迹。

团队合作往往能激发出团体不可思议的潜力,集体协作干出的成果往往能超过成员个人业绩的总和。正所谓"同心山成玉,协力土变金"。红军长征胜利是中国革命史上,乃至世界军事史上的一次奇迹。创造这个奇迹的红军战士和整支红军队伍是有一个为天下所有贫苦人民打天下的共同目标,而且他们都不畏艰险,相互帮助,共同合作,充分发挥了团队合作的力量。他们是一个优秀的团队,在共同协作下不仅走出了困境,还为革命的胜利打下基础。所以成功需要克难攻坚的精神,更需要团结协作的合力。一个团体,如果组织涣散,人心浮动,人人自行其是,甚至搞"窝里斗",何来生机与活力?又何谈干事创业?在一个缺乏凝聚力的环境里,个人再有雄心壮志,再有聪明才智,也不可能得到充分发挥! 只有懂得团结协作,才能克服重重困难,甚至创造奇迹。

📚 相关链接

狼是群动之族,攻击目标既定,群狼起而攻之。头狼号令之前,群狼各就其位,各司其职,嚎声起伏而互为呼应,默契配合,有序而不乱。头狼昂首一呼,则主攻者奋勇向前,佯攻者避实就虚而后动,后备者厉声而嚎以壮其威……独狼并不强大,但当狼以集体力量出现在攻击目标之前,却表现出强大的攻击力。在狼成功捕猎过程的众多因素中,严密有序的集体组织和高效的团队协作是其中最明显和最重要的因素。由此可见团队合作精神的重要性。

2.对团结协作的理解

(1)个人的优秀并不意味着团队优秀。

虽然每一个团队都希望自己的员工精明能干,能独当一面,但真正的现实却是,个人表现的优秀并不一定就能使团队表现优秀。

这听起来似乎有些矛盾,其实不然。团队重视的是整个效应,即"一花独放不是春,百花齐放春满园"。一个人的表现再突出,如果他忽略了团队的整体合作,或者根本就不能或不屑与团队合作,从长远角度来看,这个人是不会为团队带来永久效益的。

当然,不可否认,这样的人可能是个好员工,但他成为管理者的可能性却微乎其微,因为不注重团队合作的人不可能成为好的管理者。

对于团队中重用的人才,微软中国研发的总经理张湘辉博士的一番话,很发人深省,更值得我们深刻体会:

"如果一个人是天才,但其团队精神比较差,这样的人我们不要。中国企业有许多年轻聪明的人才,但团队精神不够,尽管每个简单的程序都能编得很好,但编大程序就不行了。微软开发 Windows XP 时有 500 名工程师奋斗了两年,有 5000 万编码。软件开发需要协调不同类型、不同性格的人员共同奋斗。缺乏领军型的人才、缺乏合作精神是难以成功的。"

一个再小的团队,其实也是"麻雀虽小,五脏俱全"。试想一个各行其是,单打独斗而不注重整体合作的员工,怎能更好地实现团队的战略部署呢?

(2)个人利益是和他人捆绑在一起的。

在团队中,任何一位员工的利益都是和他人捆绑在一起的。合作是一件快乐且有成效的事情,并且很多事情人们也只有在互相合作中才能完成;不合作的结果往往是他不能得到,你也不能得到。

帮助别人就是强大自己,帮助别人就是帮助自己,别人得到的并非是我所失去的。

虽然这是事实,但是仍有些人在固有的思维模式中,一直认为要帮助别人自己就要有所牺牲,别人得到了就意味着自己一定会失去。这样的人甚至认为帮助别人提个东西都是在耗费自己的体力,耽误自己的时间。对于这样的人你会作何评价? 恐怕你也会敬而远之。

其实很多时候帮助别人,并不意味着自己吃亏,其结果迎来的很可能是皆大欢喜的双赢局面。

📚 相关链接

有一个人被带去观赏天堂和地狱,以便比较之后能选择他的归宿。他先去看了魔鬼掌管的地狱。第一眼看去令他十分吃惊,因为所有的人都坐在酒桌旁,桌上摆满了各种佳肴,包括肉、水果和蔬菜。

然而，当他仔细看那些人时，发现没有一张笑脸，也没有伴随盛宴的音乐狂欢的迹象。坐在桌子旁边的人看起来沉闷，无精打采，而且瘦得皮包骨头。他还发现每个人的左臂都捆着一把叉，右臂捆着一把刀，刀和叉都有四尺长的把手，使它很难用来吃菜，所以即使每一样食物都在他们手边，结果还是吃不到，他们一直在挨饿。

然后他又去天堂，景象完全一样：同样的事物，刀、叉和那些四尺长的把手。然而，天堂里的居民却都在唱歌，欢笑。这位参观者困惑了，他不解为什么情况相同，结果却如此不同。在地狱的人都挨饿而且可怜，可在天堂的人吃得很好而且快乐。

后来，他终于得到了答案：地狱里的每一个人都试图喂自己，可是一刀一叉以及四尺长的把手根本不可能让自己吃到东西；而天堂里的每一个人都是喂对面的人，而且也被对面的人所喂，因为互相帮助，所以皆大欢喜。

对此，你会有什么样的想法？是否对与他人的合作加深了理解呢？

虽然追求更大的荣誉、追求更多的财富、实现更高的个人价值是没有错的，但是，如果过分地突出自己而不肯与他人合作，那就很可能失去自己心中所希望和祈盼的一切，这就好像我们要建一座富丽堂皇的大厦，光有设计精巧的图纸，只靠自己的一己之力是不能让它成为美好现实的。

（3）合作就是力量。

企业团队中如果大家能够精诚团结，步调一致，那么这个企业或部门就具有强大的竞争力，很有可能在激烈的竞争中稳操胜券。

对此可以作形象的比喻。团队合作就好比一个人的手，五指虽然有大有小，有长有短，有粗有细，虽然各司其职，但它们只要紧密合作，挥出为掌，则能挟裹一缕劲风；握紧为拳，则蕴涵虎虎生气。相反，如果每个手指头都各行其是，互相争功，不知默契协助，那这还是手吗？

团队可以是拳头或手掌，它的威力来自于每根手指的紧密合作，这是企业盈利的基础；团队不可以是一盘散沙，员工任何形式的偏离、隔阂、冷漠以及嫉妒和仇视，都将使赢的大厦发生倾斜，甚至坍塌。

你必须相信，只有通过合作才更能体现出个人自身的优势——既能使团队的总体意图得以彻底贯彻，使企业效益最大化，又能使团队成员之间的人际关系更加融洽。这样对自己和团队都有益的事，算不算一举多得，皆大欢喜？

的确，一滴水很快就会干枯，它只有投入到大海的怀抱，才能永久地存在。同理，个体也只有和团队结为一体，才能获得无穷的力量。

三、在团队中如何实现自我的价值

1. 把个人利益与他人绑在一起

在任何一个团队中，任何一位员工的利益都是和他人捆绑在一起的，帮助别人就是强大自己，帮助别人就是帮助自己，别人得到的并非是我所失去的。成功的人是能付出的人，只有先付出，才能有收获，帮助别人就是帮助自己。

2. 把个人利益与团队绑在一起

（1）履行自己的职责。

在团队中，每一个人都要认真履行自己的职责，班长担当起协助班主任管理班级的责任，体育委员组织好课外活动，安全委员及时排查安全隐患，清洁值日生搞好内务卫生，每个人学好自己的专业……不做给团队拖后腿的事情，不给团队抹黑。

相关链接

三个和尚的故事

三个和尚在一所破寺院里相遇。

"这所寺院为什么荒废了?"不知是谁提出的问题。

"必是和尚不虔,所以菩萨不灵。"甲和尚说。

"必是和尚不勤,所以庙产不修。"乙和尚说。

"必是和尚不敬,所以香客不多。"丙和尚说。

三人争执不休,最后决定留下来各尽其能,看谁能最后获得成功。

于是,甲和尚礼佛念经,乙和尚整理庙务,丙和尚化缘讲经。果然香火渐盛,寺院恢复了往日的壮观。

"都因为我礼佛念经,所以菩萨显灵。"甲和尚说。

"都因为我勤加管理,所以寺务周全。"乙和尚说。

"都因为我劝世奔走,所以香客众多。"丙和尚说。

三人争执不休、不事正务,渐渐地,寺院的盛况又消失了。就在各奔东西的那天,他们总算得出一致的结论:寺院的荒废不是哪一个人的责任,是大家共同的责任。

（2）个人的成功是建立在团队基础之上。

动物学家们的试验表明,大雁长距离结队飞行的速度是单只大雁飞行速度的 1.73 倍。正是这样一种善于奉献、团结合作的精神,使得大雁能够冬去春来,长途迁徙数千里。同理,个体也只有和团队结为一体,才能获得无穷的力量。只有团队成长了,我们个人才可能有发展的空间。美国著名管理大师彼得圣吉说:"不管你个人多么强大,你的成就多么辉煌,你只有保持你与他人之间的合作关系,这一切才会有现实意义。"

成功的人是善于合作的人,只有善于合作才能充分体现团队精神,完全发挥团队作用。要成为一个善于合作的人,以下几点是必须要做到的:

①提高专业技能,使自己具备和别人合作的资本和资格。

②提高交际能力,使别人愿意接受你。

③让自己的心胸再宽广些,这样可以多看别人的优点,多检讨自己的缺点。

④保持足够的谦虚,骄傲自大不利于合作。

⑤重视、尊重别人,要对别人寄予希望。

⑥要多赞美别人,不要担心功劳被别人抢走。

⑦要敢于承担责任,这样会得到更多的机会。

四、修炼实践

1.拓展阅读

（1）阅读下面的短文,结合学习、生活实际谈谈你对团队协作的理解。

容纳百川、淘尽万雄的大海是由一滴滴水构成的。一滴水,也许是渺小的,几缕阳光就可以把它蒸发,一阵风就可以把它吹干,一撮土就可以把它吸尽。然而,当一滴滴水汇聚成大海,便具有了无穷的力量。三年不雨,海水不减;九年不晴,海水不增。再强烈的阳光也不能把它蒸发,只能使它云蒸霞蔚;再大的风也不会把它吹干,只能助它白浪滔天;再多的土石也难把它吸尽,只能帮它描绘乱石穿空、惊涛拍岸的雄浑与壮阔。

一只蚂蚁也许是最容易被消灭的,一阵风可以把它吹走,一滴水可以把它淹死,轻轻地一按也可以让它丧命。因此没有谁会怕一只蚂蚁。但成千上万甚至几百万只蚂蚁组合在一起就是无坚不摧的神奇的力量。每一个见过南美洲亚马孙河流域军团蚁的人都会被它们横扫一切的气势慑服,也无不为它们的强大无敌而感叹。当这种体长仅半厘米的食肉蚂蚁,以方圆千米的阵容行进在原始森林时,任何与之相遇的动物,无论猛兽还是毒虫都会顷刻变成累累白骨,灰飞烟灭。这种曾和恐龙一起存在的小小生命,之所以能在庞然大物的恐龙都灭绝的恶劣环境里生存下来,延续亿年生生不息,就是靠成千上万只同类组成的团队的力量。这就是一点一滴的力量积聚成战无不胜的神力,是量变到质变的升华。

一滴水只有放进大海里才不会干枯,并且才能展现出自己的力量,才会发挥出自己的才能。一个人无论平凡还是伟大,和团队比起来他只是一个普通的人,只有把自己融入团队,让团队与自己血肉相连,才能让自己成长,使自己有为。一面旗组不成威武的军阵,一朵花衬不出明媚的春天。只有面面军旗猎猎招展,只有朵朵鲜花同生笑脸,威武与明媚才能在天地间展现,每一面旗、每一朵花的生命之辉才会在这威武与明媚中更加灿烂。

(2)阅读下面有关水桶效应的介绍,进一步加强对团结协作的理解,并结合学校集体生活、将来的工作生活谈谈你该怎么做。

水桶效应

水桶原理是由美国管理学家彼得提出的,说的是由多块木板构成的水桶,其价值在于其盛水量的多少,但决定水桶盛水量多少的关键因素不是其最长的板块,而是其最短的板块。根据这一核心内容,"水桶理论"还有两个推论:其一,只有桶壁上的所有木板都足够高,那水桶才能盛满水。其二,只要这个水桶里有一块不够高度,水桶里的水就不可能是满的。

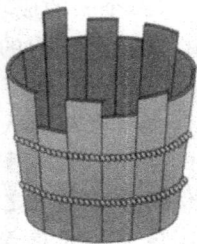

这就是说任何一个组织,可能面临一个共同问题,即构成组织的各个部分往往是优劣不齐的,而劣势部分往往决定整个组织的水平。

若仅仅作为一个形象化的比喻,"水桶定律"可谓是极为巧妙和别致的。但随着它被应用得越来越频繁,应用场合及范围也越来越广泛,已基本由一个单纯的比喻上升到了理论的高度。这由许多块木板组成的"水桶"不仅可象征一个企业、一个部门、一个班组,也可象征某一个员工,而"水桶"的最大容量则象征着整体的实力和竞争力。

2.心灵氧吧

- 没有成功的个人,只有成功的团队。
- 爬山越岭要互助,渡江过河要齐心。——赫哲族谚语
- 最伟大的力量,就是同心合力。——乌孜别克族谚语

第四节 热爱学校,校兴我荣

一、热爱祖国,从爱校爱家开始

1.热爱祖国

虽然不同时期的爱国有不同的内涵,但本质是一样的,那就是以祖国的兴衰为己任,为祖国的强盛而奋斗不息。从戚继光率军御倭到郑成功收复台湾,从林则徐虎门销烟到邓世昌黄

海血战,从谭嗣同慷慨就义到以毛泽东为代表的共产党人为"中国人民站起来"而奋力开拓,披肝沥胆……一幕幕血与火交织的场景汇成了爱国主义的壮丽画面,一个个可歌可泣的故事写就了爱国主义的不朽诗篇。

无数仁人志士,为了祖国的利益,抛头颅,洒热血,坦坦荡荡,无怨无悔。苏霍姆林斯基有句著名的话语:"热爱祖国,这是一种最纯洁、最敏锐、最高尚、最强烈、最温柔、最有情、最温存、最严酷的感情。一个真正热爱祖国的人,在各个方面都是一个真正的人。"伟大的文学家雨果也说过:"一个人如果连他的国家都不爱了,那他还能爱谁呢?"

2.爱校爱家

爱国爱校爱家,应从小事做起。爱国绝不是空洞的口号,也不要你做什么轰轰烈烈的大事,爱国,要从身边做起,从每一件平凡的小事做起。古人云:"一屋不扫何以扫天下?"爱国,首先要爱自己的学校,爱自己的家。

学校是我们学习知识的乐园,是健康成长的一个大家。我们的学校,有着底蕴厚重的人文环境,先进的人性化的办学理念,宽敞明亮的教室,设施先进的实训实作场地,德高技精的一流师资队伍,成就了无数技能英才,帮助无数农家子弟成就了创业梦想。我们没有理由不为之骄傲!

我们也必须爱家。家,一个神圣而温暖的字眼。那里,有白发苍苍,为了儿女可以舍弃一切而无怨无悔的父母。家是避风的港湾,是人生奋斗的加油站。爱家,首先要爱家中亲人、孝敬父母长辈。孝敬父母,作为中学生,我们可以在家中为父母分担一些家务活,多关心一下家里的人,可以通过努力学习,不断进步,让父母开心一些。

"成功的时候,谁都是朋友。但只有母亲,她是失败时的伴侣。"文学大家郑振铎如是说。"地球离了谁都能继续转动,但你的母亲离开了你,她就活不下去了。"著名作家毕淑敏在《孝心无价》中这样感触。

3.当好学校主人

成龙演唱的《国家》这首歌中,有这样一句歌词:家是最小国,国是千万家。有国才有家,爱国先爱家。医生有家,那是医院;工人有家,那是工厂;学生有家,那就是我们的校园。应该说,天下没有一个人不爱自己家的人,俗话说"子不嫌母丑,狗不嫌家贫",不珍惜自己家的人,不热爱自己学校的人,不配称作有修养、有道德的人,处处诋毁自己学校、处处破坏校园整洁、破坏校园文明的人,不配做学校的主人。

成才先成人,爱国先爱校。在和平昌盛繁荣的今天,不可能会有黄继光堵枪眼,邱少云被烧死等轰轰烈烈的大事,但爱国每时每刻都存在。你知道关掉水龙头是爱校,那爱校就是爱国,节约水就是节约国家资源,你这就是标准的爱国主义行为。依次类推,不说不文明的话是爱校,不损坏公物是爱校。在校外,不闯祸是爱校,不损坏学校的荣誉是爱校,不做不文明的事是爱校,爱校就是爱国。

二、热爱学校,提升自己

1.学习是我们的首要任务

勤奋好学应该是我们必备的品质,尤其要学好自己的专业知识,练好专业技能,配合老师认真上好每一堂课。

进入中职学校,我们的目标就要学好技能,练好本领,德高技精,为了这个目标,我们要坚持不懈地做出努力。

2. 从身边小事做起

热爱学校,就要尊敬老师,团结同学,积极参加学校各种活动。有的同学参加了社团,充分发挥自己的聪明才干;有的同学担任学生干部,为学校的学生工作尽了一份力;有的同学珍惜学校的每一滴水每一度电;还有的同学以主人翁的精神主动为学校的建设和发展献计献策;有的同学在公交车上为老人让位;有的同学把路边的纸张拾起放进垃圾桶里;更多普普通通的同学在校外仍然坚持做人的行为准则……一个人的努力对于整个学校的发展来说如沧海一粟,但是如果把每颗爱校之心聚集起来,力量将无穷。

我们生活在校园这个大集体中,经常可以看到身边有许多不尽如人意的情况发生。如有的同学吃了东西,随手就把包装纸扔在地上;有的同学在洁白的墙壁上乱涂乱画;有的同学无视学校的各项规定,上下楼梯拥挤、打闹等等。你们能说以上不文明现象也是爱校的一种表现吗?如果你爱校你就要去争取优秀,争取做得更好。在校园里我们积极努力地学习,维护校园环境,为集体争光;在校外,我们仍然严格要求自己,不做损坏学校声誉的事。我们不仅要掌握科学知识,更要培养高尚的道德品质。

一滴水蕴藏着大海的本质,一束光反映了太阳的光辉,一件小事也能折射出一个人的修养。文明习惯是一个人的文化修养和行为情操的重要表现,文明习惯的养成,要从小事做起,坚持不懈,千万不能把一些不文明的言谈举止看作小事,因为它代表着一个人的文化素养,也代表着一所学校的办学声誉。学校是我们的家,建设靠大家。只要大家以校为家,参与学校管理,人人从我做起,个个讲文明,你的素质一定会有新的提高,你的行为习惯一定会实现新的优化,我们的校园也会更加的整洁和美丽。

3. 学会反思,不断进取

当自己学习不进步,当自己坏的行为习惯反反复复的时候,要学会反思自己,查找自己的差距,不能一味地把责任推给学校,推给老师,推给同学。要善于寻找自身的原因,不要去吹毛求疵,教和学本来就是互动的两个环节,老师教得再好,哪怕是国内最著名最权威的专家来授课,如果你不去学,请问有用吗?请问你会吗?所谓学会,只有努力去学了,才有可能会,学了还不见得会呢,何况你不去学呢!

学校希望每一名学生都可以学以致用,因为学校的每一名学生不仅仅代表自己,更代表了学校的荣誉。在校时你以学校为荣,走出学校成为学校的骄傲时学校更是以你为荣,所以学校没有理由不对你们付出全部的爱和教育!

好好学习,努力工作,踏踏实实做事,认认真真做人,我们每一个人都可以成为学校的骄傲!

4. 服从安排,遵章守纪

学校是一个大家庭,学校的各项规章制度,需要我们大家来共同遵守。我们要时刻注意自己的行为规范,养成良好的道德品质,树立远大的志向和理想。我们要服从学校安排,积极做好各项工作。有常规性的,如上课、实作、内务卫生、安全秩序等;有临时性的,如集会活动、义务劳动等;有与自己将来就业联系紧密的,如车间实习、教学实习、顶岗实习等。这些工作都需要团体中每个成员服从安排,积极参与,在过程中锻炼自己,提高自己。

5. 自觉维护群体形象

维护群体形象是每个人的责任,是一个人良好素质和心理状态的体现,是爱学校的基本要求。作为学校中的一员,作为班上的个体,应该明确个体之间的相互依存关系、个人对集体的依赖关系,坚持把握大局观、整体观,营造尊重、团结、合作的良好风气。注意发现团体中积极向上的一面,正确面对和化解学习、生活中的矛盾。

三、修炼实践

1. 我爱学校

了解学校的发展历程，深入领会学校的校训、办学精神、人才培养目标等，增强对学校的热爱之情。

2. 活动策划

举办"我爱我校，我荣我校"演讲比赛。

3. 读名言，见行动

哈佛大学有句名言：大学的荣誉，不在于它的校舍和人数，而在于它一代又一代人的质量。

同学们，作为学校的一员，我们都有责任和义务去完善自己，去诠释自己，去施展才华，去绽放青春，去燃烧生命！行动起来，闪亮起来吧！跨出去的动作是瞬间，而跨出去的是永恒。

谈谈你准备用怎样的行动来表达对学校的热爱。

4. 心灵氧吧

- 三更灯火五更鸡，正是男儿读书时。黑发不知勤学早，白首方悔读书迟。——颜真卿
- 今天我以学校为荣，明天学校以我为荣。
- 书都读得来的人，还怕有什么做不来的。

第五节 千古华夏传承尊师佳话

一、尊师重教是中华民族的光荣传统

教育是一项神圣而光荣的事业。国运兴衰，系于教育。百年大计，教育为本；教育大计，教师为本。从古至今，没有一个年代，没有一个国家，不存在老师这个传道授业解惑的职业。

尊师重教是中华民族的传统美德。在中国历史上，但凡有作为的政治家、思想家、教育家无不重视教育，尊重教师。古人云："三教圣人，莫不有师；千古帝王，莫不有师。""不敬三师，是为忘恩，何能成道？"回顾从古到今先哲贤圣对尊师重教的精辟论述，应对我们有深刻启示。

相关链接

《礼记·学记》中指出："师严然后道尊，道尊然后民之敬学。"意为：教师受到社会普遍尊敬之后，教育才能得到重视，教育得到重视后人们才懂得努力学习。三者的关系互为前提。教师受到尊重意味着人们重视教育，人们接受教育就会认识到学习的重要性，为懂得更多的道理就会重视学习，尊敬老师，如此良性循环。

《吕氏春秋·劝学》中讲道："疾学在于尊师。"《荀子·大略》中说："国将兴，必贵师而重傅……国将衰，必贱师而轻傅。"深刻地阐明了国家兴衰与重视知识、尊敬教师的关系。

先秦把师与天、地、父并列，三代的治国之道之所以被历代儒家大加称颂，就在于三代治国之道持续了一个"恒道"原则——尊师重教。儒家学派的创始人孔子首创私学，具体实践"有教无类"的教育理念，将教育对象从王宫贵族扩大到庶民百姓，促进知识文化的下移。他所提倡的"学而优则仕"将教育和为官联系到一起。孔子所倡导的"道之以政，齐之以刑，民免而无耻。道之以德，齐之以礼，有耻且格"明显是主张德教的重要性。儒家亚圣从"性善论"的

思想理念出发,认为任何人只要接受教育,肯于学习,"人皆可以为尧舜"。荀子从人性本恶出发,认为人之所以能为善,全靠后天的努力学习,因而将尊师重教看作制定国家的法令制度并能否得以推行、进而上升为国家兴衰存亡的标志。

《礼记·学记》中还指出:"凡学之道,严师为难。"意为:在所有做学问的道理中,尊敬老师可谓难事。尊敬老师是学生的本分,然而尊师难以持之以恒。初学尊师并不难,但是学生逐渐学有所成,甚至超过老师时,尊师就很勉强了。这也是有些人终不能成大气候的根本原因。

古今中外,无数事例告诉我们应该尊敬老师。我们只有通过自身的实际行动来弘扬尊师重教的优良传统,才能在社会上树立良好的学风,有力地推动我国教育事业的发展。

二、尊师重教的历史传承

不管是凡夫俗子,还是伟人名家,只要是有良知的人,都对自己的老师铭记不忘,时时怀念。

自孔子在山东曲阜开创第一所"学校"以来,尊师之风日兴。我国从古至今,被传为佳话的名人尊师范例,不胜枚举。我们的革命前辈更是尊敬师长的典范。现摘编几个名人尊师的小故事,供大家学习。

相关链接

子贡以太阳、月亮喻孔子

孔子的学生子贡,聪颖好学。一次,鲁国大夫叔孙武叔在人前贬低孔子抬高子贡,子贡非常气愤,他当即以房子为喻,说老师的围墙高十数丈,屋内富丽堂皇,不是一般人看得到的,而自己不过只有肩高的围墙,一眼就可望尽。他还把老师孔子比作太阳和月亮,说他光彩照人,不是常人所能超越的。孔子死后,子贡悲痛万分,在孔子墓旁结庐而居,守墓6年。

程门立雪

北宋时,河南洛阳的程颢、程颐俩兄弟既是著名的理学家,又是著名的教育家。他们是宋明理学的奠基人,长期在洛阳讲学传道,开创了宋代四大学派之一的洛学。

当时,福建将东县有个叫杨时的进士,特别喜好钻研学问,到处寻师访友,曾就学于洛阳著名学者程颢门下。程颢死后,杨时又被推荐到其弟程颐门下,在洛阳伊川所建的伊川书院中求学。杨时那时已40多岁,学问也相当高,但他仍谦虚谨慎,不骄不躁,尊师敬友,深得程颐的喜爱,被程颐视为得意门生,得其真传。

一天,杨时同一起学习的同窗向程颐请教学问,却不巧赶上老师正在屋中打盹儿。为了不惊醒老师,两个人静立门口等老师醒来。一会儿,天上飘起鹅毛大雪,越下越急,杨时和同窗却还立在雪中。

直到程颐一觉醒来,才赫然发现门外的两个雪人。从此,程颐深受感动,更加尽心尽力教杨时,杨时不负众望,终于学到了老师的全部学问。之后,杨时回到南方传播程氏理学,且形成独家学派,世称"龟山先生"。后人使用"程门立雪"这个典故,来赞扬那些求学师门,诚心专志,尊师重道的学子。

毛泽东向教师敬酒

1959年6月25日,毛泽东同志来到阔别32年的故乡韶山,他特意邀请自己在私塾读书时的教师毛禹珠一起用饭,席间热情地为老师敬酒。毛禹珠不胜荣幸,感慨地说:"主席敬酒,岂敢岂敢!"毛主席却笑盈盈地回答:"敬老尊贤,应该应该!"

周恩来不忘师恩

1952 年 2 月,南开大学老校长张伯苓突患脑血栓逝世,周总理参加了治丧委员会并送了花圈,挽联上写着:"张伯苓老师千古,学生周恩来敬挽。"张伯苓病故后,周恩来一直惦记着张家的生活,三年困难时期,周恩来把自己的购物证给张伯苓夫人,还派人给张夫人送去 500 元人民币,并嘱咐交际处对张夫人及其子女的生活要倍加关照。

彭总穿便服会见教师

1957 年 8 月 1 日,是中国人民解放军建军纪念日。这一天,彭德怀元帅身穿便服,准备接见北京市部分中小学教师代表。工作人员提醒他说:"彭总,您是国防部长,应该着军服好。"彭总说:"今天是去见老师,学生见老师应该穿便服。"接见的时候,彭总穿着便服,频频向老师问好。

华罗庚成名不忘师恩

著名数学家华罗庚成名之后不止一次地说过:"我能取得一些成就,全靠我的老师栽培。"1949 年,华罗庚从国外回来,马上赶回故乡江苏金坛市,看望发现他数学天才人生中的第一个"伯乐"王维克老师。他在金坛作数学报告时,特地把王老师请上主席台就座,进会场时让老师走在前面,就座时只肯坐在老师的下首。

李宗仁尊师若父

李宗仁幼年的老师曾其新,驼背弯腰,人们戏称"曾背锅"。别看其形陋貌丑,李宗仁先生却敬若父辈。因曾年老无依,长期随军,由李宗仁出钱奉养。李宗仁还在司令部驻地附近修建房屋,给老师静居,并派一名副官专门侍奉,李宗仁每天还要亲去问安。李宗仁先生的另一名姓朱的老师,也长期随李宗仁起居。李宗仁对其照顾无微不至。老河口的老百姓都说,在李将军身上真正体现了"一日为师,终身为父"的师生之爱。

不管时光如何变迁,尊师重教的传统始终在延伸;不管是位居高堂,还是平头百姓,对老师的尊重就是对知识的尊重,就是对未来和发展的尊重。

三、尊师重道我该怎么做

学生身受师恩,自然应该对老师尊敬有加,其本质是尊重知识、尊重教育、尊重人才。

老师对于学生的期望,跟父母没有两样,每一个老师都希望自己的学生成为有用之才。我们从小就歌颂老师是辛勤的园丁,老师是红烛,燃烧了自己,照亮了他人。备课,上课,批改作业,还要关心学生的课余生活以及心灵成长。老师那头上的白发就是多年积累的粉笔灰。每个学生每天跟老师相处的时间比跟父母相处的时间还要长,因此,老师其实是严父,也是慈母的象征。相信很多人在家里虽然很顽皮,但是在老师面前却表现得特别乖巧。

尊师,要尊重教师的劳动,尊重教师的人格。

1.尊重教师的劳动

教师的辛勤劳动体现在教学上,学生虚心学习,认真听好老师的每堂课,练好专业技术,取得良好的学习成绩,这是对老师最大的尊重。

2.尊重教师的人格

古人曰:"一日为师,终身为父。"可见教师在人们心中的地位。作为学生应从心里敬重老师,尊重老师的人格。学生和老师谈话时,应主动请老师坐,若老师不坐,学生应该和老师一起站着说话。同老师谈话,要集中精神,姿势端正,双目凝视老师,有不同看法时,可及时向老师请教、探讨。要虚心接受老师批评,不可当场顶撞老师。

3. 礼仪行事

见到老师应问好、点头行礼或鞠躬行礼;上下课要起立迎送;进老师办公室时要轻轻敲门或喊报告,然后开门进去,行礼后说明来意;在老师办公室、寝室不能乱翻动老师的物品;休息时间最好不打扰老师;到办公室或老师家不宜逗留过久,办完事应尽快离开等。

我们要自觉做到尊敬老师,尊重老师的劳动,接受老师的教导,服从教职员工的管理。对老师有意见和要求,能善意诚恳地提出来,不顶撞老师。

教育是传播知识、创新知识、传递文明、培养人才的有组织、有目的的活动,是社会崇高的公益事业。教师所传授的不仅是学业技能,更是在传输我们民族文化、中华传统之精义。全社会重视支持教育事业,尊敬教师,这是国家文明的重要标志。

尊师重道最重要的是能实践师训,对国家社会有所回报、有所贡献,这才是尊师重道的最高意义!

四、修炼实践

1. 拓展阅读

谈谈你对下面训示的理解。

活佛师尊关于尊师重道有如下训示:第一,体师之心;第二,达师之训;第三,效师之行;第四,行师之道;第五,了师之愿;第六,钦师之意;第七,继师之志。

2. 谈一谈

召开谈论会,谈谈对尊师重道你准备怎么做。

3. 心灵氧吧

• 无论一个人的地位有多高、贡献有多大,都离不开老师的教诲和启迪,都凝结了老师的心血和汗水,在老师面前永远是学生。——温家宝

• 不管一个人取得多么值得骄傲的成绩,都应该饮水思源,应该记住是自己的老师为他们的成长播下了最初的种子。——居里夫人

• 善学者师逸而功倍,又从而庸之;不善学者,师勤而功半,又从而怨之。——《礼记·学记》

第六节　尊敬长辈,永存感恩

一、尊敬长辈是中华民族的传统美德

中华民族有着悠久的文明,尊老敬老是我们的传统美德。尧、舜、禹均是历史上有名的大孝子;周朝每年奉行一次"乡饮酒礼",其目的是"正齿位,序人伦,敬老重贤,息事端,敦睦乡里";明朝提出"尊高年,设里正,优致仕";等等。

孔子认为,孝是一切道德的基础,是至善的美德。平时要以诚挚的心去周到地照顾父母,任劳任怨地服侍父母,精心照料;父母过世时,要以哀痛的心情追悼父母。"父子之道,天性也",是说父亲培养、教育儿子,儿子奉养、尊敬父亲,这是人类自然的天性。《增广贤文》中有"羊羔尚有跪乳之恩,乌鸦也有反哺之义"的警世恒言。动物尚且如此,何况人类这一高级动物?孔子认为,在一切生灵中唯人最为尊贵,而在人的所有行为中,孝最伟大,而在所有的

孝行中尊敬父母最为重要。子女的孝敬是对父母一生辛勤劳动的报答。孟子进一步提出了"老吾老,以及人之老;幼吾幼,以及人之幼"的主张。意思是说,不仅要尊敬自己家的老人、爱护自己家的孩子,而且也要尊敬和爱护别人家的老人与孩子。

近代孙中山先生在《三民主义》中说道:"讲到中国固有的道德,中国人至今不能忘记的首先是'忠孝',其次是'仁爱',其次是'和平'。"我国 1996 年 10 月 1 日正式施行《中华人民共和国老年人权益保障法》,为老年人合法权益的保护和老龄活动的开展奠定了法律基础。自此,"孝亲养老""尊老敬爱"不仅是一种道德规范,还是每个公民必须遵守的行为准则。

发展中国家普遍注意保持敬老传统。日本、印度和韩国与我国一样实行"子女必须尽孝道"的政策,鼓励赡养照顾老人。新加坡等其他一些国家正在考虑实行类似的办法。我国的香港和台湾地区在现代化过程中也十分注意传统伦理道德的宣传,许多电视和文艺作品中也都强调我国的尊老爱幼的传统美德。

相关链接

老人节的由来

农历九月九日,两九相重,都是阳数,因此称为"重阳"。重阳节来源于道教的一个神仙故事。重阳节的习俗有很多,如登高、赏菊、喝菊花酒、吃重阳糕、插茱萸等。中华人民共和国成立后,重阳节又叫"老人节"。1989 年,我国将重阳节正式定名为"老人节",将每年农历九月初九重阳节定为全国的敬老日。重阳节期间,党和政府会以各种形式开展敬老活动,比如召开座谈会、举办老人宴、银发旅、搞体会、赠礼品、帮劳动,等等。不少地方还会组织老年人登山秋游,让老年人开阔视野、交流感情、锻炼身体、回归自然。

二、学习孝行,孝行天下

甲骨文中的"孝"是一个会意字,老人在上,孩子在下,意思是,人老了,行动困难,应由子女搀扶。

孝道不仅对家庭生活有意义,而且对社会生活也有积极意义。孔子说,礼说到底就是一个敬。敬是人与人相处的润滑剂,只有尊敬别人才能得到别人的尊敬。"爱亲者,不敢恶于人;敬亲者,不敢慢于人。"意思是说,一个懂得热爱自己父母的人,不敢厌恶别人的父母;一个懂得敬奉自己父母的人,丝毫不敢怠慢别人的父母。"教民亲爱,莫善于孝。"

孝是中国古代重要的伦理思想之一。元代郭居敬辑录古代 24 个孝子的故事,编成《二十四孝》,序而诗之,用训童蒙,成为宣传孝道的通俗读物。之后,又有人刊行《二十四孝图诗》《女二十四孝图》等,流传甚广。

"二十四孝"包括下面二十四个故事:

孝感动天、戏彩娱亲、鹿乳奉亲、百里负米、啮指痛心、芦衣顺母、亲尝汤药、拾葚异器、埋儿奉母、卖身葬父、刻木事亲、涌泉跃鲤、怀橘遗亲、扇枕温衾、行佣供母、闻雷泣墓、哭竹生笋、卧冰求鲤、扼虎救父、恣蚊饱血、尝粪忧心、乳姑不怠、涤亲溺器、弃官寻母。

下面是选录的几则故事,让我们走进这些感天动地的故事,感悟人间之真情吧。

相关链接

孝感动天

舜,是传说中的远古帝王、五帝之一,姓姚,名重华,号有虞氏,史称虞舜。相传他的父亲瞽叟及继母、异母弟象,多次想害死他:让舜修补谷仓仓顶时,从谷仓下纵火,舜手持两个斗笠跳下逃脱;让舜掘井时,瞽叟与象却下土填井,舜掘地道逃脱。事后舜毫不嫉恨,仍对父亲恭顺,对弟弟慈爱。他的孝行感动了天帝。舜在历山耕种,大象替他耕地,鸟儿代他锄草。帝尧听说舜非常孝顺,有处理政事的才干,经过多年观察和考验,选定舜做他的继承人。舜登天子位后,去看望父亲,仍然恭恭敬敬,并封象为诸侯。

亲尝汤药

汉文帝刘恒,为汉高祖第三子,由薄太后所生。高后八年(前180)即帝位。他以仁孝之名,闻名天下,他侍奉母亲从不懈怠。母亲卧病三年,他常常目不交睫,衣不解带;母亲所服的汤药,他只有亲口尝过后才会放心让母亲服用。他在位24年,重德治,兴礼仪,注意发展农业,使西汉社会稳定,人丁兴旺,经济得到恢复和发展。他与汉景帝的统治时期被誉为"文景之治"。

啮指痛心

曾参,字子舆,春秋时期鲁国人,是孔子的得意弟子,世称"曾子",以孝著称。少年时家贫,常入山打柴。一天,家里来了客人,母亲不知所措,就用牙咬自己的手指。曾参在外忽然觉得心疼,知道是母亲在呼唤自己,便背着柴迅速返回家中,跪问缘故。母亲说:"有客人忽然到来,我咬手指盼你回来。"曾参于是接见客人,以礼相待。曾参学识渊博,曾提出"吾日三省吾身"(《论语·学而》)的修养方法,他的著述有《大学》《孝经》等儒家经典,后世儒家尊他为"宗圣"。

鹿乳奉亲

郯子,春秋时期人。其父母年老,患眼疾,须饮鹿乳疗治。郯子便披鹿皮进入深山,钻进鹿群中,挤取鹿乳,供奉双亲。一次,郯子取乳时,看见猎人正要射杀一只麀鹿,他急忙掀起鹿皮现身走出,将挤取鹿乳为双亲医治病痛的实情告知猎人。猎人敬他孝顺,以鹿乳相赠,护送他出山。

怀橘遗亲

陆绩,三国时期吴国吴县华亭(今上海市松江)人,科学家。6岁时,随父亲陆康到九江谒见袁术,袁术拿出橘子招待,陆绩往怀里藏了两个橘子。临行时,橘子滚落地上,袁术嘲笑道:"陆郎来我家作客,走的时候还要怀藏主人的橘子吗?"陆绩回答说:"母亲喜欢吃橘子,我想拿回去送给母亲尝尝。"袁术见他小小年纪就懂得孝顺母亲,十分惊奇。陆绩成年后,博学多识,通晓天文、历算,曾作《浑天图》,注《易经》,撰写《太玄经注》。

三、尊敬长辈,永存感恩

1.尊老敬老是每个人的本分

家家有老人,人人都会老,尊敬长辈就是尊重人生和社会的发展规律,就是尊重历史。中华民族之所以血浓于水,之所以历经沧桑、生生不息,之所以"人情味"非常浓厚,尊老敬老是一个很重要的因素。

老年人,曾为社会做出过奉献,为家庭做出过奉献。他们不仅是知识的宝库,还是智慧的宝库。他们不仅养育我们,还以言传和身教向我们传播做人的道理。我们民族的魂,经由老人,再经由我们,一代又一代地传承。

2.尊敬长辈首先要尊敬父母

"百善孝为先。"孝敬父母是人类爱的源泉,人类的爱都从这里延伸。

尊敬父母应从点点滴滴的小事做起。要节俭,做到不浪费、不乱花钱,尊重父母的劳动,养成勤俭节约的好习惯;和父母谈话时,态度要和善;奉养父母时,要和颜悦色;外出时,要告知父母,以免父母为我们担忧;要尽量听从父母的意见,以免父母操心;要时时注重健康,注意安全,保护身体,以免父母伤心;在学业上要努力,在工作上要勤奋,让父母放心。

3.尊敬长辈应做好四件事

(1)尊敬长辈,就要勤学技术,自立自强,为长辈创造更好的颐养天年的环境。

(2)尊敬长辈,首先要尊敬长辈的生活方式和自主选择,同时提供更多的便利使长辈感受到我们对他们的关爱。

(3)尊敬长辈,就要对长辈放手,就要创造条件,使他们有自己的生活方式。

(4)尊敬长辈,就要承担起对父母应尽的赡养任务,更要尽心尽力满足父母在精神方面、情感方面的需求,特别对年迈的父母,更要精心照顾,耐心安慰,让他们享受到亲情,享受到与儿女在一起的快乐时光。

四、修炼实践

1.拓展阅读

(1)阅读下面的故事,体会故事中的人间真情。

蔡壮杰,男,1946年9月出生,党员,在樟山镇当过23年的村干部,多次被评选为市、区人民代表大会代表。他不但是一位优秀的共产党员,对工作兢兢业业,而且还是一个受乡邻村民交口称赞的孝子。

其父1949年前曾担任国民党某师的政工处处长,解放后加入共产党当了多年政协委员,是个颇具传奇色彩的人物。

随着二老年纪越来越大,生活上的不便也越来越多。为了能使父母晚年过上舒心安逸的日子,蔡壮杰和妻子付出了很多。由于母亲身体不太好,蔡壮杰和妻子每天都有一人专门照顾母亲的起居,端屎倒尿,抹澡擦身。天热时为避免母亲生褥疮,每天都要为其按摩三四个小时,虽累得腰酸背痛,手掌肿胀,却从无怨言。邻居们看了,都为老母亲能有这样的儿子、儿媳感到欣慰。父亲是个地道的文化人,蔡壮杰夫妇不但在生活上无微不至地照顾父亲,更重视父亲精神上的需要,为父亲订了多份杂志和报纸。父亲眼睛不好,蔡壮杰每天早晚为父亲读报讲书,使父亲身处农村却知天下事,最大限度地丰富了父亲的精神生活。

在蔡壮杰夫妇的言传身教下,三个子女也特别孝敬老人。在家读书时都能为父母分忧,并照顾爷爷奶奶。如今三个子女虽然个个在外事业有成,仍都经常打电话安慰老人,时不时地寄钱寄物,惹得村民都十分羡慕这对90多岁的老寿星。

(2)阅读《敬老、爱老、助老倡议书》,做敬老爱老助老的中职生。

敬老、爱老、助老倡议书

中职生朋友们:

一个幸福和谐的社会不仅是物资繁荣的社会,也必须是真情洋溢的温馨社会。德乃人之本;孝为德之先。孝亲敬老作为中华民族几千年灿烂文化之精华,源远流长。古往今来,多少敬老、爱老、助老的故事被传为千古美谈。如今,随着我们物资生活的丰富,作为新时代的青少年更要维护好我们的精神家园,秉承尊老、敬老、助老的传统美德,了解爱的内涵,体验爱的情感,懂得爱的责任,学会爱的奉献。让我们携起手来,为和谐中国奏出最强音。为此,我们向全体中职生发出敬老、爱老、助老倡议。

一、遇身边老人,给一张笑脸。要以儿女之心对待身边的老教师、老同志以及社会上的每一位老人。让敬老、爱老、助老的美德在我们身边蔚然成风。用我们的灿烂笑容感染老年人，与老年人同乐。"笑一笑，十年少。"老人们的健康快乐是我们最大的幸福。

二、敬家中长辈，做一件实事。为家中的老人洗一次脚、锤一次背、梳一次头、做一道菜，让老人切实感受我们晚辈的孝心和敬意。

三、关爱孤寡老人，参与一次志愿活动。如帮助老人整理家务、烧水、做饭，陪老人聊天、读书、下棋，让老人切实感受到社会的温暖。

同学们，百善孝为先，孝是人类与生俱来、万古长存的美德。让我们赶快行动起来吧！以真心敬老，以热心爱老，以实际行动助老。让我们用行动感染身边的每一个人，为创建和谐社会做出自己应有的贡献，使全社会形成共同关心、关爱老人的良好氛围吧！

我的父母

当你还很小的时候，

他们花了很多时间教会你用勺子吃东西，

教你穿衣服，绑鞋带，系扣子……

教你洗脸，教你梳头发……

教你擦鼻涕，擦屁股……

教你做人的道理。

你是否还记得，你练习了很久才学会的第一首儿歌？

你是否记得你经常逼问他们你是从哪里来的？

所以，当他们有天变老时，

当他们想不起来或者接不上话时，

当他们啰啰唆唆重复一些老掉牙的故事时，

请不要怪罪他们。

当他们开始忘记系扣子、绑鞋带……

当他们开始在吃饭时，弄脏衣服……

当他们梳头发时，手开始不停地颤抖……

请不要催促他们。因为你在慢慢长大，而他们在慢慢变老……

只要你在他们眼前的时候，

他们的心就会很温暖。

如果有一天，当他们站也站不稳，走也走不动的时候，

请你紧紧握住他们的手，陪他们慢慢地走……

就像……

就像当年他们牵着你一样。

极其平凡却又深厚的感情留在他们和我的心里，陪伴我们走过一生……

2. 我来设计

给父母写一封倾注自己感情的信，让父母得到心灵的慰藉。

3. 心灵氧吧

• 父母之恩，水不能溺，火不能灭。——苏联谚语

• 家贫知孝子，国乱识忠臣。——《名贤集》

• 孟子曰："人人亲其亲，长其长，而天下平。"——《孟子·离娄上》

• 劳苦莫教爹娘受，忧愁莫教爹娘耽。——《劝报亲恩篇》

第七节 诚实守信为立身之本

纵观古今中外历史,不论哪个时代、哪个国家、哪个社会,诚信的人始终都为社会所称赞。在长期的社会实践中,中华民族形成了"重承诺、守信义"的优秀道德传统,留下了诸如"千金一诺""一言既出,驷马难追"等许多千古名言。"诚"就是诚实、真诚。在日常生活中要做到说老实话、办老实事、做老实人,不欺人、不做作、不遮短。"诚"不仅是一个人为人处事的方法和态度,而且是借以体现人的道德素质的重要态度。"信"就是要守信、讲信用。在生活中要始终遵守自己的承诺,不论对自己或者对他人,凡是自己承诺的事情就一定要做到。英国作家萨克雷说过,播种行为,可以收获习惯;播种习惯,可以收获性格;播种性格,可以收获命运。外部环境、制度等都能对青年人的诚信产生影响,但这些都只是从外部产生作用。要从根本上解决问题,还是要从青年人内在的修养做起,坚定自己的道德信念,以严格的个人修养约束自己。只有做一个诚实守信的人,才能获得他人和社会的信任,而这也是成功的关键。当代青年人都应该确信诚信的重要性,并使自己明确:诚信,是自己人生通往成功的通行证!

一、诚信是中华民族的传统美德

数不胜数的诚信人有如繁星,在历史的长河中熠熠生辉。商鞅立木取信,获得百姓信任,从而推行了新法;奭骓不负所托,赢得世人尊敬;季札挂剑,了却徐国国君心愿,被传为千古佳话。时空变幻,而诚信依然在散发其光芒。

相关链接

"立木为信"与"烽火戏诸侯"的对比

春秋战国时期,秦国的商鞅在秦孝公的支持下主持变法。当时处于战争频繁、人心惶惶之际,为了树立威信,推进改革,商鞅下令在都城南门外立一根三丈长的木头,并当众许下诺言:谁能把这根木头搬到北门,赏金十两。围观的人都不相信如此轻而易举的事能得到如此高的赏赐,结果没人肯出手一试。商鞅又将赏金提高到五十金。结果,终于有人站起将木头扛到了北门。商鞅立即赏了他五十金。商鞅这一举动,在百姓心中树立起威信,而商鞅接下来的新法也很快在秦国推广开了。新法使秦国渐渐强盛,最终秦国统一了中国。

而在商鞅"立木为信"的地方,早它400年时,却发生过一场令人啼笑皆非的"烽火戏诸侯"的闹剧。

周幽王有个宠妃叫褒姒,为博取她一笑,周幽王下令在都城附近20多座烽火台上点起烽火——烽火是边关报警的信号,只有在外敌入侵须召诸侯来救援的时候才能点燃。诸侯见到烽火,率领兵将们匆匆赶到,弄明白这是君王为博妻一笑的花招后愤然离去。褒姒看到平日威仪赫赫的诸侯手足无措的样子,终于开心一笑。五年后,酉夷太戎大举攻周,幽王烽火再燃而诸侯未到——谁也不愿再上第二次当了。结果,幽王被逼自刎,而褒姒也被俘虏。

一个"立木取信",一诺千金;一个帝王无信,戏玩"狼来了"的游戏。结果前者变法成功,国强势壮;后者自取其辱,身死国亡。可见,"信"对一个国家的兴衰存亡都起着非常重要的作用。

二、恪守诚信

青少年要做到恪守诚信,就要对自己讲的话承担责任和义务。言必有信,答应他人的事,一定要做到。一诺千金。言必信,行必果。同他人约定见面,一定要准时赴约。上学或参加各种活动,一定要准时赶到。要知道许诺是非常慎重的行为,对不应办或办不到的事情,不能轻易许诺,一旦许诺,就要努力兑现。如果我们失信于人,就等于贬低了自己。如果我们在履行诺言过程中情况有变,以至于无法兑现自己的诺言,就要向对方如实说明情况并表示歉意。这与言而无信是完全不同的两件事,所以说树立诚信要从点点滴滴做起。

▶▶ 修炼提示

我们发扬诚实守信的传统美德,要把"江湖义气"与恪守诚信区别开来,认清"江湖义气"的实质和危害,不被这种旧社会遗留下来的坏习俗所污染,做到恪守诚信。

诚信,是做人处事的基本原则,也是治理国家必须遵守的规范,调节着人与人之间的关系,维系着社会秩序。

做人需要诚信,诚信可以赢得尊严;经商同样需要诚信,诚信可以赢得市场。

1.诚信是支撑社会道德的支点

诚信是我国传统道德文化的重要内容之一。"诚信者,天下之结也",就是说,讲诚信,是天下行为准则的关键。在我国传统儒家伦理中,诚信被视为治国平天下的条件和必须遵守的重要道德规范。古代圣贤哲人对诚信有诸多阐述。比如孔子的"信则人任焉""自古皆有死,民无信不立""人而无信,不知其可也""民以诚而立"。孟子论诚信"至诚而不动者,未之有也;不诚,未有能动者也"。荀子认为"养心莫善于诚"。墨子曰"志不强者智不达,言不信者行不果"。老子则把诚信作为人生行为的重要准则:"轻诺必寡信,多易必多难。"。庄子也极重诚信:"真者,精诚之至也。不精不诚,不能动人。"庄子把"本真"看作是精诚之极致,不精不诚,就不能感动人,这就把诚信提高到一个新的境界。韩非子则认为"巧诈不如拙诚"。总之,古代的圣贤哲人把诚信作为一项崇高的美德加以颂扬,生动显示了诚信在中国人心目中的价值和地位。从古到今,人们这么重视诚信原则,其原因就是诚实和信用都是人与人发生关系所要遵循的基本道德规范,没有诚信,也就不可能有道德。所以诚信是支撑社会道德的支点。

2.诚信是法律规范的道德

诚信原则逐步上升为一种法律原则始自《罗马法》,后来被法制史中重要的《民法》所继承和发展,比如《法国民法》《德国民法》《瑞士民法》等。如《瑞士民法典》总则中的第二条规定:"任何人都必须诚实地行使其权利并履行其义务。"

诚实信用也是我国现行法律一个重要的基本原则,在《中华人民共和国民法通则》《中华人民共和国合同法》《中华人民共和国消费者权益保护法》中都有明确的规定。由于其适用范围广,且对其他法律原则具有指导和统领的作用,因此又被称为"帝王规则",可见"诚实信用"并非一般的道德准则。在诚实信用成为法律规范的时候,违反它所承受的将是一种法律上的责任或者不利于自己的法律后果。这种法律后果可以是财产性的,也可以是人身性的;可以是民事的、行政的,甚至可以是刑罚。因此,诚实信用又是支撑社会法律的支点,是法律规范的道德。

3.诚信是治国之计

诚信为政,可以取信于民,从而政通人和。倘若言而无信、掩人耳目、弄虚作假,社会就无从安定。古有"欺君之罪"。"欺君"不仅冒犯了帝王的尊严,而且还会误导其决策,祸国殃民。"欺民"亦不可,所以有"水可载舟,亦可覆舟"之说。中国古代有商鞅"立木树信"的事迹,也有不讲诚信而自食恶果的"烽火戏诸侯"事件。中国古代思想家更是把"诚信"作为统治天下的主要手段之一。唐代魏征把诚信说成是"国之大纲",可见"诚信"的重要性。

当前党和国家提出的"以德治国",是以诚信为政的体现,也是对我国优秀政治思想的继承和发扬。落实"以德治国",贯彻《公民道德建设实施纲要》,在全社会倡导诚实守信的精神品质,是对优良传统的继承,也是时代的要求。

4.诚信是行业立身之本

诚信是为人之道,是人立身处事之本,是人与人相互信任的基础。讲信誉、守信用是对自身的一种约束和要求,也是外人对我们的一种希望和要求。如果一个从业人员不能诚实守信,那么他所代表的社会团体或经济实体就得不到人们的信任,无法与社会进行经济交往,或对社会缺乏号召力和响应力。因此,诚实守信不仅是社会公德,也是任何一个从业人员必须遵守的职业道德。

诚实守信作为职业道德,对于一个行业来说,其基本作用是员工为企业树立良好的信誉,树立值得他人信赖的行业形象。它体现了社会承认一个行业在以往职业活动中的价值,从而影响该行业在未来活动中的地位和作用。"人无信不立。"对一个行业来说,同样只有守信用、讲品德,才能从根本上做好行业品牌、树立良好的行业形象。

三、现代诚信是对传统诚信的传承与超越

作为中华民族的传统美德,诚信和其他优秀文化传统一样,在不同时代有不同的特点;每一个时代又都会赋予它不同的内涵,都会为它打上政治、经济和阶级的烙印。作为一种道德规范,现代诚信既是对传统诚信的传承,又是对传统诚信的发展和超越。和传统诚信相比,现代诚信有如下特点。

一是调整社会生活的内容更为广泛。传统的农耕社会,是自给自足的自然经济。由于受生产力发展水平限制,交通落后,信息闭塞,人的活动范围很小,人与人之间交往的范围很窄,交往的频率很低。除了少数经商的人群外,社会生活主体人群之间的交流一般只局限于亲戚、朋友和熟人之间。而诚信作为一种道德规范,它调整的是人与人之间的交流与交往,如果调整主体缺失,这种规范对社会生活的作用也就会降价。曾子曰:"与朋友交而不信乎?"《礼乐记》中有:"著诚去伪,礼之经也。"可见,在古代,儒家所推崇的"信"也多是朋友之"信"。在"修身,齐家,治国,平天下"的儒家大义中,"信"在很大程度上只局限在"修身齐家"这一层面上。现代社会生产力水平大大提高,信息畅通,交通方便,人类社会逐渐由农耕文明走向商业文明。人与人之间的交流范围扩大,交流的机会增多,交流合作的形式也逐渐多样化,交流的对象也由熟悉的人群扩展到陌生的人群,特别是在全球一体化的今天,信息网络化,经济全球化,人与人之间、企业与企业之间、团体与团体之间、城市与城市之间、国家与国家之间的交流与合作日益频繁。诚信这一道德规范的调整范围已扩展到社会生活的方方面面,小到熟人朋友的日常生活交往,大到国家政治经济组织之间的交往与合作。现代诚信已超越传统意义的诚信,具有更深广的内涵,已从"修身齐家"的层面扩展到"治国平天下"的层面。十六大提出了实行依法治国和以德治国相结合的治国方略,其中"德"的重要内容便是"诚信"。

二是诚信缺失的危害更大。由于农耕文明时代人们的交流仅限亲戚、朋友、熟人之间,因此诚信的缺失往往会伤害亲戚朋友熟人的感情,失朋友之"义",是个人修养缺失、道德取向出现偏差的表现,是人性堕落的表现。同样,现代诚信一旦缺失,不但个人失去立身之本,而且还会影响一个企业、一座城市、一个民族、一个国家的生存和发展。一言足以兴邦,一诺岂止千金。一次金融诈骗,可导致上亿元的资金流失;一纸合同不履行,会使一个企业破产;一言承诺失信,可使一个国家威信扫地。

行业老大骄人业绩背后的诚信故事

年产大苏打4万吨,产量列全国之冠;每年出口大苏打接近1万吨,占全国出口总量的一半以上,这是江滨化工二厂近年来取得的骄人业绩。在这些成绩的背后,是一个又一个诚信的故事。

企业改制以后,有人劝董事长陈广涛:现在不少私营企业逃税、避税现象很普遍,你何不也在账面上做些技术处理,少反映一些销售、利润,这样对企业、对股东都实惠。陈广涛对此并不领情,他说:"遵纪守法、按章纳税,是每一个企业和公民应尽的义务。再说,我们之所以有今天,离不开改革开放的好政策,离不开各级政府为我们营造的创业环境。"20多年来,工厂从来没有拖欠过国家一分钱税款;相反,这几年,他们每年都拿出20多万元,用于村级道路建设、农网改造、扶贫济困等社会公益事业。

有一次,厂里为一日本客商生产50吨大苏打。接近交货期时,该厂发现其中有5吨产品外观达不到要求,虽不影响产品的使用,但董事长陈广涛还是果断撤回这批产品,并组织工人连夜加班重新生产,确保按时交货。由于该厂对产品质量一丝不苟,从而赢得广大客户的信赖,订单络绎不绝。

近年来,由于国家严格控制新批大苏打生产企业,无形中给江滨化工二厂带来了利好机遇,产品一直处于供不应求、带款预货状态。于是有人建议陈广涛趁此机会适当提一些价。当然,陈广涛也曾算过这笔账,如果每吨价格上浮50元,按全年4万吨产量计算,就是200万元哪!陈广涛在股东大会上说,这样做,对我们在座各位当然有好处,但企业几十年来所创立的声誉将受到影响。这难道是200万元能弥补得了的吗?

四、青少年要做好诚信,一定要注重身边的小事

1.不要老强调自己诚实

许多人经常讲"我最痛恨别人说谎""我不屑用欺诈手段"等话,但在不容许别人说谎的同时,却原谅自己大大小小的谎言。

诚实不是自己说出来强加于别人的脑袋中,而是你所做出的行为要有使人信服之处,从而判断你是个诚实的人。过分强调自己诚实,往往让人由怀疑而生警觉。

2.要主动自揭缺点

自揭缺点,容易使人原谅,也感到你诚实的一面。对众人皆知的缺点,还加以掩藏的话,这是自欺欺人的表现。

3.不要扮通天晓

许多人自认什么都难不倒他,别人说什么话题,都一概扮作内行,因而容易让人觉得他虚伪。知道的事可以说出来大家研究;对于不太清楚的事,就应立刻表示不清楚,并请别人解释一番。这样做,以后你所说的话可信程度就会提高,因为别人知道你不是个故作专家的人。

4.语调清晰且肯定

说谎的人有两种语调表现:一是嗫嗫嚅嚅;一是快而无间。说话语调较慢,有条理地向对方解释,才能给人以镇定、冷静和诚实的感觉。说话内容要经得起推敲和研究,才要给人留下诚实的印象。

5.约会要守时

约会守时是极好的德行,为了表示对别人的重视,不妨每次约会均早到一些,哪怕只是5分钟也是好的,假若对方有一次也是早到,就会了解你是个有诚意且守信用的人。

6.别小看小额金钱

身上没有零钱,向同事或朋友借数元或十元,是很普通的事。有些人不重视这种小额金钱,第二天就忘了那回事,这显示其人不重信诺。诚信不是一定要从大处看的,在细节上都能兼顾,这才是一个全面值得信赖的人。事实上,纵观当今世界各地的大富豪,问问他们身边侍奉的人,十居其九说其主人不是个小气的人。他们是否小气不得而知,但他们从不忽略小节乃是事实。如果不事事计较,又怎能牢固他们的事业王国呢?根基不稳,多么好看及巍峨的建筑物,也经不起风雨考验。当然,待己以严可以得到别人的信任;待人太严就要弄巧成拙了。

7.要有责任感

不要为自己的过失再三辩护,应立刻找出改善的方法,才能给人积极及诚意的感觉。上班迟到是很普遍的过失,不幸为了一点事阻碍而迟到,上司要求解释时,一般的雇员是照说事实,或编一个更易让人接受的借口。聪明而有责任感的人则不然,只是非常简单地说出事实,随即表示歉意就不再多做解释。因为尽管理由有多充分,迟到已是事实,不能改变。

8.要勇于认错

人与人之间的交往,乃由无数的错与对以及各种矛盾织成的。很多时候无意说了些让对方难堪的话,这时就必须道歉,不要仗着有深厚的交情而胡混过去。

写一张道歉卡是最佳的道歉方法,比一句对不起来得要有诚意,对上司、同事、朋友,甚至对手,都管用。

不过,要避免过于滥用,平日还是要多检点自己的言行。多次道歉不但让人失望,也严重损害了自己的尊严。

9.先提醒,后进言

有时候,你不得不向对方说些他不愿听的事,你可以预先给对方一个明示。例如,要指出对方一项错误时,可先说"不知我应不应该说,怕你对我误解或不高兴",或"或许你不想听,但我有责任冒这个险告诉你",等等。对方有了心理准备,听来就不会过分震惊。

要说些让人愉快的事非常容易,但永不提对方一些瑕疵,永远地赞美,反会让对方怀疑你的居心。

10.要能使盛怒中的人相信

怒火会燃烧一切真理,使发怒者根本不会相信任何人说的话。若想向他们解释,首先应留一点时间冷却对方的情绪,然后再逐一解释。

互相持有不同意见时,必须细心聆听对方完整的话,再给以建议。肆意截断别人的话题,让对方不满,也就影响了别人对你的信服程度。

11.复述对方的要求

对于别人的说话不做反应,只以点头表示,易使对方产生被忽视的感觉。许多从事服务性行业的人,都有以上的毛病。

要使对方有被重视的感觉,从而加深对你的印象,在对方提出要求时,不妨简略地复述一次。在对方说话时,以声音表示你在专心聆听,如"噢,是吗""嗯""对"等等,对方会说得更起劲。

12. 提高自制能力

与人结交不能总互相发出大大小小的诺言，如"一定要戒烟"等。这虽然不是什么金科玉律，但在朋友面前，也必须严加律己。

随便许诺，总不履行，会影响别人对你的信任。信任之心是点滴累积的，从无数小事上，别人可判断你基本的为人状况。

13. 与人谈话时要专注

打电话时，你可以整理案头或在纸上涂鸦，对方也不知道；然而，与人直接沟通时，你的一举一动都逃不过对方的眼睛。一边与人对话，一边做其他事情，给对方没趣的感觉，也有下逐客令的意思。

你一直都专心与人谈话，到结尾时，对方道别，你忙不迭整理桌上的东西；对方才走到办公室门口，你即拿起电话在拨键盘。这都会给对方留下不良印象，从而对先前彼此愉快的沟通，打了折扣。

14. 衣着表诚意

许多人以为穿着随便，是自然洒脱的表现，但是在别人眼中，可不这么想。当你应邀到朋友家中用晚餐，发觉主人一家都穿上整齐而漂亮的衣服迎接，此时你的心中，定会产生"我很重要"的感觉。同样地，你赴约时穿戴整齐，也可给对方留下良好印象，这也是诚意的表现。

15. 小动作破坏诚意

心理学家透露，双臂环抱胸前，及叠起双腿的人，有一种强烈的自我保护及抗拒对方的意味。与人交谈时，切忌做任何小动作，如弄头发、搔痒等。一般人心情紧张时，便不自然做出一些小动作，这会给人自信不足的印象。最好是双手放在身后，挺直腰板表示自信及诚意。

五、修炼实践

1. 拓展阅读

从马云先生的例子简单谈谈在从业路上如何做好"诚信"？

马云诚信做人的故事

马云先生毕业于杭州师范学院英语系。这个学校以往都是培养中学老师的，不过由于马云学业和社会工作都非常优秀（做过学生会主席和杭州学联主席），成为杭州师范院历史上第一个被分配到大学做老师的学生。在毕业的时候杭师院的校长在校门口找马云谈话，要求他至少在那个学校待五年，否则以后的师弟师妹们也许再也没有机会到大学去任教了，马云先生答应了。

做大学老师的第一年，每月的工资是89元。而那个时候如果去广东做英语翻译，每月的工资可以到1000元以上，但为了信守那个不待五年不离开的承诺，他没有离开。几年后，当他的工资涨到每月120元的时候，如果去做翻译月薪是3600元，但因为没到五年，他仍然没有离开。就这样，他在那个大学当了六年半的老师，教出了一批好学生（考试名列前茅的学生中总是以他的学生居多，在那个学校号称"马家军"），自己也成了该校的十大优秀青年教师之一。不过由于看到其他机会，也完成了当初的承诺，他还是选择离开。

所谓性格决定命运，马云先生用自己的故事给大家上了非常生动的一课。试想如果不是这种诚信为人的人格魅力，怎么会有那么多人愿意跟随马云一同创业，甚至在关键时刻为马云两肋插刀提供帮助呢！

而如果不是因为诚实守信，马云提前跑到南方做翻译，那么他很可能错过创办阿里巴巴这样的机缘,与成功擦肩而过。厚积薄发,天时地利成就了今天的马云。

诚信不是口号,要做事,先做人。这个世界上还有比让别人充分信赖更有价值的事么?得到了别人的信赖将会有很多事情变得简单!

2.心灵氧吧

- 生命不可能从谎言中开出灿烂的鲜花。——海涅
- 言不信者,行不果。——墨子
- 诚实是力量的一种象征,它显示着一个人的高度自重和内心的安全感与尊严感。——艾琳·卡瑟
- 民无信不立。——孔子
- 人类最不道德处,是不诚实与怯懦。——高尔基
- 没有诚实何来尊严。——西塞罗
- 当信用消失的时候,肉体就没有生命。——大仲马
- 真话说一半常是弥天大谎。——富兰克林

第八节　纯真友情乃宝贵财富

一、友谊是人们在交往活动中产生的一种特殊情感

友谊与交往活动中所产生的一般好感是有本质区别的。友谊是一种来自双向关系的情感,是双方共同凝结的情感,任何单方面的良好,不能称为友谊。友谊以亲密为核心成分,亲密性也就成为衡量友谊程度的一个重要指标。

相关链接

伯牙绝弦

伯牙擅长弹琴,钟子期善于欣赏(倾听)。伯牙弹琴时,心里想到高山,钟子期便说:"真好听啊,我仿佛看见一座巍峨峻拔的泰山屹立在我眼前!"伯牙心里想到流水,钟子期便说:"真好听啊,我仿佛看见了奔腾不息的江河!"总之伯牙心里想的,钟子期都能从琴声中知晓。钟子期死后,伯牙觉得世上再也没有知音了,于是摔破了琴,弄断了琴弦,决定一生不再弹琴。

此后,由于这个故事,人们把"高山流水"比喻知音难觅或乐曲高妙,把"知音"比作理解自己心意、同自己有共同语言的人,"伯牙绝弦"一词也渐渐演变成一种意思:由于知音逝世,从而弃绝某种特长或爱好,表示悼念。

马克思和恩格斯的友谊

马克思和恩格斯的友谊是人类友谊的典范。从1842年马克思和恩格斯第一次会晤起,40年里,他们在领导国际共产主义运动的伟大斗争中,团结作战,患难与共,建立了真挚的友谊。由于革命斗争需要,他们曾身处两地近20年,但他们之间的关系不仅没有因此而疏远,反而联系越来越密切。他们几乎每天都要通信,交谈各种政治事件和科学理论问题,共同指导着各国的无产阶级革命运动。马克思不仅十分钦佩恩格斯的渊博学识和高尚人格,而且对恩格斯的身体也很关心。有一个时期,恩格斯生病,马克思时时挂在心上,他在给恩格斯的信中说:"我关切你的身体健康,如同自己患病一样,也许还要厉害些。"恩格斯为了"保存最优秀的思想家",在经济上资助贫困的马克思,使其能专心致力于革命理论的研究(他违背自己本

来的意愿,到父亲经营的公司中去从事那"鬼商业"的工作)。当《资本论》第一卷付印的时候,马克思给恩格斯写信说:"其所以能够如此,我只有感谢你!没有你为我的牺牲,我是绝不可能完成三卷书的巨大工作的。我以满怀感激的心情拥抱你。"恩格斯尽管做出了巨大牺牲,但他始终认为,能够同马克思并肩战斗40年,是一生中最大的幸福。马克思与恩格斯之间的这种崇高的革命友谊,正如列宁所赞扬的,它"超过了古人关于友谊的一切最动人的传说"。

人生的道路很长远,如果要自己一个人走下去的话,几乎看不到尽头。所以每个人都希望自己的身边有个人陪伴着自己,那样的话,孤独的心就不再孤独了。友谊也能让冷漠的心融化,变得无比坚强和自信,从此就会温暖了。如果你仔细留意的话,每个名人作家的身边都是有很多朋友,也因为这些朋友而得到"不可估计"的成功。比如说海伦·凯勒,她是个又聋又哑的女作家,最终奇迹般学会了各国语言,轰动了整个欧洲。但是,如果在她的生命里没有她的老师和朋友的话,她根本不可能学会说话,成为家喻户晓的杰出人物。

二、纯真的同学友情是珍贵的

作为青少年,同学间的纯真友情更是人生宝贵的财富。同学情至纯至真,像玉壶冰心,似银色月光,让人心透明,让人心生温馨。它没有名利的杂质,没有物欲的浊流,只有共同走过的一段黄金岁月。

每一个人的成长初期,都是在学校度过,都是和同学一起度过,那些模糊而清晰的记忆,让人终生难忘。同学情,是一种默契的情意。无论在任何时候、在任何地方大家都会为你的喜悦而欢歌笑语,为你的忧伤痛苦而奉献一份温暖、一份爱心,一份慰藉、一份情意。同学情,是一世的情!

毕业了,天各一方,缘于各种因由,好多同学彼此失去了联系。多年后,有的人已经很富有,有的人走上了仕途,有的人尚没有什么起色,但一旦不期而遇,竟毫无陌生的感觉。同学间不论你现在在做什么工作,都可以互相调侃,口无遮拦,畅所欲言:"你怎么这么胖了,胖得像头猪""哥们,还没变呀""老兄,头发都白了啊"。一句"老同学",彼此的关系拉近了,彼此间的戒心荡然无存。在老同学面前,没人会因为你的社会地位高而抬举你,也没人因你社会地位低而歧视你。

三、纯真的同学情是要用心呵护的

(一)同性同学交往,贵乎交心,拒绝帮派

我们提倡友谊,这种友谊应该纯正,不应掺杂不良的意图和行为。可是有的同学却发展成帮派。小组的成员彼此抱成一团,谁要是得罪了其中的一个成员,那么全体成员都会和那人过不去;如果老师和其中的某一个同学产生矛盾,全体成员都会和老师对立。还有的同学形成自己的小圈子后,看不起其他同学,将同学分成"三六九"等,相互排斥。还有的同学形成团伙后,常邀邀约约,或上网吧,或进游戏机室,抽烟、喝酒,沾染社会上一些庸俗习气。凡此种种都是与正常同学间友谊背道而驰的,对个人、社会都会带来破坏与灾难。造成这种情况的原因,主要有两方面:一是有的同学搞不清"友谊"和"哥们义气"的界限;二是有的同学胸无大志,对学习不感兴趣,于是与"气味相投"的落后者结为好友,以吃喝玩乐来消磨时光。

青少年结帮派的危害非常大,所谓的"兄弟"经常集结在一起,一起出去玩,一起出去闹事。他们也会模仿黑帮讲所谓的江湖义气,哥们有事,一定要帮忙,往往引发校园暴力或社会

暴力事件,甚至引发血案,走上犯罪的道路。

相关链接

某日 22 时,洪某和刘某在某车队门口与陈某、王某、潘某发生口角(双方事先并不认识)。洪某和刘某打电话叫来张某、张某涛、张某潮帮忙教训人。他们手持木凳、砖头和竹棒等对陈某、王某、潘某大打出手,致使陈某左手骨折,潘某头部破裂,王某身体多处软组织裂伤。后经当地人民检察院批准,张某、洪某、刘某、张某涛、张某潮等被执行逮捕。犯罪嫌疑人年纪最大的仅 17 岁,最小的 15 岁。打架起因竟仅是因为看不顺眼陈某等人,并仗着自己有几个好"兄弟",随时可以叫来"处理问题"。

以下是派出所刑警中队中队长与打人致伤的犯罪嫌疑人张某的对话。张某年仅 15 岁,可打架闹事在他口中竟如家常便饭般寻常,而且还自认为打架斗殴是一种帅气的举动。

问:你这头发怎么留得那么长,还染成金黄色?

张某:这还不够帅,我想染成全白色的。白色才够狠,让人一看就害怕。

问:你为什么不去上学?

张某:读不进,一上课就想睡觉。

问:你为什么要打架斗殴?

张某:兄弟被人欺负,不帮能行吗?

问:伤者都入院了。你为什么操起砖头就打人,如此凶狠?

张某:打得狠,才够威风。

问:万一打死对方,你的前途不也完了吗?

张某:……(沉默)

(二)异性同学交往贵乎坦然,拒绝早恋

早恋百害无一利!有人说,早恋是一朵不结果实的花。不仅如此,早恋还对中学生的学习和生活造成了很大影响,中学生应尽早认清早恋的危害,时刻敲响警钟,避免产生不当的恋情。一般认为,早恋对青少年的危害表现在以下几个方面。

1.影响学习和生活

有的青少年错误地认为"只要两个人志同道合,谈恋爱不会影响学习",或者认为"相爱产生动力,促进两人学习"。实际上,早恋者往往以恋爱为中心,以对方为航向,感情为对方所牵制,学习分心,成绩下降。许多早恋者交往虽然很隐蔽,最终还是被家长、老师发现,主要原因是学习成绩下滑、行为怪异,引起家长、老师的注意,查出实情。

2.早恋更容易使人受到伤害

青少年思想还不稳定,恋爱中容易产生矛盾;心理上不成熟、脆弱且耐受力差,容易在感情的波折中受到伤害。有的青少年因早恋受挫怀疑人生,怀疑是否有真正的爱情,给自己的感情生活投下阴影,影响成年后的婚姻生活。

3.早恋者容易出现性过失

青少年性意识萌发,对异性欲望强烈,容易激动;其感情难以自控,行为容易冲动,容易凭一时兴致而不计行为后果,从而出现一些越轨行为,如未婚性行为、未婚先孕。这些行为一旦出现,会让当事者羞于见人,担惊受怕,即使当时不觉得怎样,但日后造成的挫折感、自卑感是无法用语言来形容的,对成年后感情生活的影响,往往也是难以弥补的。在一个对性犯罪罪犯进行的调查中发现,首次出现性犯错的年龄在 15～19 岁之间者,男性占 50.1%,女性占

71.9％;反过来讲,青少年时性犯错与他们日后走向犯罪道路有着不容否定的因果关系。

4.早恋极难成功

早恋的盲目性和不成熟性使早恋者极少能走向婚姻的殿堂。父母、学校的干预,两人感情的裂痕,升学、转学、工作等太多的因素都能使早恋这个不健康的婴孩中途夭折。据一份对大中学生的调查资料显示:有恋爱史的学生中,有42.9％的人在调查时已中断恋爱关系;有30.2％的人表面上虽然保持恋爱关系,但心中明白分手是迟早的事;仍然保持恋爱关系的仅占26.9％。即使早恋走向婚姻,这种婚姻的牢靠性也值得怀疑。美国社会心理学家研究发现,在离婚案件中,男子在23岁之前结婚的占的比例最高,而其中又以19岁结婚者为最。

相关链接

因早恋差点走上不归路

16岁的李某因为早恋,辍学离家出走,甚至为了男朋友,差点去贩毒,父母千方百计找到她,才没有酿成更大的人生悲剧。

李某来自一个幸福的家庭,爸爸妈妈都在政府部门工作,优越的家庭环境让李某一直都过得很幸福。在学校,她的乖巧与优异的学业成绩也让她深得老师和同学的喜爱。她的生活算得上是一帆风顺。"我以为我的生活会按照爸爸妈妈安排的那样一直乖巧地走下去,直到遇到了我当初的那个男朋友,他打乱了我生活中所有的平静。"李某说。

李某口中的那个男朋友是一个酒吧的调酒师,刚认识的时候会经常带她去酒吧。酒吧那种嘈杂与刺激的氛围让李某觉得很是刺激:"那样的生活跟我平时的生活太不一样了。"李某说:"很新奇、很刺激,甚至让我觉得从前的生活是多么的乏味。"

李某跟那个调酒师开始谈恋爱以后,开始产生厌学情绪。为了出去玩,刚开始是逃学,后来被家里知道以后,就辍学离家出走了。

在离家出走之后,李某迅速跟男朋友同居了。半年后,她发现自己怀孕了:"堕胎的感觉很难受,可是让我觉得是我们两个人在一起承担一件事情。后来发现他还吸毒。那个时候因为感情的冲动我差点跟他们一起贩毒了,只是恰好那个时候,我爸爸妈妈找到了我,把我强行拉回家了。"

学校早恋自食苦果

张某是某一卫校的学生,在一次同学聚会上认识了一所中学的刘某,她相信所谓的一见钟情,与刘某互留QQ号码。此后,她与刘某长期网聊,很快建立了恋爱关系。渐渐地,他们不满足于网络联系。见面后,两人感情快速升温。彼此产生了强烈的厌学情绪,经常逃课,一起到处游玩。不久,他们发生了两性关系,在外租房同居并辍学。由于不敢向家长讲,双方家长每月给的生活费又不够,于是他们在某一深夜抢劫了一位老人看守的小报亭。很快,他们被抓捕归案,等待他们的将是法律的制裁和无尽的痛苦。

修炼提示

珍惜同学间友情,让友情健康发展才是我们中职生应该做好的。首先我们要热爱我们身边的同学,互相真诚地帮助,不因同学间一点小矛盾而怀恨在心,甚至打击报复;应与每位同学保持良好的关系,不拉小圈子,不拉帮结派,不以"哥们"相称;坦然交往,异性同学之间保持一定的距离,坚决拒绝早恋。

四、修炼实践

1.思考

(1)"真正的友谊是远离某种需要的。"你是如何理解这句话的?

(2)看看身边的同学有多少和你建立了真正的友谊,为自己拥有的纯真友情评估价值。

2.心灵氧吧

• 友谊,以互相尊重为基础的崇高美好的友谊,深切的同情,对别人的成就决不恶意嫉妒,对自己培养一种集体利益高于一切的意识。——奥斯特洛夫斯基

• 真正的朋友,在你获得成功的时候,会为你高兴,而不捧场;在你遇到不幸或悲伤的时候,会给你及时的支持和鼓励;在你有缺点可能犯错误的时候,会给你正确的批评和帮助。——高尔基

• 人生离不开友谊,但要得到真正的友谊才是不容易;友谊总需要用忠诚去播种,用热情去灌溉,用原则去培养,用谅解去护理。——马克思

• 真实的、十分理智的友谊是人生最美好的无价之宝。——高尔基

• 友谊像清晨的雾一样纯洁。奉承并不能得到友谊,友谊只能用忠实去巩固它。——马克思

• 有很多良友,胜于有很多财富。——莎士比亚

• 友谊的基础在于两个人的心肠和灵魂有着最大的相似。——贝多芬

• 万两黄金容易得,知心一个也难求。——曹雪芹

第九节 终生学习为发展之源

一、21 世纪是知识爆炸的时代

社会发展到 21 世纪,需要越来越多的"知识人"。一个国家,一座城市,要衡量它的先进与否,主要看这里人民知识的掌握程度。常言道"知识经济",知识是排在经济前面的。"知识人"的定义是:有学问的、关心公共事务的读书人。我国知识人有四个特质:第一是科技脑;第二是人文心;第三是中华情;第四是世界观。如果谁具备这四个特质,就应该是一个完美的"知识人"。

相关链接

孟加拉国著名学者、达卡大学前校长曼尼鲁扎曼·米亚教授认为,在 21 世纪,以美国为首的西方发达国家将在政治、经济、军事、科技等各个领域继续保持领先地位,发达国家与发展中国家,尤其是不发达国家之间的贫富差距还会进一步扩大。他说,在 21 世纪,全球经济竞争更趋激烈,以美国为首的西方发达国家将在现有的领先基础上,"在科技领域取得更多的突破,并利用科技成果,扩展自己的经济实力,捞取更大的国际市场份额"。米亚指出,21 世纪将是"知识世纪",谁能在科技领域占主导地位,谁就能在全球占主导地位。

我国改革开放四十年,人们走进改革开放新时代的同时,也走进了一个"知识爆炸"的时代。据互联网查阅,近 30 年产生的知识总量等于过去 2000 年产生的知识量的总和;到 2020

年,知识的总量将是现在的 3～4 倍;到 2050 年,目前的知识只占届时知识总量的 1%。这些数据正确与否无从考证,但确实能让人感受到:当今知识量大,知识老化速度快,每个人唯有不断地学习,终生地学习,才能在这迅变的时代中生存、发展和成功。

当我们融入社会,又会时时处处感受到有太多太多的知识需要我们去了解和掌握。每天,打开各类新闻媒体,各种信息便会蜂拥而至,如经济方面的"次贷危机""金融风暴",民生方面的"居民消费价格指数""恩格尔系数",科技方面的"月球探测工程""载人航天飞行",文化方面的"山寨文化""普世价值",环保方面的"生产能耗""化学需氧量",等等。要懂得这类名词的内涵及相关理论,还真须费点心思。倘若走进人群,会听到好些人在议论股市行情、石油涨跌、养生之道以及国际国内发生的新鲜事。如果我们不注重学习,不仅插不上话,有时连听也听得云里雾里。偶尔逛逛商店,看看商品上印的"质量体系认证""中国强制认证"等字样,估计有不少人似懂非懂。一句话,时下新名词、新知识、新事物出现的频率之高不是 30 年前可以比拟的。

如今高科技产品的不断推出,使人们的工作条件和生活质量得以大大改善,但又给我们增加了学习内容。如一台电脑交给我们,仅仅会上上网、玩玩游戏,连打印文件、发电子邮件、网上聊天等都不会,那就有点对不住它了;买了一款新手机,只会接打电话、发信息,而对其拍照、摄像、录音、传送音乐、使用蓝牙连接等功能从不沾边,那就没有充分享受到其实用性和趣味性。

随着开放的扩大,我们的语言表达方式也发生了明显变化。最有意思的是在讲汉语时会掺杂进一些诸如 WTO、CPI、CPU、ICU、MPA 等英文单词。虽说如此混用有失语言规范,然即能使人懂其含义又能使语言表述更为简洁,确是不争的事实。既然已普遍应用,不学一学势必影响与人交流。随着网络时代的来临,一种网络语言应运而生。什么"灌水、拍砖、顶、雷、晕"等网络用语,还有那如乱码般的火星文,尽管许多人见后极为反感,但网民们自得其乐地照用不误。久而久之,其被认可的范围越来越大,连一些报刊甚至文件上有时也引用部分网络语言,让人觉得今后不了解一点网络语言,真有可能会被人说成是"土老帽"。

"知识爆炸"不仅体现在知识量的扩张、知识更替的速度上,也体现在知识传播渠道的拓展上。就像人人置身于知识的海洋里,只要把全身的感官都调动起来,随时随处都可得到知识的滋润,拾掇知识的珍宝,汲取知识的营养。每个人应始终保持一颗纯真好奇的童心,以乐观、进取、坚忍的精神,去对待学习,不断为自己"充电",使自己尽享知识赐予我们的快乐、力量和果实。

作为中职生,在毕业时的起点比大学生要低,所以终生学习的观念就显得更为重要。

二、学习是全面提升个人素质的重要手段

这是一个竞争的时代,物竞天择的残酷法则难以变通。适者生存,市场不相信眼泪。在就业压力越来越大的今天,能找到一个比较理想的工作机会,不是一件容易的事情。职业生涯的每一次飞跃都是以学习新知识、建立新观念为前提的。要想在同龄人中脱颖而出,只有通过不断提高自身的竞争力,苦练内功,方可立于不败之地。

相关链接

跑得比谁快

两个人到树林里游玩,正当他们兴致勃勃地观赏自然景色时,突然发现一只大黑熊向他们跑来。两个人一时惊慌失措,但其中一个人马上冷静下来,迅速换上跑鞋。另一个人看着

他忙碌，不解地问："你换鞋有什么用呢？难道你还能跑得过熊吗？"

换跑鞋的人说："我不是要跑过熊，我只要跑过你就行了。"话音未落，已经蹿了出去。被狗熊追赶时，你可跑不过狗熊，但要跑过你的同伴，否则你将落入熊口。

如何战胜对手

在一次拳击比赛中，徒弟输给了对手。徒弟问师父："我如何才能战胜这个对手？"师父叫他把对手有多强在地上画一条线表示出来，徒弟画了一条很长的线。师父再拿起笔，在那条线下面画了一条更长的线，再问徒弟："现在你知道如何才能战胜他了吗？"

当今世界科技进步，经济发展迅速，知识已经成为最重要的生产要素和社会财富的主要源泉。在这个知识爆炸的时代，昨天的人才已不能保证今天还是人才；今天的人才，不能保证明天还是人才。面对到来的知识经济时代，无论是个人、企业，还是民族、国家，谁拥有的知识多，谁就容易在激烈的国际竞争中获得主动权。要获得知识，就无法离开学习。学习是我们在这个社会上立足、实现自身价值及永不被淘汰的法宝。

相关链接

学习铸就辉煌

在西门子公司的车间里，有一位从农村来的小伙子，在车间做杂活。这个小伙子憨憨的，平时也不爱说话，每天只是埋头干活。

员工们平时在工作之余会坐在一起聊天，说些笑话，或者打闹一番，但这个小伙子却很少在休息时间与人聊天。他总是站在一些生产设备前看个不停，一会儿动动这儿，一会儿摸摸那儿；即使说话，也是问工人一些生产的问题，有时候还饶有兴趣地和工人讨论一些产品的问题。

他的行为起初遭到同事们的嘲笑和不屑："怎么？难道你还想做技术工人不成？""怎么？还想自己开公司造这东西？"但他每次对这样的嘲笑和奚落都只是笑笑，并不在意。

没想到，两个月后的一天，车间的一台机器出了问题，技术师傅忙了半天也没修好，小伙子过来收拾了一会儿，机器居然又正常运转了！这让人大吃一惊。小伙子已经在这两个月中学习了产品生产的全过程，并且对机器的把握和操纵也非常熟练了。

主管对他的学习精神非常欣赏，很快就把他提升为车间的负责人。然而小伙子对此并不满足，依然像原来一样，抓住各种机会学习。他学习产品生产的其他知识，自学了外语，每个月还自费去总部参加培训。半年后，这个其貌不扬的小伙子成了总公司生产制造部的主管，两年以后又提升为经理，深得总裁信赖。

★讨论

到底是什么让一个资质平平的人从一个小伙计成为一个优秀的企业部门经理？

任何时候，你都不能满足于现有的知识，只顾一味"埋头拉车"。这种短浅眼光，会阻碍你百尺竿头更进一步的可能。一个停滞不前的员工，自然不会为老板所需。如果你在"拉车"的时候懂得"抬头看路"，把眼光放在远处，自我鞭策，自我栽培，自我锤炼，主动进取，积极向远方迈进，老板就会从内心欣赏你，认同你，接纳你。

微软公司是一个学习型企业，一贯倡导终生学习的理念。公司员工的学习理念是：70%的学习在工作中获得；20%的学习从经理、同事那里获得；10%的学习从专业培训中获取。学习也是一种有生存能力的表现，你不管有多聪颖，他人在不断学习，而你停止不前，到最后，你必定落后于人。我们中职生，不但要珍惜在校的每一个学习机会、生产实习机会，更应该在工作实践中不断学习,不断提高,不断向身边有经验的同事学习,积极参加各种专业培训,这样我们才能掌握最新的知识与技能,在职场中站稳脚跟。

三、从专业能力、社会常识、个人特长等方面加强学习

(一)专业能力的终生学习

中职生的专业能力包括专业知识与技能。专业知识与技能是指一定范围内相对稳定的系统化知识与技能。中职生在校只学习两年的专业知识与技能,可以说刚刚进入一个行业,更多的知识技能都应该是在从业过程中不断掌握的。而且当代社会科技发展迅速,一个行业新的生产模式、新的生产工艺换代很快,只有通过不断学习,才能立于不败之地。

相关链接

学习让他成功创业

刘昌金于 1995 年毕业于一所职业中学的电子电器运用与维修专业,毕业后,他到了深圳一家电子厂工作。在 20 世纪 90 年代,能够维修黑白电视机已经是优秀的人才了,但他却不满足,他看准电子行业的发展一定会十分迅猛,于是利用下班休息时间不断学习,掌握彩电生产与维修等技术。20 世纪 90 年代末,他决定离开公司自己创业。就在他这种不断学习的精神支持下,他自主创办了一家电子生产企业,现已拥有资产上千万。他的成功正是来源于他不断学习的精神。

(二)社会常识的终生学习

常识就是普通的知识、一般的知识。我们千万不要小看常识,有社会生活常识也是一个人综合素质的重要体现。长江有多长? 中暑了怎么办? 野外如何辨别方向? 这些问题就是常识。常识哪里来? 常识当然要靠我们不断地学习,不断地阅读来获得。

相关链接

世界首富也是一个知识巨富

比尔·盖茨也同样是一个饱读群书的人。虽然没有读完大学,但比尔·盖茨九岁的时候就已经读了很多的百科全书,所以他精通天文、历史、地理等各类学科。可以说比尔·盖茨不仅是当今世界上金钱的首富,而且也可以称得上是知识的巨富。

曾经有一位自以为学识渊博的哈佛大学毕业生信心十足地来到比尔·盖茨处面试,比尔·盖茨问:"请问你,你是哈佛大学毕业的吗?"

他说:"是的,准老板,比尔·盖茨,我是哈佛大学毕业的。"

"请问你,你很聪明吗?"

他说:"我是以第一名的成绩毕业的,应该智商还不错。"

"那你今天是来应征微软公司的产品部经理吗?"

他说:"是的,准老板,比尔·盖茨,希望我能有机会为您服务!"

"请问你,你既然这么聪明的话,那亚马逊河有多长?"

那位高才生顿时傻了:"亚马逊河? ……"

"答不出来是不是?"比尔·盖茨微微一笑说:"显然你不够聪明。"

成功学大师陈安之说:"一个好的成功者和领导者都是阅读者。"阅读范围不能局限于书

本,应广泛利用各种渠道来获取各方面的知识。

社会是一本最大的百科全书,无论是谁,无论花多少时间都是学不完的。唯有我们不停地学习,终生学习,掌握尽可能多的社会生活常识,个人的综合素质才能提高。

(三)个人特长的终生学习

作为在同一个行业的从业者,大家的专业能力有很大的相似之处,但每个人也有自己的爱好,这些爱好当然是不尽相同的。通过不断学习,把个人爱好发展成个人的特长,自然能在众多同行中脱颖而出,引得他人注意,获得成功。

▶▶ 修炼提示

在从业道路上再学习,调节学习心理最为重要。

1.认识学习的重要性,热爱学习

当今社会有人认为不学习也能挣钱,某某又一夜暴富、某某又一夜成名,此种现象的确存在。但我们更要清醒地认识到:成功需要机遇,但更需要付出,需要一步一个脚印去努力。

2.把学习压力转化为前进的动力

在从业路上,有的人把休息时间用于娱乐消遣,看到别人成天嘻嘻哈哈,我们难免心中有些不平。如何才能调节好这种不平衡的心态?

(1)保持乐观积极的心态,制定适当的目标。

(2)培养学习兴趣,积极想象成功的情景。

四、修炼实践

1.拓展阅读

阅读下面的材料,学习孙正义身上那种坚定的信心,通过学习获得成功的经验。

亚洲首富孙正义在 23 岁的时候得了肝病,整整住了两年的医院。在这两年当中,他阅读了 4000 本书,平均一天阅读 5 本书。

孙正义在读完了 4000 本书之后,根据自己的读书心得写了从事 40 种行业的发展计划。

他终于明白了自己多年百思不得其解的困惑——要成为世界首富,就必须从事最新兴、最具发展潜力的行业。

一出院,他就以坚定的信念决定进军计算机行业,并从这 4000 多本书中总结出一套与众不同的创业方案。

于是,孙正义创立了他的公司,这时他的员工只有两个。

公司开业那天,孙正义站在公司装苹果的水果箱上面,跟他的两个员工说:"我叫孙正义,在 25 年之后,我将成为世界首富,我的公司营业额将超过一百兆日币!"

那两个人听了之后,立刻辞职不干了,他们都以为老板疯了——但他们不知道孙正义两年之内读了 4000 本书!

后来,孙正义真的证明了他苹果箱上的誓言,成为亚洲首富,而且正在向世界首富比尔·盖茨发起挑战!

名人读书趣话
王夫之"嫁书"

我国古代的大思想家王夫之,一生著书很多。有一年他的大女儿要出嫁,人们都来看这位德高望重的老人给女儿送什么嫁妆。王夫之高兴地拎来一只箱子,说嫁妆都备齐了。箱子里是满满的一箱书。王夫之说:"这就是我多年来为女儿操办的嫁妆啊!"以书为嫁妆,是对知识的尊重。

<h3 style="text-align:center">苏轼"抄书"</h3>

有一个叫朱载的人,有一次去拜访大文学家苏轼,在客厅里等了好久才见主人出来。朱载问苏轼在忙什么,苏轼回答说正在抄《汉书》。朱载十分惊讶:"以您的才学还用抄书吗?"苏轼谦虚地摇了摇头说:"这是我第三次抄《汉书》了。"正是凭着这股"抄"劲儿,使苏轼成为一代名士、文坛巨擘。

<h3 style="text-align:center">华罗庚"猜书"</h3>

自学成才的知名数学家华罗庚读书的方法与众不同。每当他拿到一本新书时,首先不是按部就班去读,而是对着书本闭目静思一会儿,猜想书的大致内容、布局谋篇等,斟酌完毕后才打开书。如果发现作者的思路及所写的内容与自己猜想的一致,他就不读了。华罗庚这种"猜读法",不做"书的奴隶",不仅节省了他的大量宝贵时间,而且培养了他敏锐的思维能力和丰富的想象力。

2.我来设计

了解自己专业所在行业的发展历程,为自己制订学习计划。

3.心灵氧吧

- 知识是智慧的火炬。
- 读一书,增一智。
- 不吃饭则饥,不读书则愚。
- 不向前走,不知路远;不努力学习,不明白真理。
- 树不修,长不直;人不学,没知识。
- 用宝珠打扮自己,不如用知识充实自己。
- 蜂采百花酿甜蜜,人读群书明真理。
- 劳动是知识的源泉,知识是生活的指南。
- 知识是智慧的火炬。
- 宝剑不磨要生锈;人不学习要落后。

第四章 法规法纪篇

关键词 三个遵守

三个遵守 遵守公德 遵守法纪 遵守规章

第一节 遵守社会公德,养成良好习惯

社会公德是社会生活中最简单、最起码、最普通的行为准则,是维持社会公共生活正常、有序、健康进行的最基本条件。因此,社会公德是全体公民在社会交往和公共生活中应该遵循的行为准则,也是作为公民应有的品德操守。《公民道德建设实施纲要》用"文明礼貌、助人为乐、爱护公物、保护环境、遵纪守法"20个字,对社会公德的主要内容和要求做了明确规范。

一、文明礼貌

文明礼貌是中华民族的优秀传统,是人们在日常人际交往中应当共同遵守的道德准则。在人们的互相交往中,和悦的语气、亲切的称呼、诚挚的态度等,是对人尊重、友好的表现。俗话说:"良言一句三冬暖,恶语伤人六月寒。"因此,讲文明礼貌能促进人们的团结友爱,是沟通人与人之间情感的道德桥梁。

▶▶ 修炼提示

当今社会,随着改革开放的不断深入,人与人之间的交往正趋于普遍和频繁。礼仪是儿童与青年应该特别小心地养成的习惯。

讲文明礼貌是社会文明和个人道德修养的标志之一。人的行为举止最能反映一个人的道德修养和文明程度。每一个自尊自爱的人都应当把讲究个人礼仪当作获取成功的素质去培养。文明礼貌要从小培养,从严要求,才能形成良好习惯。"少成若天性,习惯成自然。"但是,在现实生活中,有的人不以为然,我行我素,全然不顾别人感受,因此人们仍会看到种种不讲文明礼貌的现象。如一些人常常出言不逊、恶语伤人,失礼不道歉,无理凶三分,骑车撞倒人后扬长而去,乘车争先恐后,在公共汽车上见老人或抱小孩的妇女不让座,如此等等,都是不讲文明礼貌的行为,必须认真改正。

文明礼貌包含的内容和要求很多,这里需要指出的是,文明礼貌的要求和内容不是一成不变的,它会随着社会的进步而不断更新。例如,中华民族历来有好客的传统,"有客上门,当降阶而迎",但是现代社会探亲访友不仅要轻声敲门,而且须提前通过电话等形式预约。另外,随着对外开放的不断扩大,我们与外国友人的交往越来越多,必须了解、掌握对方的风俗习惯,尊重对方的礼仪。

中职生正处在人生成长的关键时期,也正处在即将进行创业的准备阶段,应该努力提高自身修养,文明修身,礼貌待人,将自己打造成受社会和企业欢迎的绅士淑女。

相关链接

细节决定成败

一位外商到我国某地进行考察,对该地的投资环境、优惠政策等均感满意,通过洽谈已基本达成意向准备隔天签约。休息时,公司负责人带领外商到厂区参观,在参观过程中,与公司有业务往来的一名客户正在处理退货。这名公司负责人出言不逊,让这名客户带上退款快滚蛋,并说从此公司再也不会接待他了。为此,这名外商决定放弃签约。

二、助人为乐

当一个人身处困境时,大家乐于相助,把别人的困难当作自己的困难,给予热情和真诚的帮助与关怀,这就是助人为乐。

修炼提示

爱人者,人恒爱之;敬人者,人恒敬之;助人者,人恒助之。

在现实社会中,每个人都在一定的人际交往中生活,每个社会成员都不能孤立地生存;而在生活中人人也都会遇到一些困难、矛盾和问题,都需要别人的关心、爱护,更需要别人的支持、帮助。如果在社会生活中,每个人都能主动关心、帮助他人,从自己做起,从小事做起,从现在做起,使助人为乐在社会上蔚然成风,那么,你就能随时随地得到他人的帮助,感受到社会的温暖。从这个意义上讲,"助人"也就是"助己"。

人人都应该发扬助人为乐的精神,积极主动地爱护他人,帮助他人。具体来说应做到以下几点:一是"我为人人"。每个人都应该从乘车让座、帮助残疾人过马路等小事做起,养成关心他人的习惯。二是"遇难相帮"。天有不测风云,人有旦夕祸福。当他人发生不幸、出现困难时,要热情帮助,为其分忧解难。三是"见危相救"。比如,在遇到歹徒行凶时,遇到有人恃强凌弱时,遇到意外险情等危急情况时,每个公民都应该挺身而出、舍己救人、弘扬正气。四是"热心公益"。社会公益反映了社会主义的新型人际关系,与每位公民息息相关。每个公民都要关注和支持社会公益,多献一点爱心,多添一份真情,在社会生活中做一个热心人,如赈灾救荒、捐资助学、义务献血、为社会福利事业捐款捐物,等等,做到有钱出钱,有力出力。

相关链接

关爱行动从身边做起

某中职学校在对学生进行爱心教育时常采取一些具体措施,如每学期举行学校师生捐赠活动,对那些在因疾病、意外受伤、意外事件等导致家庭经济受损严重无法继续学习的学生给予资助。此举感动了很多受助学生及家长,得到了学校师生及社会人士的赞誉,更重要的是教育、引导了学校师生崇尚助人为乐的精神。

三、爱护公物

公共财物包括一切公共场所的设施,它们是提高人民生活水平、使大家享有各种服务和便利的物质保证。爱护公物是公民应该具备的一种基本美德。公物,包括所有的公共设施,它是人民辛勤劳动的成果和血汗的结晶。对公共财物是爱护、保护,还是浪费、破坏,是一个公民有没有社会主义道德的反映。

⊳⊳**修炼提示**

学校是学习之场所，文明是成功之根本。关心学校，是我们的职责；爱护学校，是我们的义务；热爱学校，是我们的心声。

爱护公物，是人类文明的重要体现，是文明社会人人崇尚的社会公德，也是一个文明人不可或缺、珍贵无比的思想品德表现。一个懂得爱护公物的人，一定是一个善良明智、充满爱心的人；反之，一个不懂得爱护公物甚至破坏公物的人，则无疑是一个愚昧的人，一个境界低下、尚未被文明点化的人，因而是一个可悲可怜的人。每个公民都应该自觉遵守社会公德，爱护公共财物。爱护公物主要体现在哪些方面呢？

一要爱护本单位、学校等的公物，做到公私分明，不占用公家的财物，不化公为私。但在实际生活中，有些人不爱护机器、设备；有些人在家里千方百计节约用电、用水，在学校、在单位却对"长明灯""长流水"满不在乎，视而不见；有些人甚至化公为私，随意占用公家财物，并认为"公家的东西不拿白不拿"。

二要爱护公共设施，如电话亭、路灯及有关通信线路、交通设施、消防设施、应急救援设施设备等；还要保护文物古迹，使其为更多的人服务。有些人很不注意爱护公共设施，我们会在无意中看到街头的公益广告牌被故意损坏，宣传橱窗的玻璃被人为破坏，公园内设置的塑像成了"残废"。有些人会有意无意地破坏校园消防设施、毁坏疏散标识等；有些人就是喜欢在公园、文物古迹等地"信手题词"；有些人甚至把公共设施视为"发财致富的源泉"，恶意偷盗窨井盖，导致夜间行人受伤致残。

三要敢于同侵占、损害、破坏公共财物的行为做斗争。有些人经常抱怨公用设施差，但是对随意破坏、损害公共设施的行为却无动于衷，视而不见，见而不问。每一个公民都有责任和义务同侵占、损害、破坏公物的行为做斗争，并时时、处处关心和爱护公共财物。

四、保护环境

环境问题，是指由于自然原因或人类活动而引起的或可能引起的环境质量下降，影响人类可持续发展的问题。它是当今人类社会面临的最重要的问题之一，是当前国际社会普遍关注的热点问题。

⊳⊳**修炼提示**

人类只有一个赖以生存的地球！

近年来，黄河长时间断流，沙尘暴频频发生。这一系列环境问题所带来的危害，使人们越来越清醒地认识到：环境和资源是人类生存和发展的基本条件，能不能有效地保护环境，关系每个公民的生活质量和切身利益，关系人们的安居乐业，关系我们的子孙后代能否持续发展。保护环境，就是保护我们自己。保护环境不仅是我国的一项基本国策，也是社会公德的一项基本要求。

保护环境，首先要增强环保意识。有些人认为，现在是社会主义初级阶段，首先要把经济搞上去，环境治理以后再说，岂不知环境问题已成为我们发展经济的一大制约因素。况且环境污染所造成的危害成本已远远超过前几年污染企业所产生的"效益"。据有关部门测算，治理太湖至少需要投入 2000 亿元，利害关系可想而知。但是，仍有少数人认为：天空那么大，放点烟气算什么；江河这么多，排点污水算什么；天地这么广阔，有点噪声算什么。我们每个公民都必须明白，"我们只有一个地球"，在经济发展过程中我们不仅要"金山银山"，还要"绿水青山"。

其次，要树立"保护环境，人人有责"的观念，从自己做起，从身边的小事做起，努力养成有利于环境保护的生活习惯和行为方式,如自觉节约能源,反对浪费,不乱倒垃圾、污水,不损坏各类卫生设施,等等。此外,还应积极植树造林,保护绿化成果。

相关链接

环境因我们而暗淡,让我们带着纯真的心灵用真实的行动来换回环境的光辉吧!

北京市在21世纪初有140万辆机动车,仅为东京和纽约等城市机动车拥有量的1/6,但是,每辆车排放的污染物浓度却比国外同类机动车高3~6倍。北京大气中有73%的碳氢化合物、63%的一氧化碳、37%的氮氧化物来自机动车的排放污染。

一只水龙头一分钟滴一滴水,一年就会流失1吨水!20世纪50年代,北京的水井在地表下约5米处就能打出水,但到21世纪初地下水资源已经枯竭。

五、遵纪守法

俗话说:没有规矩,不成方圆。对一个公民来说,是否能自觉维护公共场所秩序,其纪律观念、法制意识强不强,体现着他的精神道德风貌。遵纪守法同时也是保护社会健康、有序发展的基础。

修炼提示

知道在适当的时候约束自己的人就是聪明的人。

遵纪守法,首先要知法。随着普法活动的不断深入,市民的法制意识普遍提高。但是,在日常生活中,往往有一些人,因为对法律的无知,为了一些不足道的小事,恶语相向,拔拳斗殴,伤害对方,甚至闹出了人命案子,成为终身憾事。这种惨痛的教训屡见不鲜。所以,每个公民都要认真学习法律知识,不断增强法制意识。

首先,要学习与自己工作、生活密切相关的法律、法规知识,清楚什么事可以做,什么事不能做,什么是法律允许的,什么是法律禁止的。

其次,要守法。有少数人认为,现在实行市场经济,崇尚自由竞争,因此,有的人就见利忘义、唯利是图,盗用他人专利或商标权,制造假冒伪劣产品,有的甚至制造、销售淫秽音像制品。实质上,市场经济是竞争经济,更是法制经济,任何人都必须严格遵守各项法律法规,否则就要受到法律的制裁。

再次,要护法。有些人仍信奉"事不关己,高高挂起",在违法犯罪行为没有危害到自己的利益时,就认为"与己无关"、不必去管"闲事"。如果人人都只考虑自己的安危,见恶不斗、见凶躲避,甚至目睹有人同犯罪分子搏斗也不去相助,就会使邪气上升,使社会不得安宁。今天他贩卖"摇头丸"你不制止,明天你也可能受到毒品的侵蚀;今天小偷扒窃别人的钱包,大家不制止,明天说不定那只罪恶的黑手就会伸进你的口袋。

最后,要用法。要会用法律武器保护自己的合法权益不受损害,保护自己的权利不受侵害。我们每个人都要学法、懂法、护法、用法,正确应用法律武器处理事务,敢于扶正祛邪,同一切违法违纪行为做斗争,努力为他人、为自己创造良好的社会环境。

相关链接

某职业学校学生小明放假回家,其父告诉他,邻居老张欠钱不还,并想约儿子一起去打老张一顿。小明说这学期他刚学习了民事诉讼法,随即将如何打官司的知识讲给父亲听,并帮助父亲打赢了官司,追回了欠款。

六、修炼实践

1.读一读

《欣赏自己》的这首小诗,并给自己写几句鼓励的话。

> 也许你想成为太阳,可你却是一颗星辰;
>
> 也许你想成为大树,可你却是一株小草;
>
> 也许你想成为大河,可你却是一泓山溪。
>
> 做不了太阳,就做星辰,在自己的星座发热发光;
>
> 做不了大树,就做小草吧,以自己的绿色装点希望;
>
> 做不了伟人,就做实在的自我;
>
> 平凡不要自卑,关键的是必须要做最好的自己。
>
> 不必总是欣赏别人,也欣赏一下自己吧!

2.我来设计

制作一些社会公德警示语言或者公益广告画,并设计制作成本班级的展板。

3.心灵氧吧

- 有公德乃大,无私品自高。
- 莫怨清廉淡滋味,应愁贪婪铁窗泪。
- 挡不住今天的诱惑,将失去明天的幸福。
- 智者不惑,勇者不惧,勤者不贫,廉者不腐。
- 戒贪,贪则无品;戒骄,骄则无知;戒惰,惰则无进。

第二节 严守规章制度,具备服从意识

规章即规则章程,是以书面形式表达、并以一定方式公示的非针对个别事务处理的规范的总称。规则是大家都应遵守的,章程是一个组织或集体的规程。一个人不遵守规则,就会让自己或他人受到伤害;一个人不遵守章程,就会被组织抛弃。

一、严守学校规章制度

学校规章制度是维护学校正常教育教学活动开展和正常校园生活秩序的法则,在学校里学习、生活的任何人都应该认真遵守,积极维护规章制度的权威性和严肃性。在学校的教育教学过程中,会不同程度地出现学生违反学校规章制度的现象,作为学生的教育和管理者要通过多种途径和方式对这些学生进行教育、惩戒,让违规者和所有学生通过身边的事例受到教育。

▶▶ 修炼提示

悬衡而知平,设规而知圆——韩非子

1.维护学校规章制度的权威

学生在学校里学习、生活,必将受到学校组织纪律的约束,就如同参加工作进入企业从事生产、生活时必须遵守企业的管理制度和国家法律法规一样,同样要受到约束。如果学生在校学习期间无视学校规章制度,屡次违反学校管理制度,且不以为然,不接受教育,不汲取教训,那么就会养成"我行我素"的恶习。如不及时纠正,将会形成不良习惯,最终可能走上违法犯罪的道路。

相关链接

赵某在某中职学校读书期间屡次违反学校管理制度,常常半夜翻越学校围墙到校外上网,且多次连续几天不回学校。班主任老师及学校多次联系其远在外地打工的家长,希望家长配合学校一起共同对赵某进行教育。赵某的家长总以在外务工不便请学校老师帮助管教为由,不进行家庭教育。赵某经常在网吧上网玩耍,结识了许多无业小青年,学会了抽烟、喝酒等恶习,并经常在同学中炫耀自己认识"有能力、有胆量的"。某哥们儿还告诉同学以后有啥事情就找他。在一次"帮助"同学处理纠纷的过程中,他按照哥们儿的意思,将与之冲突的李某打成重伤,被公安机关依法逮捕。

在学校生活中,应自觉维护学校管理制度的权威,如严格遵守作息时间,遵守公寓管理制度、实训实验室管理制度、有序就餐制度等,形成人人守纪律,个个讲规矩的校园氛围。学生只有在这样的学习、生活环境下,才可能静心学习。

2. 与同学和睦相处

青年时期正是树立世界观、人生观的关键时期,又恰好是学生处于学校生活阶段的时期。学校是一个大家庭,很多学生在学校共同学习、生活。在此过程中,不同的人对同样一件事情的态度及处理方法可能会不同,由此难免会出现同学之间发生矛盾纠纷,甚至出现打架斗殴事件。

如何与同学之间友善相处?如何处理同学之间的矛盾纠纷?这些问题将会是很多人成长过程中不可回避的问题。同学之间要本着互谅互让的原则,不固执,不偏激,和睦共处,相互学习,共同进步,而不应当过分计较个人得失恩怨,甚至把同学矛盾夸大、升级。在遇到自己难以处理的问题时,不应钻牛角尖,要多往好的方面去想,多听听老师的意见,或者请老师来处理。

相关链接

肖某在初中阶段就是出了名的"认死理",蛮横起来任何人的话都听不进。进入某中专学习后,其习性不改,常常与同学争得面红耳赤,口沫四溅。在一次就餐排队过程中,他被学生会干部涂某误会插队,情绪激动,在现场工作人员的劝阻下,才悻悻而去。但他心里始终难以释怀,于是晚自习下课后,邀约了几名好朋友到涂某的寝室去"说理"。结果找到人后,控制不住自己,用碗将学生干部涂某的头部砸伤,造成涂某轻微脑震荡。

3. 积极参与学生自治管理

我们身边很多成功人士,他们在学生时代就表现出出色的组织管理能力,这与他们在学生时代参与学生自治管理过程中得到的锻炼分不开。学生时代,他们在学校老师的指导下,积极参与班级管理,参与志愿者活动,在团委会、学生会岗位上锻炼自己,为师生服务,并在服务中锻炼自己的能力,为以后自己创业、立业奠定了基础。

修炼提示

学生时期组织管理能力得到锻炼将会对今后的事业有很大的帮助。

二、熟悉企业管理制度

企业管理制度是企业的秩序和规范,是确保企业有效健康运行的法则。如果法则遭到破坏,就会扰乱企业的正常秩序,企业的健康发展就会受到影响。员工严格遵守规章制度,有利于单位的正常运行。任何企业的各项规章制度都不能成为摆设,企业常以有效的手段保证其得以贯彻落实。

相关链接

何某在中专毕业后经学校推荐到某企业实习,从事电子产品装配工作。何某在实习期间,常抱怨企业的管理太严,没有自由,不能独立支配时间。在第一次上班迟到时,当班班长对她提出了批评,告诫她要准时上班。过了一段时间,在上班时何某一同学打来电话,约她出去玩。何某抵挡不住同学的再三劝说,请假外出与朋友一起玩了一下午。在她晚上回到企业时,与她一起实习的同学告诉她,她已经被企业开除了。

任何一个单位都有相关的管理制度,特别是企业,其从事生产以营利为目的,如果企业对员工管理混乱,员工想来就来,想走就走,那么企业如何组织生产?

中职学生作为未来企业的员工,要有就业准备和意识,而首先就应该熟悉企业管理制度。

1.遵守工作时间

你如果不能严格遵守上下班时间,上司必然会给你责任心不强的评价,特别是由于你的时间观念不强而影响到他人的工作时,那将是不可原谅的。

相关链接

无论你所在的公司如何宽松,也别过分放任自己。可能没有人会因为你早下班15分钟而斥责你,但是,大模大样地离开只会令人觉得你对这份工作没有足够的热情,那些须超时工作的同事也会觉得你多余。习惯性迟到,却丝毫不以为然,不管上班或开会,老是让同事苦等你一人。也许你认为小小迟到,没什么好大惊小怪。但经常性迟到,不仅是上司,可能连同事都会烦你。

办事准时、守时是获得别人信任的手段。做生意、签协议最讲求时效,所以,你千万不要觉得上班或办事迟到几分钟无所谓。守时也是一个人最基本的责任。要知道,不守时就相当于在浪费别人的生命,我们有能力承担这样的一个后果吗?在我们的生活中,总会遇到一些不守时的人,他们对此不以为然,他们的这种生活态度,为他们的成功创业埋下了隐患。

修炼提示

你在学校生活中守时吗?你严格要求自己做到不迟到、不早退,在规定的时间做规定的事情了吗?在班上组织深入的讨论,开展批评与自我批评。

2.遵守行为规范

当我们了解公司的纪律规范后,作为职员,我们不能忽略它的存在,工作中的很多地方都必须注意,特别是我们的行为,如果不注意则会影响自己的形象,影响工作。

(1)坚持原则。工作中,如果你发现公司领导或员工存在严重的问题,可能会对公司或行业等造成危害或损失,这时你一定要勇敢地站出来指正。

(2)努力工作。公司是工作的地方,你的任务就是努力完成工作,公司聘用你是为了工作,而不是来听你的抱怨。在任何时候都努力工作,把自己的本职工作做好,在工作中获取经验、积累经验这才是最重要的。

（3）有集体意识。一个人的力量是微不足道的，聚集众人的力量才能形成坚不可摧的堡垒。公司是一个集体，它需要全体员工团结一致，默契配合，共同协作，才能获得长足的发展。

（4）要保持精力。身体是工作的前提，健康的身体是工作的基石。如果没有健康的身体，不可能将工作做好。

（5）不传播谣言。谣言的杀伤力很强，如果你有事没事就在办公室竖起耳朵四处巡查，然后再把听到的任意发挥传播出去，花边新闻迟早会传到当事人的耳中，而受害者对传播是非罪魁祸首的怨恨也迟早会爆发。

作为公司的职员，需要遵守的规范有很多，以上只是其中的一部分，每家公司或企业也可能会有不同的情况，但了解并遵守所在企业规范是每一位员工都必须要做的。

3. 组织和纪律是成功的基础

没有严明的组织纪律约束，那么企业的运作将陷于瘫痪，只有有了严明的纪律和遵守规章的员工，一个企业才有可能得以维系。

（1）纪律——事业的基础。

公司要达到商业目的，就必须先构建有纪律的、无坚不摧的团队。团队要想完成任务，就必须增强团队中每个成员坚强的信念，并要求每个成员约束自己。组织纪律遵循"热炉"原则：热炉火红，不用手去摸也知道炉子是热的，是会灼伤人的——警告性原则；每当你碰到热炉，肯定会被灼伤——一致性原则；当你碰到热炉时，立即就会被灼伤——实时性原则；不管是谁碰到热炉，都会被灼伤——公平性原则。

（2）视服从为美德。

服从是一种美德。一个企业，如果没有严格的规章制度和严明的纪律，就如同一盘散沙；"没有规矩不成方圆"，如果没有服从，企业将会溃不成军，何谈竞争和生存。

（3）执行，不找任何借口。

没有任何借口，是执行力的表现，无论做什么样的事情，都要记住自己的责任，无论做什么样的事情，都要对自己的行为负责。执行就是想尽办法去完成任何一项任务，而不是为没有完成任务寻找借口，哪怕是看似合理的借口。

（4）借口是拖延的温床。

我们的第一个观念就是，没有任何借口，不要拖延，要立即行动。如果第一次因为疏忽或别的原因没有把事情做好，我们以种种借口逃脱了惩罚，第二次、第三次……久而久之，我们就会养成寻找借口的习惯。人们都有这样的经历，清晨闹钟将你从睡梦中惊醒，想着该起床上班了，同时却感受着被窝的温暖，一边不断地对自己说该起床了，一边又不断地给自己寻找借口"再等一会儿"，于是又躺了5分钟，甚至10分钟……

4. 适应环境

所谓环境，就是所有包围着你，和你发生联系的事物。某种环境与身处其中的个人总是发生着相互作用。社会组织与经济组织不断以各种规范与法则作用于个人的人格，而不以个人的意志为转移。

在社会生活中，很难找到一个人对自己的环境和条件是完全满意的，几乎每个人都有或大或小、或多或少不如意的问题：学习成绩不佳，求职不成；工作不理想，工作费力不讨好；有特长得不到发挥；提意见得罪了什么人遭打击报复；说真话、干实事反倒受孤立、被排挤……这就需要积极地去适应环境。我们每一个学生踏入社会之后都处于一定的而又不尽如人意的环境之中,这是我们必须承受的事实,也就是有所局限的框架。这个框架尽管是无形的,但谁也无法超脱它,只能适应它,在适应的过程中寻找突破口,在框架的局限中寻求个人发展的自由。承受不是屈从,适应不是放弃正当的追求,因为积极的承受和适应,除了谋生的意义之外,其实质是在社会大学深造和进修,在困难环境锻炼和成长。

>> 修炼提示

　　在学校里与同学一起模范遵守学校规章制度,共建规范和谐校园,同时要积极熟悉企业管理,认真修炼自己,做好就业准备。

三、修炼实践

1.讨论

和同学一起讨论班级的管理制度,并在班上进行宣传,让班级所有同学都参与班级管理。

2.调查

走访学校附近的企业,调查企业对员工的管理,并结合学校和同学的实际,对学校德育管理提出合理化的书面建议。

3.策划

关心学校近期组织的学生活动,通过观察学校组织的学生活动,与同学一起策划一次学生活动。要求参与面广,并写出活动方案。

4.心灵氧吧

* 今天很残酷,明天更残酷,后天很美好,但绝大多数人都死在明天晚上,所以每个人不要放弃今天。——马云(阿里巴巴的创建人)

* 自觉心是进步之母,自贱心是堕落之源,故自觉心不可无,自贱心不可有。——邹韬奋

* 不应把纪律仅仅看成教育的手段。纪律是教育过程的结果,首先是学生集体表现在一切生活领域——生产、日常生活、学校、文化等领域中努力的结果。——马卡连柯

第三节　弘扬法治精神,建设法治国家

　　我国制定了许多法律法规保护未成年人健康成长,但是如果不能得到有效施行和遵守,就无法真正实现依法治国。由此可以看出,实施依法治国、建设社会主义法治国家,需要我们弘扬法治精神,增强遵纪守法意识。

一、努力做遵纪守法的好公民

1.纪律保证我们的学习生活秩序

学校如果没有纪律和规章制度,那么学校会是个什么样子呢? 老师想上课就来上课,学生想听课就来听课,每个学生在课堂上想干什么就干什么。那么,校园秩序和教学秩序会怎么样呢!

纪律是为了维护集体利益,保证工作和生活正常有序进行,要求社会组织成员共同遵守的行为规范。凡是有人群的地方就会有集体活动,而有集体活动就要有组织纪律约束。纪律和自由既是对立的,又是统一的。一方面,自由离不开严明的纪律。自由是在纪律约束下的

自由,纪律带有一定的强制性,如果没有这种强制性,自由也就无法实现。另一方面,纪律是对自由的保障。真正的自由是在纪律许可范围内行使权利的自由,纪律只是约束违反纪律的人和行为,只要不违反纪律,每个人都会获得充分的自由。

纪律是维护我们正常学习生活秩序的重要保证。在社会生活中,每个单位或集体都需要制定各自的纪律规则,对所属成员提出要求,以统一人们的思想和行为,使工作取得更好的效益。学校为搞好学生教育管理工作,制定了很多的规章制度,提出了许多的组织纪律规则。大的方面如《学生守则》《中学生日常行为规范》《中学生一日常规》等,小的方面如《学生公寓管理制度》《实验实训室安全管理制度》《学校大门管理制度》,等等。这些都是我们应该遵守的纪律规则。约束纪律是维护正常的教育教学和校园秩序的重要保证。

相关链接

良好的职业道德和模范遵守组织纪律是成功创业的基础

孙某,是某中职学校的学生,在北京一家大型商场参加导购实习期间,模仿组长签字,伪造退货凭据,将一台价值几千元的冰箱退货款据为己有,随即不辞而别。事发后,孙某被追查。

上班第一天就迟到一个多小时;一份简单的资料接连打录三遍还有错别字;工作时间拿着手机随便聊天;受到一点约束或批评就受不了,随意提出辞职……这是中职学生在教学实习、顶岗实习中普遍存在的问题。

"有德有才重点使用,有德无才培养使用,无德有才弃之不用。"这是很多企业的用人理念。一份对企业的调查发现,在被企业辞退的中职生中50%以上不是因为技能原因,而是因为职业道德素质的因素。

2.法律保护我们健康成长

与纪律等行为规则相比,法律具有四个显著特征:一是法律是由国家制定或认可的;二是法律靠国家强制力保证实施,具有强制性;三是法律对全体社会成员具有普遍约束力;四是法律规定了人们的权利和义务。

修炼提示

法律是肯定的、明确的、普遍的规范,法律面前人人平等。

法律具有规范人们行为的作用。法律通过其规定和实施,能够为人们提供一种既定的行为模式,影响人们的思想,引导人们依法行事,培养和提高人们的法律意识,从而引导人们在法律范围内活动。无论是在家庭、学校生活中,还是在社会生活中,法律都与我们息息相关。我国现行法律数量很多,内容广泛,涉及我们生活的各个领域。法律作为一种特殊的行为规范,规定了人们应该享受什么权利、履行什么义务,对人们的行为起到规范的作用,使人们明确哪些行为是合法的,哪些行为是违法的。

法律具有协调人与人之间的关系、解决人与人之间纠纷或矛盾的作用;法律具有制裁违法犯罪行为、保护公民合法权益的作用。我国社会主义法律是由社会主义国家制定并以国家强制力保证实施的行为规范体系,体现了广大人民的根本利益,是实现人民当家做主和发展中国特色社会主义的重要工具。

3.养成遵纪守法的好习惯

中职生实训实习是逐步进入职业角色的初始时期,中职生更加应该遵守学校、实训室及实训操作的规章制度,养成良好的个人行为习惯。要从思想上高度认识遵纪守法的重要性,并进一步增强"以遵纪守法为荣,以违法乱纪为耻"的观念。

遵纪守法是具体的,必须落实到日常生活和工作学习中,从细处着眼,防微杜渐;遵纪守法又是长期的,要持之以恒,贯穿始终;遵纪守法还是自觉的,要转化为自身的实际行动。人人守法纪,则社会安定,经济发展。倘若没有纪律和法律的规范,各项秩序就无从保证,人们生存、发展的环境就会遭到破坏,人民群众就不可能安居乐业。守纪的人,应该是一个懂得自爱、勇于自省、善于自控的人。

>> 修炼提示

守纪离不开平时一点一滴、一步一个脚印的长期学习和锻炼。

作为中职生,我们可以尝试这样去做。

警示法:自省言行,将急需改正的缺点错误,写在小纸条上,贴在床边案头,时时警示自己。

榜样法:榜样的力量是无穷的,伟人可以作为榜样,身边的同学也可以作为我们学习的榜样。

理智法:头脑中牢记一些格言名句并形成守规则的信念,当欲望冲动时,能以警句格言调控自己。

训练法:反复训练让行为符合规则,形成良好的习惯,自然就会严以律己。

相关链接

2007年8月,山东某工厂铝水外溢导致14人死亡、59人受伤,事故原因为职工违章违纪、操作不当。2008年3月,在某机械厂实习的中职生王某违规操作,其右手被卷入高速转动的机床,落下终身残疾。违章违纪不一定出事(故),出事(故)必是违章违纪。这句话很好地诠释了事故与违章违纪的关系。当班睡觉、迟到早退、简化作业程序、违章蛮干等看似很平常的小问题,但却是肇事的罪魁祸首。据调查分析,安全事故大多发生在一瞬间,导致事故发生的主要原因是违章违纪,人们对遵纪守法的重要性认识不足,平时有自由散漫、缺乏工作责任心、工作自控能力差的表现。

二、维护社会主义法制尊严

1. 依法治国的基本要求

依法治国,是党领导人民治理国家的基本方略,是指广大人民群众在党的领导下,依照《中华人民共和国宪法》(以下简称《宪法》)等法律规定,管理国家事务,管理经济和文化事务,管理社会事务。

依法治国,建设社会主义法治国家必须做到:

第一,坚持科学立法、民主立法,完善中国特色社会主义法律体系。

第二,提高党依法执政的水平。

第三,转变政府职能,推进依法行政,建设社会主义法治政府。

第四,推进司法改革,完善司法制度,确保司法公正。

第五,强化监督制约机制,完善监督制约体系。

第六,开展法制宣传教育,提高全民法律素质,培植社会主义新型法律文化。

作为中职生,更要配合学校举办的法制宣传和教育活动,积极学习法律知识,增强法制意识,提高自身法律素质,这样在以后的工作中才能用法律武器保护自己的合法权益不受损害。

相关链接

1999 年 3 月 15 日，第九届全国人民代表大会第二次会议通过的《中华人民共和国宪法修正案》正式把"中华人民共和国实行依法治国，建设社会主义法治国家"这一治国方略以国家根本大法的形式确定下来。根据《中华人民共和国宪法》，第九届全国人民代表大会第三次会议于 2000 年 3 月 15 日通过《中华人民共和国立法法》，该法自 2000 年 7 月 1 日起施行。目前，我国已经初步形成了一个以《中华人民共和国宪法》为基石的社会主义法律体系框架，政治、经济、文化等社会领域已基本上有法可依。

2.崇尚社会主义法治理念

社会主义法治理念的内容：依法治国、执法为民、公平正义、服务大局、党的领导。其中依法治国是社会主义法治的核心内容；执法为民是社会主义法治的本质要求；公平正义是社会主义法治的价值追求；服务大局是社会主义法治的重要使命；党的领导是社会主义法治的根本保证。

树立和崇尚社会主义法治理念，关系依法治国基本方略的实施，关系社会主义法治国家建设的进程。树立和崇尚社会主义法治理念，要增强公民的社会主义民主和法制意识。树立和崇尚社会主义法治理念，要增强公民在法律面前人人平等的意识。

修炼提示

平等是正义的表现，是完善的政治制度或社会制度的原则。

法律面前人人平等主要包括以下几方面。

第一，公民在守法上一律平等。要求所有公民都必须平等地遵守法律，平等地享有《宪法》和法律规定的权利，平等地履行《宪法》和法律规定的义务。

第二，公民在适用法律上一律平等。要求国家行政机关、司法机关在适用法律时，对于任何公民都要给予平等对待，从而保证每个公民的合法权益都平等地受到保护，任何公民的违法犯罪行为都会受到法律制裁。法律面前人人平等是现代法治社会、法治国家的必然要求，也是社会主义法治国家的一项重要原则，这一原则已经载入我国《宪法》之中。

在我国，坚持法律面前人人平等，可以为公民基本权利的实现奠定基础，可以为我国公民同特权现象做斗争提供法律武器，可以充分体现社会主义制度的优越性，对于建设社会主义法治国家具有重要意义。

中职生要增强法律意识，尤其要提高《宪法》意识，凡是宪法所提倡和肯定的行为，要积极拥护、努力去做；凡是《宪法》所要求的行为，要自觉履行；凡是《宪法》所禁止或否定的行为，不但自己不去做，还要勇敢地同违反《宪法》的行为做斗争，以实际行动为《宪法》的实施做贡献。

相关链接

从 1986 年开始，我国开展全民普及法律知识教育，连续实施"五年普法教育"，以宪法为核心的法律知识得到较为广泛的普及，人民群众的法律意识和法律素质明显提高，依法治理工作深入开展，各项事业的法治化管理水平逐步提高，法制宣传教育在实施依法治国基本方略中发挥了重要作用。国家在全民法制宣传教育工作和历次开展的五年普法规划中，始终把青少年作为普法的重点对象。在青少年中深入开展法制宣传教育，对提高青少年法律素质，保护青少年合法权益，促进青少年健康成长，实施依法治国基本方略，构建社会主义和谐社会和全面建设小康社会具有重要意义。

3.自觉维护社会主义法律权威

社会主义法律在国家和社会生活中具有权威和尊严,这是建设社会主义法治国家的前提条件,包括中职学生在内的每个公民都有义务和责任树立和维护社会主义法律的权威。社会主义法律权威的树立,既依赖于国家的努力,也有赖于公民个人的努力。

>> 修炼提示

如果人们的法律意识和法制观念淡薄,思想政治素质低,再好的法律和制度也会因为得不到遵守而不起作用,甚至会形同虚设。

对于中职学生来说,应当通过以下几种方式努力维护社会主义法律权威。

第一,认真学习法律知识,不断增强法律意识。只有掌握法律知识,才会增强维护法律权威的自觉性。应当认真学习法律知识,深入理解法律在现代社会中的重要作用,深刻把握我国社会主义法律的精神,不断增强法律意识。

第二,积极宣传法律知识,使人们了解、熟悉和认同我国社会主义法律,从而推动全社会形成维护社会主义法律权威的良好风尚。

第三,敢于同违法犯罪行为做斗争。违法犯罪行为既是对社会秩序的破坏,也是对法律权威的蔑视。斗争的方式是多种多样的,既包括事前采取有效措施预防违法犯罪行为的发生,也包括事中和事后制止、检举、揭发违法犯罪行为。

相关链接

第五条 国家维护社会主义法制的统一和尊严,一切法律、行政法规和地方性法规都不得同宪法相抵触。

一切国家机关和武装力量、各政党和社会团体、各企业事业组织都必须遵守《宪法》和法律。一切违反《宪法》和法律的行为,必须予以追究。

任何组织或个人都不得有超越《宪法》和法律的特权。

——《中华人民共和国宪法》

三、修炼实践

1.拓展阅读

读下面的《普法歌》,谈谈公民法制观念的内涵包括哪些方面?

人人要学法,法律用处大。社会各行业,处处需要它。做人要守法,约束你我他。办事懂规则,生活秩序化。用法护自己,理直胆气大。法前人平等,靠法走天下。胸中有良法,歪斜全不怕。正气大发扬,利民利国家。

2.谈一谈

讨论中职生应该从哪些方面维护社会主义法律权威?

3.我来设计

办一份普法宣传主题手抄报,互相交流。

4.心灵氧吧

• 法律的基本原则是:为人诚实,不损害他人,给予每个人应得的部分。——查士丁尼

• 没有信仰的法律将退化成僵死的教条,而没有法律的信仰将蜕变成狂信。——伯尔曼

• 自由就是做法律许可范围内情事的权利。——西塞罗

• 由于有法律才能保障良好的举止,所以也要有良好的举止才能维护法律。——马基

雅弗利

- 多行不义必自毙。——《左传·隐公元年》
- 天网恢恢,疏而不失。——《老子》

第四节 维护《宪法》威严,当好国家公民

一、维护《宪法》的权威

1.《宪法》是治国安邦的总章程

《宪法》是我国的根本大法,是全体人民利益和意志的集中体现,其他一切法律、行政法规和地方性法规都不得同《宪法》相抵触,任何组织或个人都不得有超越《宪法》和法律的特权。

依据《宪法》规定,我国制定了《教育法》《高等教育法》《义务教育法》《职业教育法》《未成年人保护法》等相关的教育方面的法律。

《宪法》是国家的根本大法,主要体现在以下三个方面。

第一,从内容上看,宪法规定涉及国家生活中带有全局性、根本性的问题。国家生活中全局性、根本性的问题包括国家的性质和根本任务,国家制度、社会制度和其他基本制度,公民的基本权利和义务,国家机关的组织及职权,国家标志,等等。由于这些问题集中体现我国广大人民的根本意志和根本利益,因此只能由《宪法》来规定和确认。

第二,从效力上看,《宪法》具有最高的法律效力。法律效力是指法律所具有的强制性和约束力。《宪法》在内容上的特殊性决定了它具有最高的法律效力,主要体现在:一方面,宪法是普通法律制定的基础和依据,其他法律是《宪法》的具体化;另一方面,普通法律与《宪法》相抵触无效。

第三,从制定和修改的程序上看,《宪法》的制定和修改程序比普通法律更为严格。

《宪法》是我国的根本大法,是治国安邦的总章程,是保持国家统一、民主团结、经济发展、社会进步和长治久安的法律基础,是发展中国特色社会主义,把我国建设成为富强、民主、文明、和谐的社会主义现代化国家的根本法律保障。

相关链接

我国《宪法》第六十四条规定:"《宪法》的修改,由全国人民代表大会常务委员会或五分之一以上全国人民代表大会代表提议,并由全国代表大会以全体代表三分之二以上的多数通过。""法律和其他议案由全国人民代表大会以全体代表的过半数通过。"中华人民共和国成立以来,我国先后颁布过四部《宪法》:1954 年的《宪法》、1975 年的《宪法》、1978 年的《宪法》和1982 年的《宪法》。我国现行《宪法》是 1982 年的宪法。2004 年 3 月 14 日下午,第十届全国人民代表大会第二次会议表决通过了《宪法修正案》;2018 年 3 月 11 日,第十三届全国人民代表大会第一次会议表决通过《中华人民共和国宪法修正案》。

2.依宪治国是依法治国的核心

依法治国是一种治国思想体系、原则体系和制度体系的总称,包含丰富的内容。《宪法》是法治的标志,没有《宪法》,就没有法治。"法律至上"是法治国家的基本要求,但是没有"《宪法》至上","法律至上"就难以实现。

>> 修炼提示

《宪法》是我国的根本大法,其他任何法律、法规都不得与之相抵触。

《宪法》以法律的形式确认了我国各族人民奋斗的成果,规定了国家的根本制度、根本任务和国家生活中最重要的原则,具有最大的权威性和最高的法律效力。全国各族人民、一切国家机关和武装力量、各政党和各社会团体、各企业事业组织,都必须以《宪法》为根本的活动准则,并负有维护《宪法》尊严、保证宪法实施的职责。

作为社会主义事业建设者、接班人的中学生,更应该积极学习,用自己的实际行动维护宪法和国家法律的尊严。

3.自觉维护《宪法》的尊严

2001年4月26日,中共中央、国务院在转发《中央宣传部、司法部关于在公民中开展法制宣传教育的第四个五年规划》的通知中确定:"将我国现行《宪法》实施日即12月4日,作为每年的全国法制宣传日。"确立"12·4"全国法制宣传日,有利于进一步增强公民的《宪法》观念,树立《宪法》权威;有利于法制宣传教育在更宽的领域和更广阔的空间发挥作用并不断深入发展,推进依法治国的进程。

实践证明,我国现行《宪法》是一部符合国情的好《宪法》,在国家经济、政治、文化和社会生活中发挥了极其重要的作用;保障了我国的改革开放和社会主义现代化建设,促进了我国的社会民主建设,推动了我国的社会主义法制建设,促进了我国人权事业和各项社会事业的全面发展。只有认真贯彻实施《宪法》,才能保障广大人民的根本利益,保障国家安全和社会稳定,实现国家的长治久安。

法制宣传教育是提高全民法律素质、推进依法治国基本方略实施、建设社会主义法治国家的一项基础性工作。在全体公民中开展法制宣传教育,首要任务就是要进行《宪法》知识的宣传教育,使广大公民了解《宪法》,掌握《宪法》,增强《宪法》观念,树立《宪法》权威。

要维护《宪法》尊严,需要全社会的共同努力:

(1)立法部门要在《宪法》的框架下制定法律,在立法过程中要倾听民声、凝聚民意,确保各项立法既落实《宪法》内容又不与《宪法》相抵触。

(2)行政机关要依法行政,各项行政活动都要以《宪法》和法律为依据,模范遵守《宪法》和法律。

(3)司法机关要公正司法,以法律为准绳,捍卫司法公正。

(4)每个公民要学习《宪法》、宣传《宪法》,在自己的学习和生活中自觉践行和贯彻《宪法》,与违反宪法的行为做斗争。

相关链接

在某中职学校举行的18岁成人仪式上,上千名18周岁的青年,面对国旗,举起右手,握紧拳头,以中华人民共和国公民的名义,庄严宣誓:"我将捍卫神圣的《宪法》,维护《宪法》的尊严,遵守《宪法》和法律,正确行使公民权利,积极履行公民义务……"

二、坚持公民权利与义务的统一

1.增强公民意识

公民意识是指公民个人对自己在国家中地位的自我认识,是公民对自己应享受的权利和应履行的义务的自觉意识。健全的公民意识是现代社会文明的标志之一。

>> 修炼提示

要加强公民意识，树立社会主义民主法治、自由平等、公平正义理念。

在专制独裁的社会中，只有"臣民"，没有真正意义上的公民。法治社会要求我们担负起具体的公民职责。从某种意义上讲，公民概念意味着一个人与国家、社会及他人在政治法律领域的良性互动关系。作为新时代的中华人民共和国公民，必须树立正确的公民意识、国家意识、法律意识、权利与义务意识。

我国《宪法》从第三十三条到第五十条，全面而详尽地规定了我国公民的基本权利。公民的基本权利可分为平等权利、政治权利和自由、人身与人格权利、宗教信仰自由、社会经济权利等。

我国《宪法》在确认公民基本权利和自由的同时，还规定了具体措施来保障其实现，充分体现了社会主义国家人民当家做主的本质。当然，《宪法》在规定公民享有广泛权利的同时，也规定了公民必须履行的义务。《宪法》规定我国公民必须履行的义务有：

第一，公民必须履行政治性义务，包括维护国家统一和民族团结；遵纪守法和尊重社会公德；维护祖国安全、荣誉和利益；服兵役和参加民兵组织。

第二，公民必须履行依法纳税的义务。

第三，公民必须履行的其他义务，包括：公民有劳动、受教育的义务；夫妻双方有实行计划生育的义务；父母有抚养教育子女的义务，成年子女有赡养扶助父母的义务；等等。

相关链接

某中职学校的计算机专业接到通知，本专业年满 18 周岁的同学都到学校大会堂参加学校所在地镇人民代表大会代表的选举活动。对此，学生中有几种观点：

学校让我去我就去，但选举什么样的人当人大代表与我关系不大；我们现在在进行岗前培训，这么紧张的时间，还参加什么人大代表选举；这是我有生以来第一次参加人大代表选举，我一定要参加。

试对上述观点进行简要分析。

2. 国家尊重和保障人权

人权是人之所以为人应该享有的权利，其内容是广泛的，主要包括三个基本方面：人身人格权利（如生命权、人身安全权、人身自由权、思想自由权等）；政治权利与自由（选举权与被选举权、参政权、议政权、出版集会结社权等）；经济文化和社会权利（如工作权、最低生活保障权、婚姻自由权等）。人应当全面地享有这些权利。

2004 年 3 月，第十届全国人民代表大会第二次会议审议通过了《宪法修正案》，首次将"人权"概念引入《宪法》，在《宪法》中明确规定"国家尊重和保障人权"。尊重和保障人权，是人类社会进步的重要成果和现代社会的重要标志。

中华人民共和国成立以来，特别是改革开放以来，我国在尊重和保障人权方面取得了巨大的成就。中国政府和人民从自己历史和国情出发，遵循《世界人权宣言》的基本原则和人权理念，学习借鉴古今中外人类文明进步成果，不断深入具体实践，逐步形成中国特色的社会主义人权观。

>> 修炼提示

人权普遍性的原则必须同各国国情相结合；人权是社会全体成员的权利；人权是一个权利体系，不仅包括政治权利，而且包括经济、社会、文化权利，不仅包括个人人权，还包括集体

人权;生存权和发展权是首要的基本人权;人权是权利和义务的统一;稳定是实现人权的前提,发展是实现人权的关键,法治是实现人权的保障;人权在本质上是一国主权范围内的问题;对话与合作是促进国际人权发展的正确途径。以上这些人权理念在人权实践中发挥了重要作用,成为中国特色社会主义理论体系的重要内容和有机组成部分。

相关链接

我国在尊重和保障人权方面取得了巨大的成就,充分体现了社会主义制度的优越性:

坚持通过发展增加物质财富和改善人民生活,使人民的生存权、发展权得到普遍改善;实行依法治国,建设法治国家,使民主建设不断加强,使公民权利和政治权利得到切实保障;着力改善民生,维护社会公正,使人民平等享受经济、社会、文化权利;发展平等团结互助和谐的民族关系,有力促进和保障少数民族的合法权利;开展平等交流与合作,共谋共促世界人权发展……

3.依法行使权利和履行义务

我国《宪法》第三十三条规定:"任何公民享有《宪法》和法律规定的权利,同时必须履行《宪法》和法律规定的义务。"在我们社会主义国家,不存在只享有权利而不履行义务的公民,也不存在只履行义务而不享有权利的公民,只有把认真行使公民权利和自觉履行公民义务结合起来,才是正确的态度。

修炼提示

没有无义务的权利,也没有无权利的义务。

那么我们中职学生,应该怎样做呢?应该坚持依法行使公民权利,依法履行公民义务。

第一,坚持公民的权利和义务统一的原则。

在我国社会主义条件下,公民的权利和义务是统一的。公民在法律上既是权利的主体,又是义务的主体。权利的实现需要义务的履行,义务的履行可以确保权利的实现。在某些情况下,权利就是义务,义务就是权利,比如劳动和受教育既是权利又是义务。

第二,坚持个人利益和国家利益相结合的原则。

在我国社会主义制度下,国家、集体利益和公民的个人利益在根本上是一致的。我们在行使公民权利和履行公民义务时,必须把国家利益和个人利益结合起来。行使权利不得超越国家法律许可的范围,不得损害国家的、社会的、集体的利益和其他公民合法的自由和权利。当个人利益与国家利益相矛盾时,要把维护国家利益放在第一位,自觉做到个人利益服从国家和集体利益。

第三,坚持公民在法律面前一律平等的原则。

这一原则也包括,所有公民都平等地享有《宪法》和法律规定的权利,也平等地履行《宪法》和法律规定的义务;国家机关在适用法律上对任何公民都一律平等;任何公民都不得有超越《宪法》和法律的特权。

三、修炼实践

1.组织活动

(1)收集有关资料,写一份宣传《宪法》知识的书面材料在班内展示,或在班内组织一次法制宣传活动。

(2)"18周岁,从做文明公民开始"主题活动:做一件让父母、师长感动的事;给父母、师长写一封感恩的信;组织一次以感恩为主题的班会或开展一次主题团队活动;以"文明从我做起"为主题,组织一次志愿者服务活动。

2.查一查

2001—2019年"全国法制宣传日"的主题各是什么?

3.心灵氧吧

- 法律的真谛,就是没有绝对的自由,更没有绝对的平等。——郭道晖
- 法律就像旅行一样,必须为明天做准备。它必须具备成长的原则。——卡多左
- 制定法律法令,就是为了不让强者做什么事都横行霸道。——奥维德
- 当友爱蔚然成风的时候,法律也就可以宣告废除了。——亨·布林克洛
- 一个国家如果纲纪不正,其国风一定颓败。——塞内加
- 法律是无私的,对谁都一视同仁。在每件事上,她都不徇私情。——托马斯

第五节　崇尚程序正义,依法维护权益

我国的程序法为人民遵循正确的程序实施法律行为、通过法定程序解决法律纠纷提供了重要保障。它的主要功能在于及时、恰当地为实现权利、行使职权和履行义务提供必要的规则、方式和秩序。

相关链接

我国目前的诉讼与非诉讼程序法

我国目前的诉讼与非诉讼程序法有《刑事诉讼法》《民事诉讼法》《行政诉讼法》《海事诉讼特别程序法》《仲裁法》。

一、崇尚程序正义

假如你在商店购物时被无端怀疑偷商店的东西,并被非法搜身,此时此刻,采取忍气吞声或者伺机报复的方式都无助于问题的解决,只有通过法律途径才能维护自己的合法权益。

修炼提示

只有熟悉维护伸张正义的办事程序才能够实现依法维护自身权益。

1.诉讼的基本程序

"诉"就是告诉、控告的意思;"讼"就是争论、争辩的意思。诉讼,是指人民法院对在当事人之间存在争议的事实,依照法定程序进行审理并解决争议的活动。根据诉讼要解决的案件性质、诉讼的内容、程序等不同,我国的诉讼可分为刑事诉讼、民事诉讼、行政诉讼。

(1)刑事诉讼程序。

刑事诉讼一般是指国家对犯罪嫌疑人的犯罪活动进行侦查、起诉和审判的司法活动。通过刑事诉讼程序,司法机关裁决犯罪嫌疑人、被告人是否有罪,或是否承担刑事责任,以及构成何种犯罪、承担何种刑事责任。一个公民,即使自己远离犯罪,仍会参与到刑事诉讼当中,如举报犯罪、协助专门机关工作或作为其他诉讼参与人。掌握刑事诉讼程序,有助于增强我们依照法律程序同犯罪行为做斗争的意识和能力。

根据《中华人民共和国刑事诉讼法》(以下简称《刑事诉讼法》),刑事诉讼程序分立案、侦查、起诉、审判和执行五个阶段。

（2）民事诉讼程序。

民事诉讼一般是指公民、法人或其他组织之间发生民事纠纷后请求法院进行裁判的司法活动。人民法院在当事人和其他诉讼参与人参加下，审判和解决民事案件以及由这些活动所引起的诉讼关系的总和。民事诉讼程序是国家制定的司法机关解决民事争议的操作规程。民事诉讼程序包括：民事审判程序、民事执行程序、民事诉讼附属程序。其中，尤以民事审判程序最为重要。

民事审判程序是指法律规定的，人民法院审理民事案件必须遵循的时限、步骤、方式等要求的总和，即从法院立案受理到对民事案件做出最终判决的全部过程。民事审判程序包括第一审程序、第二审程序和审判监督程序。

（3）行政诉讼程序。

行政诉讼一般是指公民、法人或其他组织对行政机关的具体行为不服将其起诉到人民法院，由人民法院进行裁判的司法活动。通俗而言，行政诉讼就是"民告官"，是公民、法人和其他组织以行政机关为被告向人民法院提出的诉讼。建立行政诉讼制度的目的，就是要维护和监督行政机关依法行使职权，保证行政机关严格依法办事。行政诉讼的主要程序包括起诉与受理、一审、二审、审判监督和执行程序。

相关链接

某社区王大爷喜欢在自家的阳台上种植花草。他在他家阳台的护栏内摆放了很多的盆栽花草。刮风下雨，总会有盆从阳台上掉下去。小区管理人员多次对他的行为进行了劝阻，但王大爷总是不以为然。一次，掉下去的盆砸到李某的头上，李某头破血流，被送往医院住院治疗。后来，李某向王大爷索要医疗费用，王大爷竟然说是刮风使盆掉下去的，与自己无关。李某将王大爷告上了法庭。

2.确保司法程序公正

司法公正，是指司法审判人员在司法和审判过程中和结果时，应坚持和体现公平正义原则，也就是要进行严格的依法裁判，切实保障公民、法人和其他组织的合法权益，真正做到有法必依、执法必严、违法必究。

修炼提示

公平正义，就是社会各方面的利益关系得到妥善协调，人民内部矛盾和其他社会矛盾得到正确处理，社会公平和正义得到切实维护和实现。

司法公正分为实体公正和程序公正。程序公正是指司法程序必须公开、公平、民主地保护当事人诉讼的权利，切实保障司法人员独立公正地开展司法活动。其充分体现效率的原则，是司法公正的保障。

判断程序公正的基本原则有以下几点。

第一，独立性原则。审判机关只能服从法律，不能受上级机关、行政机关及个人的干涉。

第二，回避原则。办理案件过程中，不能有与办案人员有利害关系的人员存在。如有，该办案人员应放弃审理该案。

第三，公开性原则。司法过程和结果要对当事人和社会公开。

确保司法公正，对我国社会主义现代化建设具有重要意义。可以依法保护和规范公平交易和有序竞争，依法惩治破坏市场经济秩序的犯罪行为，促进社会主义市场经济的健康发展；可以保障公民的合法权益；可以加强对行政机关及其工作人员权力的制约和监督，推动依法行政,促进社会主义政治文明建设。实现社会公平正义是发展中国特色社会主义的重要任务,是依法治国的重要目标。

相关链接

公平正义是古往今来人们衡量理想社会的标准之一,也是人类社会发展进步的重要价值取向。公平包含公民参与经济、政治和社会其他生活的机会公平、过程公平和结果分配公平。正义则是公平的义理,包括社会正义、政治正义和法律正义等。正义与公平在内涵上存在若干重叠,但它更多地指向是否观及荣辱观。它呼唤社会正气,谴责歪风邪气,与各种社会丑恶现象更是水火不容。

程序正义被视为"看得见的正义",其源于一句法律格言:"正义不仅应得到实现,而且要以人们看得见的方式加以实现。"就是说,司法机构对一个案件的判决,即使非常公正、合理、合法,还是不够的,要使裁判结论得到人们的普遍认可,裁判者必须确保判决过程符合公正、正义的要求。

没有公平正义,社会的诚信友爱、安定有序等也就无法实现。只有全体公民牢固树立公平正义的观念,让公平正义的精髓渗透法治实施的全过程,使公平正义成为人们看得见以及实实在在感受得到的结果,社会主义法治才能真正成为吸引并惠及广大人民群众的伟大实践。

二、依法维护自己的合法权益

1.公民的基本诉讼权利

公民的诉讼权利主要包括:

(1)公民有委托辩护人或诉讼代理人的权利。

(2)公民有上诉的权利。

(3)公民有申请回避的权利。对诉讼过程中依照法律规定应该回避的办案人员以及其他相关人员,当事人有权要求其退出诉讼。

相关链接

16岁的张强涉嫌多次打架斗殴致人重伤,被人民检察院提起公诉。开庭审理前,张强提出委托自己在大学读书的姐姐为自己辩护。一审判决张强有期徒刑2年,张强不服,于是在规定的期限内向上级人民法院提出上诉。

我国诉讼实行两审终审原则,一个案件经过两级法院审理即告终结,上诉权因为两审终审原则而产生。当事人和其他诉讼主体如果不服一审判决或裁定,可以在规定期限内要求上级人民法院对尚未生效的一审判决或裁定的事情进行重新审理(最高人民法院的一审判决是终审判决)。是否提出上诉,完全由上诉人根据自己的意志决定,任何人不得以任何借口剥夺或限制上诉人的上诉权。上诉人如果不在法定期限内提起上诉,一审判决就会生效。

2.增强证据意识

修炼提示

当法律问题出现时,首先要考虑的问题就是保全证据。

法律意义上的证据即诉讼证据,是指诉讼过程中用来证明案件事实的一切凭证或根据。对司法机关而言,证据是查明案件事实情况的唯一手段;对普通公民而言,刑事诉讼中的证据是揭露犯罪的有力武器,民事诉讼和行政诉讼中的证据则是当事人主张自己权利的重要工具。

现实生活中,很多人打官司都遇到过"有理说不清"的烦恼,其根源在于手中没有符合法律要求的证据。法律上的证据不同于一般的事实。

第一,证据要有合法性,即证据的形式、收集和查证都必须符合法律的规定。

第二,证据要具有客观性,即证据必须是客观真实的,既不能捕风捉影,更不能主观臆断。

第三,证据要具有关联性,即证据只有与案件事实有实质性联系,才能对案件事实具有证明作用。

只要进行诉讼活动,无论是民事诉讼、行政诉讼,还是刑事诉讼,都存在举证问题。根据法律规定,法定证据主要有以下几类:①物证;②书证;③视听资料;④证人证言;⑤当事人的陈述;⑥鉴定结论;⑦勘验笔录、勘验检查笔录。

根据我国《中华人民共和国民事诉讼法》(以下简称《民事诉讼法》)的规定,民事举证一般实行"谁主张、谁举证"的原则。对于一项诉讼,一般都由原告提出诉讼请求,并对该请求事项的事实提供证据予以证明。如果原告不能用证据证明自己的诉讼请求,人民法院将不支持原告的诉讼请求。在某些特殊情况下,法律规定由被告承担主要举证责任,对原告诉讼请求所指明的事实,被告可用证据证明自己的"清白"。

📖 相关链接

某年春节前夕,王某向李某借人民币 1 万元,并向李某保证春节过后一定及时还清。因为是朋友关系,李某没有要求王某留下借条。过了正月,李某因为急于用钱,向王某催要,王某说:"现在没有钱还,有钱以后一定还。"到了年底,王某仍然分文未还。李某在多次讨要未果的情况下,向法院提起诉讼,请求法院判决王某返还 1 万元的本息。在诉讼过程中,王某开始要赖,说从来没有向李某借过钱。但是,法院因李某无法提供证据,驳回李某的诉讼请求。

刘女士在某化妆品商店购买了一套祛斑美容产品,用后脸部红肿,奇痒无比,并有化脓、脱皮等情况发生,仅医疗费就花去上千元。由于她购买化妆品时没有索要发票,当她起诉到法院时,很难证实她是在被告处购买的化妆品。

张女士向杨先生借款不还,杨先生多次催要,张女士不予承认。杨先生利用张女士在向其借钱时发的手机短信作为证据,通过法律程序,使张女士如数归还了借款。

在诉讼中,我们强调"以事实为根据,以法律为准绳",而证据又是确认事实的支柱。我们应牢牢记住,进行诉讼时,证据是我们最有力的武器。

3.学会依法维护自己的合法权益

我国的《宪法》和法律保护公民的合法权益,任何公民都可以在法律范围内行使自己的权利,谋取自己的利益;任何公民当自己的合法权益受到非法侵害时,都有权按照法律规定,运用法律武器维护自己的合法权益。

当自己的合法权益受到非法侵害时,可以依靠公安、司法机关寻求法律保护。公安机关是执行治安保卫任务的国家行政机关。人民检察院是国家的法律监督机关,其依照法律规定独立行使检查权。人民法院是国家的审判机关,其依照法律规定独立行使审判权。公安机关、人民检察院、人民法院在党的统一领导下,分工负责、互相配合、互相制约,以保证准确、有效地执行法律。

当自己的合法权益受到非法侵害时,要善于依照法定程序,维护自己的合法权益。

当自己的合法权益受到非法侵害时,不能采取不恰当、不理智或不合法的手段去应对。

不要通过非法途径与对方"私了";不能忍气吞声、委曲求全;不能感情用事;不逞血气之勇,不采取以牙还牙的非法手段报复对方。

当自己的合法权益受到侵害或与别人发生纠纷时,也可以根据情况选择非诉讼途径解决。非诉讼途径是指受害人或其他有关人员暂不需要经过诉讼程序,但可以请求国家有关行政机关或其他有关单位处理、解决纠纷,保护自身合法权益的方式。

非诉讼解决纠纷的途径主要有调解、仲裁、行政复议等,它们都是公民、法人及其他组织解决纠纷,维护自身合法权益的有效途径。

相关链接

调解:是指发生纠纷的当事人,在第三方主持下,互相协商、互谅互让,依法自愿达成协议,从而解决纠纷的活动。我国的调解制度包括人民调解、行政调解和司法调解等。

仲裁:是指发生争议的双方当事人,根据其在争议发生前后达成的仲裁协议,自愿将争议提交中立的第三者进行裁判的活动。仲裁是当今国际上广泛采用的解决经济纠纷的重要途径。与诉讼相比,仲裁具有充分尊重当事人的选择、费用比较低、结案速度比较快等优点。

行政复议:是指公民、法人或其他组织如认为行政机关做出的具体行政行为侵犯其合法权益,可以依法向特定行政机关提出申请,由该行政机关对有争议的具体行政行为依法进行审查并做出行政复议决定的活动。行政复议属于行政机关上级对下级行政行为的依法监督。

三、修炼实践

1.谈一谈

在我们成长的校园里,虽然同学们处处都能感受到教师热情的关怀及同学真诚的友谊,但是校园暴力事件仍时有发生。

(1)就如何防范校园暴力事件提出合理化建议。

(2)中职生应如何用法律武器保护自己的合法权益?

2.组织活动

搜集有关事例,比较解决纠纷的各种方法及其效果,区别不必通过法律途径解决与必须通过法律途径解决的纠纷。

3.模拟法庭

选取一个案例,根据法庭审判的基本程序进行模拟审判。

4.心灵氧吧

• 让我们维护公平,那么我们将会得到更多的自由。——约瑟夫·儒贝尔

• 最好的法律从习惯产生。——儒贝尔的《冥想录》

• 法律就是秩序,有好的法律才有好的秩序。——亚里士多德

• 犯罪总是以惩罚相补偿;只有处罚才能使犯罪得到偿还。——达雷尔

• 无犯意则无犯人(Non reu nisi mens sitrea)。——英国法律格言

• 善良的心是最好的法律。——麦克莱

• 法律的制定是为了惩罚人类的凶恶悖谬,所以法律本身必须最为纯洁无垢。——孟德斯鸠

• 世界上唯有两样东西能让我们的内心受到深深的震撼,一是我们头顶上灿烂的星空,一是我们内心崇高的道德法则。——康德

第六节 学习法律知识,预防一般违法

王强出于好奇、刺激心理,经常拨打"119",后被警察当场抓获。李良在看足球比赛时,不听劝阻,强行进入比赛场内,指责和侮辱裁判。他们都因违反了《中华人民共和国治安管理处罚法》(以下简称《治安管理处罚法》)有关规定而被公安机关依法拘留。违法就要承担法律责任。那么,哪些行为属于违反《治安管理处罚法》的行为?未成年人应怎样预防一般违法行为、杜绝不良行为,自觉依法规范自己的行为?

一、自觉维护社会公共秩序

未成年人在校学习期间要自觉学习法律知识,熟悉法律条款及程序,学会应用法律武器维护自己的合法权益,为将来进入社会担当好社会角色做好充分准备。同时要在学生时代养成良好的行为习惯,不与社会闲杂人员交往,洁身自好,杜绝不良行为,坚决不做违法乱纪的事。

>>> 修炼提示

秩序是自由的第一条件。

1.违法行为具有社会危害性

凡是做出法律所禁止的行为或者不履行法律规定的义务,都是违法行为。根据违法行为的性质、情节和对社会的危害程度,可以把违法行为分为违宪行为和刑事违法行为、民事违法行为、行政违法行为。

相关链接

廖某与妻子蒋某离婚,6岁的孩子判给蒋某一起生活,廖某每月给孩子一定的抚养费。廖某再婚后,拒绝支付孩子的抚养费。蒋某在人民法院起诉,法院经过调查了解、在做好疏导工作的基础上,依照《中华人民共和国婚姻法》,判决廖某必须承担对孩子的抚养教育义务。

陈某养了两条宠物狗,经常半夜犬吠,干扰周围居民的正常休息。民警接到群众举报后对陈某提出警告,要求其对宠物狗进行约束,但陈某并不改正。公安机关依据《治安管理处罚法》第七十五条规定,对陈某的违法行为处以 500 元罚款。

违宪行为通常是指有关国家机关制定的某种法规及国家机关、社会组织或公民的某种活动、行为与《宪法》的规定相抵触。一切违反《宪法》和法律的行为,都必须予以追究。刑事违法行为是违反《中华人民共和国刑法》(以下简称《刑法》)应受到刑罚处罚的行为,也就是犯罪,是一种严重违法行为。民事违法行为是违反民事法律法规的行为,要承担民事责任。行政违法行为是违反行政管理法律法规的行为,应受到行政制裁。民事违法行为和行政违法行为的违法情节比较轻微,对社会危害性不大,还没有触犯《刑法》,只是违反了《刑法》以外的法律、法规,这两种违法行为叫作一般违法行为。

一般违法行为,虽然不像犯罪行为那样对社会造成严重危害,但也损害国家和人民的利益,为国家法律所禁止,也应受到一定的法律制裁、承担相应的法律责任。有些一般违法行为,如不及时给予处罚、惩戒,还可能发展为犯罪。

2.违反治安管理的行为要受到法律处罚

为维护社会治安秩序,保障公共安全,保护公民、法人和其他组织的合法权益,规范保障公安机关及人民警察依法履行治安管理职责,2005 年 8 月 28 日,第十届全国人民代表大会常务委员会第十七次会议通过了《中华人民共和国治安管理处罚法》,自 2006 年 3 月 1 日起施行。

《违反治安管理处罚法》的行为,是指扰乱公共秩序,妨害公共安全,侵犯人身权利、财产权利,妨害社会管理,具有社会危害性,尚不构成刑事处罚的,由公安机关依照《治安管理处罚法》给予处罚。

治安管理处罚的种类:警告;罚款;行政拘留;吊销公安机关发放的许可证。对违反治安管理的外国人,可以附加适用限期出境或驱逐出境。

相关链接

2008 年汶川大地震发生后,朱某通过各种形式散布谣言,声称某地某时要发生多少级地震,在社会上传播,使部分公众产生恐慌情绪,影响了社会安定。公安机关依照《治安管理处罚法》,对扰乱公共秩序的朱某处以 10 日拘留,并处 500 元罚款。

某中职生钱某打电话告诉某网吧的管理员说自己周末要去上网。当他到的时候,网吧的人已经满了,管理员让他改天再去玩。没能上网的钱某一时气恼,竟然将管理员的电脑掀翻在地,并破口大骂管理员。

妨害公共安全的行为,是故意或过失导致多数人的生命、健康和公私财产造成损失的行为。妨害社会管理的行为,是故意妨害国家机关正常管理活动和妨害正常社会秩序的行为。这些行为破坏公共安全,妨害社会管理秩序,造成社会混乱,危害国家利益,给人民生命、财产造成无可挽回的损失,必须受到法律处罚。对于那些严重危害公共安全、严重妨害社会管理的犯罪行为,要依据《刑法》予以惩处。

根据《治安管理处罚法》的规定,治安管理处罚必须以事实为依据,与违反《治安管理处罚法》行为的性质、情节以及社会危害程度相当。实施治安管理处罚,应当公开、公正,尊重和保障人权,保护公民的人格尊严。办理治安案件应当坚持教育与处罚相结合的原则。

3.依法自觉规范自己的行为

中职学生应自觉依法规范自己的行为,要认识到遵纪守法是每一个公民的义务,树立起牢固的法制观念,做到知法、懂法、守法。

修炼提示

当你要发怒的时候,你可尝试"三分钟后再发火",免得增加怒气,而将一般矛盾升级,造成严重后果。

中职学生应自觉依法规范自己的行为。首先,要学习相关法律知识,这样才能知道自己应该在哪些方面约束自己、规范自己。其次,要从小事做起,从自我做起。许多违法犯罪行为是从犯小错误开始的,有错不改,越陷越深,最终陷入犯罪的深渊。如果不加强思想品德修养,不自觉增强法律意识,不注意防微杜渐、防患于未然,就有可能从犯小错误发展到违法犯罪。

相关链接

以下是《中华人民共和国治安管理处罚法》的部分条款。

第二十四条　因扰乱体育比赛秩序被处以拘留处罚的,可以同时责令其十二个月内不得进入体育场馆观看同类比赛;违反规定进入体育场馆的,强行带离现场。

第三十六条　擅自进入铁路防护网,或者火车来临时在铁路线路上行走或坐卧、抢越铁路,影响行车安全的,处警告或者二百元以下罚款。

第六十三条 有下列行为之一的,处警告或者二百元以下罚款;情节较重的,处五日以上十日以下拘留,并处二百元以上五百元以下罚款:

(一)刻划、涂污或者以其他方式故意损坏国家保护的文物、名胜古迹的;

(二)违反国家规定,在文物保护单位附近进行爆破、挖掘等活动,危及文物安全的。

二、杜绝不良行为

1.全社会保护未成年人的健康成长

国家从很多方面来保护未成年人的健康成长,如禁止向未成年人出售彩票,对未成年人进行法律及安全教育,宣传未成年人保护法,工商部门检查儿童食品市场,等等。儿童和少年的权利应当得到保护,他们没有能力保护自己,因此,社会有责任保护他们。

未成年人是祖国未来的建设者,是中国特色社会主义事业的接班人。保护未成年人,是国家机关、社会团体、企业事业组织、城乡基本群众性自治组织、未成年人的监护人和其他成年公民的共同责任。对侵犯未成年人合法权益的行为,任何组织和个人都有权予以劝阻、制止或者向有关部门提出检举或者控告。国家、社会、学校和家庭应当教育和帮助未成年人维护自己的合法权益,增强自我保护的意识和能力,增强社会责任感。

相关链接

为了保护未成年人的身心健康,保障未成年人的合法权益,促进未成年人在品德、智力、体质等方面全面发展,培养有理想、有道德、有文化、有纪律的社会主义建设者和接班人,2006年12月29日,第十届全国人民代表大会常务委员会第二十五次会议通过了修订的《中华人民共和国未成年人保护法》,并于2007年6月1日起施行。

该法规定:未成年人享有生存权、发展权、受保护权、参与权等权利,国家根据未成年人身心发展特点给予特殊、优先保护,保障未成年人的合法权益不受侵犯。未成年人享有受教育权,国家、社会、学校和家庭应尊重和保障未成年人的受教育权。未成年人不分性别、民族、种族、家庭财产状况、宗教信仰等,依法平等地享有权利。

保护未成年人的方式主要有家庭保护、学校保护、社会保护和司法保护。保护未成年人,应当遵循保障未成年人合法权益的原则,尊重未成年人人格尊严的原则,适应未成年人身心发展特点的原则,坚持教育与保护相结合的原则。

2.拒绝严重不良行为

为了保障未成年人身心健康,培养未成年人良好品行,有效地预防未成年人犯罪,1999年6月28日,第九届全国人民代表大会常务委员会第十次会议通过了《中华人民共和国预防未成年人犯罪法》,自1999年11月1日起施行。

预防未成年人犯罪教育的目的,是增强未成年人的法制观念,使未成年人懂得违法和犯罪行为对个人、家庭、社会造成的危害,了解违法和犯罪行为应当承担的法律责任,树立遵纪守法和防范违法犯罪的意识。

相关链接

以下是《中华人民共和国预防未成年人犯罪法》的内容。

第三十四条 本法所称"严重不良行为",是指下列严重危害社会,尚不构成刑事处罚的违法行为：

（一）纠集他人结伙滋事，扰乱治安；

（二）携带管制刀具，屡教不改；

（三）多次拦截殴打他人或者强行索要他人财物；

（四）传播淫秽的读物或者音像制品等；

（五）进行淫乱或者色情、卖淫活动；

（六）多次偷窃；

（七）参与赌博，屡教不改；

（八）吸食、注射毒品；

（九）其他严重危害社会的行为。

吸毒不仅严重危害人的身心健康，传播疾病，而且为走私、贩卖、运输、制造毒品提供了市场，诱发暴力、凶杀以及其他刑事犯罪，严重危害社会治安，因此为国家法律严厉禁止。对吸毒者，给予治安管理处罚，并强制其戒毒；戒毒后又吸毒者，实行劳动教养，并在劳动教养中强制戒毒。引诱、教唆、欺骗、强迫未成年人吸毒、构成刑事犯罪的，依据《刑法》从重处罚。

传播淫秽读物或音像制品，是指通过播放、出租、出借、运输、传递等方式使淫秽的读物或者音像制品得以散布、流传的行为。未成年人看淫秽读物或音像制品极容易受毒害，不但会导致意志消沉，无法安心学习，而且会诱发多种不良行为甚至犯罪。

赌博是指以获取非法收入为目的，以财物作抵押，聚众就偶然的输赢决定财物所有权的行为。参与赌博助长投机取巧、不劳而获的投机思想，造成有些人因嗜赌而倾家荡产、家破人亡。它是社会的不安定因素，会诱发盗窃、抢劫、诈骗、甚至图财害命等犯罪行为，因而为国家法律所禁止。

对有严重不良行为的未成年人，其父母或者其他监护人和学校应当相互配合，采取措施，严加管教，也可以送其去工读学校进行矫治和接受教育。违反治安管理行为的，由公安机关依法予以治安处罚。因不满14周岁或者情节特别轻微免受处罚的，可予以训诫。

3.加强自我防范，杜绝不良行为

▶▶ 修炼提示

知道在适当的时候约束自己的人就是聪明人。

中职学生发现任何人对自己或者对其他未成年人实施不良行为或严重不良行为，可以通过所在学校、其父母或者其他监护人向公安机关或者政府有关主管部门报告，也可以自己向上述机关报告。受理报告的机关应当及时依法查处。

《中华人民共和国未成年人保护法》明确规定了哪些事情应当鼓励提倡未成年人去做，哪些事情应当预防和制止未成年人去做。中职学生要自觉守法，依法律己，法律提倡做的事情积极去做，法律不允许做的事情坚决不做。要增强自我保护意识和能力，加强自我防范，自觉抵制社会不良影响，杜绝不良行为，自觉矫治严重不良行为，促进身心和谐健康发展。

相关链接

以下是《中华人民共和国预防未成年人犯罪法》的部分内容。

第十四条　未成年人的父母或其他监护人和学校应当教育未成年人不得有下列不良行为：

（一）旷课、夜不归宿；

（二）携带管制刀具；

（三）打架斗殴、辱骂他人；

（四）强行向他人索要财物；

（五）偷窃、故意毁坏财物；

（六）参与赌博或者变相赌博；

（七）观看、收听色情、淫秽音像制品、读物等；

（八）进入法律、法规规定未成年人不适宜进入的营业性歌舞厅等场所；

（九）其他严重违背社会公德的不良行为。

三、修炼实践

1. 交流活动

搜集近期发生的学生违法犯罪案例，分析说明一般违法和犯罪之间没有不可逾越的鸿沟，并在同学中进行交流。

2. 角色扮演

假如你是一名戒毒所的警察，请从情与法的角度，写一段吸毒者的劝说词。

3. 做报告

邀请当地派出所的同志做一场"治安管理处罚法"的专题报告，或去当地派出所了解治安管理的有关情况。

4. 心灵氧吧

- 诸恶莫做，众善奉行，莫以善小而不为，莫以恶小而为之。
- 莫妒他长，妒长，则己终是短。莫护己短，护短，则己终不长。
- 谁把法律当儿戏，谁就必然亡于法律。
- 莫道我最大，天下法最大，莫道法无情，只要莫违法。
- 没有严格的执法，哪有人民的安宁；没有公正的执法，哪有法律的尊严。
- 自觉遵纪守法，享受自由人生。

第七节　自觉严以律己，避免违法犯罪

在社会生活的各个领域，常有犯罪案件发生。有的犯罪案件危害国家安全，有的犯罪案件侵犯公民的财产和人身权利，有的犯罪案件破坏人类的生存环境，等等。人们对犯罪深恶痛绝，国家会依法严厉惩处犯罪。那么，犯罪的主要特征有哪些？《刑法》打击犯罪的意义是什么？我们应该怎样与犯罪行为做斗争？学习《刑法》知识，对于未成年学生提高分辨是非善恶、罪与非罪的能力，更好地遵纪守法，远离犯罪的危害，积极同犯罪行为做斗争，都具有十分重要的意义。

一、依法制裁违法犯罪行为

▶▶ 修炼提示

什么是《刑法》的政治目的？它是对其他人的震慑。

1.犯罪的基本特征

判明某种行为是否构成犯罪,要看该行为是否具有一定的社会危害性,是否达到触犯刑律应受到刑罚处罚的程度。

相关链接

2009年10月,3名青年在某工业开发区作案,对夜间单身到某ATM机取款的女性进行持刀抢劫。县刑警大队抽调精干人员进行专案侦查,一个星期将案件告破,团伙成员悉数落网,受到了应有的惩罚。

犯罪是具有严重社会危害性的行为。行为具有社会危害性是犯罪的最本质特征。所谓行为具有社会危害性,是指行为对社会包括国家、集体和个人造成和可能造成危害的属性。但这并不意味着具有社会危害性的行为都是犯罪。行为的社会危害性及其危害性的大小,是区别罪与非罪的主要界限。

犯罪是具有刑事违法性的行为。犯罪应具有社会危害性,但不是具有社会危害性的行为都是犯罪,只有违反刑法规定的行为,才是犯罪。行为的社会危害性是其刑事违法性的基础,刑事违法性是社会危害性在刑法上的表现。犯罪行为必须是《刑法》明文禁止的行为,这是罪刑法定原则的要求。

相关链接

我国《刑法》第三条规定:"法律明文规定为犯罪行为的,依照法律定罪处刑;法律没有明文规定为犯罪行为的,不得定罪处刑。"它的基本要求是:①法定化,即犯罪与刑罚必须事先由法律做出明文规定,不允许法官自由擅断;②实定化,即对于什么行为是犯罪和犯罪所产生的具体法律后果,都必须做出实体性的法律规定;③明确化,即《刑法》条文必须文字清晰,意思确切,不能含糊其辞或模棱两可。

犯罪是应受刑罚处罚的行为。犯罪必须具有社会危害性和刑事违法性,但是具有社会危害性和刑事违法性的行为并不都是犯罪,只有法律规定应当受刑罚处罚的行为,才是犯罪。行为应受刑罚处罚性是由前面两个特征派生出来的。社会危害性和刑事违法性是适用刑罚的前提,刑罚是社会危害性和刑事违法性的后果。

犯罪的以上三个基本特征紧密结合、缺一不可。简单地说,犯罪就是危害社会、触犯刑法、应当受到刑罚处罚的行为。

2.犯罪构成和种类

我国《刑法》规定了犯罪行为所应当具备的客观和主观要件的总和,即犯罪构成,包括犯罪客体、犯罪的客观方面、犯罪主体、犯罪的主观方面四个要素。

犯罪客体是指《刑法》所保护的为犯罪行为所侵害的社会关系,是行为构成犯罪的必备要件之一。犯罪的客观方面是指《刑法》规定的犯罪行为所必须具备的各种外在表现或客观事实,包括危害行为和危害结果以及行为与结果之间的因果关系,是行为人构成犯罪并承担刑事责任的客观基础。

犯罪主体是指实施犯罪行为,依法应负刑事责任的自然人和单位。犯罪的主观方面是指犯罪主体对自己所实施的犯罪行为及其危害结果的心理态度,包括罪过、犯罪的动机和目的等因素。罪过表现为两种形式,即犯罪的故意和犯罪的过失。

我国《刑法》将各种犯罪归纳为十大类:①危害国家安全罪;②危害公共安全罪;③破坏社

会主义市场经济秩序罪；④侵犯公民人身权利、民主权利罪；⑤侵犯财产罪；⑥妨害社会管理秩序罪；⑦危害国防利益罪；⑧贪污贿赂罪；⑨渎职罪；⑩军人违反职责罪。

3. 犯罪分子应受到刑法处罚

刑罚又叫刑事处分或刑事制裁，是由人民法院依照刑法对犯罪分子实行的强制处罚。对犯罪分子实行刑罚处罚，目的是给犯罪分子以强迫劳动和思想改造，使他们认识到犯罪是可耻的，要改恶从善，成为自食其力、遵纪守法的新人。对极少数罪大恶极、非杀不可的犯罪分子判处死刑立即执行，是为了使他们不致再危害社会。对犯罪分子实行刑罚处罚，还可以对社会上的不稳定分子起到警示和抑制作用，促使他们消除犯罪念头，防止犯罪的发生。

▶▶ 修炼提示

人在世界上可以做很多事情，法律明文规定不能做的事情就坚决不做。

根据《刑法》的规定，我国《刑罚》分为主刑和附加刑两大类。主刑包括管制、拘役、有期徒刑、无期徒刑和死刑五种。附加刑包括罚金、剥夺政治权利和没收财产三种。主刑的特点是只能独立适用、不能互相附加并用。附加刑既可以作为主刑的附加刑同时适用，也可以独立适用。

📖 相关链接

2009 年 1 月 20 日，吉林省吉林市中级人民法院对永吉县李海峰黑社会团伙案做出一审判决并公开宣判。

法院经过审理做出判决：被告人李海峰以暴力、威胁手段，有组织地进行违法犯罪活动，称霸一方，为非作恶，欺压、残害群众，严重破坏经济社会秩序。犯故意杀人罪、组织领导黑社会组织罪、伪造国家机关公文罪等 19 项罪，数罪并罚，决定对其执行死刑，剥夺其政治权利终身，并处罚金 187 万元。这起震惊全国的特大涉黑团伙案的 31 名被告都受到了应有的惩罚。

4. 我国《刑法》是惩治犯罪、保护人民的有力武器

▶▶ 修炼提示

法律就是秩序，有好的法律才有好的秩序。

我国《刑法》的根本任务是惩治犯罪，保护国家和人民的利益。其作用是：保卫国家安全，保卫人民民主专政政权和社会主义制度，保护国有财产和劳动人民群众集体所有财产，保护私人所有财产，保护公民人身权利、民主权利和其他权利，维护社会秩序、经济秩序，保障社会主义建设事业顺利进行。

📖 相关链接

2009 年 5 月 14 日，重庆市第一、三、五中级人民法院对一批严重危害社会治安的刑事犯罪分子集中进行公开宣判，12 名被告涉及罪名主要包括故意杀人、故意伤害、抢劫、放火等，因罪行极其严重，最高人民法院核准为死刑。

二、同犯罪行为做斗争

1. 加强未成年人预防犯罪的意识

青少年时期是心理发育从不成熟到成熟的过渡时期。这一时期，青少年身心发展尚未定型，可塑性很强，拒腐蚀能力较差，容易冲动，往往不能克制自己的情绪，易感情用事，如果遇到外部条件的不良诱惑或熏染，容易形成"孤注一掷""报复仇视"等心理，导致违法犯罪。对

未成年人进行预防犯罪的教育,目的是增强未成年人的法制观念,使未成年人懂得违法和犯罪行为对个人、家庭、社会造成的危害,懂得违法和犯罪行为应当承担的法律责任,树立遵纪守法和预防违法犯罪的意识。

修炼提示

无论你怎样地表示愤怒,都不要做出任何无法挽回的事情来。

未成年人犯罪的原因除了受家庭、学校、社会等客观因素影响外,就主观原因来说,主要是青少年法律意识淡薄、自控力差、认知能力低、价值观念扭曲、缺乏正确交友观等。

根据《预防未成年人犯罪法》第四十条的规定,未成年人犯罪的自我防范意识主要包括两个方面:一方面,指未成年人通过加强文化修养和法律意识,自觉抵制各种不良行为和违法犯罪行为的引诱和侵害;另一方面,指未成年人在受到犯罪侵害后应通过法律途径,及时维护自己的合法权益。

中职学生自觉预防犯罪要做到:遵守国家法律法规及社会公共规范,树立自尊、自律、自强的意识,增强辨别是非和自我保护的能力,充分运用法律维护自身合法权益。

相关链接

廉洁自律,做守法的劳动者

某中职学校毕业生孙某,在读书的时候就羡慕身边那些花钱大手大脚的同学。他暗下决心:"将来一定要做一个有钱人。"但是参加工作后,孙某不肯踏实工作,总是想通过"短、平、快"发财致富。在企业担任物资保管员期间,他发现公司对物资的保管存在管理漏洞,于是想方设法伪造出货单、伪造主管的签字,将货物送出卖掉。心惊肉跳几次后,自己觉得别人不知道,于是精心准备干一场大的就收手,哪知他的举动早就进入公司安全部门的视线,在其准备售卖偷出的货品时,被当场抓获。

在当代社会,劳动是公民生存和发展的主要手段,个别劳动者由于法律观念淡薄,为了获得较高的报酬或超额的利润,在职业活动中,吃、拿、卡、要,制作假账,偷逃税款,生产、销售假冒伪劣产品,这些现象给社会造成了很大的危害。中职学生要懂得职业活动中的各种腐败现象可能构成犯罪,树立自觉防范的意识,为将来走上职业岗位,做知法守法的劳动者做好准备。

中职学生既是未成年人,又是未来的职业人,应确保在校学习时不违法犯罪,在未来职业活动中不违法犯罪,做遵纪守法的好学生和未来的好职业人。

2.培养见义勇为、见义智为的品质

我国法律鼓励和支持公民同违法犯罪做斗争。见义勇为,就是公民为保护国家利益、社会公共利益或他人的人身财产利益,面对各种违法犯罪行为、自然灾害或意外事故,在危机时刻挺身而出所实施的救助行为。见义勇为是中华民族的传统美德,有利于弘扬社会正气,助力社会治安综合治理,促进社会主义精神文明建设。同违法犯罪做斗争、运用法律武器来维权,是包括青少年在内的全体公民义不容辞的责任。

对于中职学生来说,应该见义勇为,更要善于见义智为。面对不法侵害,要依靠自己的智慧,迅速而准确地做出判断;要采取机智灵活的方法与其斗争,以避免造成更多不必要的伤害。

相关链接

某市场转角处一位中年妇女遭到一小偷偷窃,中年妇女发现后大喊:"有小偷,快抓小偷啊!"周围群众立即加入抓小偷的行列并迅速拨打110报警,最终与赶来的警察一起将小偷抓获。参加抓小偷的市民履行了同违法犯罪做斗争的职责。

未成年人在遭受不法侵害时,应当注意:①对比力量;②利用周围环境;③机智求助他人;④人身安全第一;⑤避免无谓激怒对方;⑥暂时妥协,事后报警;⑦及时调节自己的心理,保持镇静。

三、修炼实践

1.谈一谈

搜集见义勇为与见义智为的案例,谈谈如果自己遇到违法犯罪现象,打算怎样做?

2.讨论

以"如何防止青少年犯罪"为题,进行一次班级讨论。

3.写一写

观看一期法律知识讲堂,并写出个人体会。

4.心灵氧吧

- 不怕法律无情,就怕自身不清。
- 人生最大的财富不是腰缠万贯,也不是拥有国色天香的容貌,而是拥有一个身心健康的体魄。
- 索贿受贿,贪赃枉法,只图一时风光,代价却是换来一生牢狱生活。
- 自重、自省、自警、自律方能走端行正;慎独、慎微、慎权、慎欲勤为做事创业。
- 廉洁自律能提升生命价值,放纵私欲只会自毁锦绣人生。
- 如果你失去了金钱,则失之甚少;如果你失去了自由,就失去了一切。
- 一失足成千古恨,贪小便宜吃大亏。

第八节 正确处理事务,维护正当权利

中职生小东利用假期到其邻居家开的饭店帮忙。假期结束时,邻居以小东才15岁、没有民事行为能力为由拒绝给付报酬。小东的合法权益如何得到保护呢?我国制定了一系列法律法规旨在保障包括中职学生在内的民事主体的合法权益,规范各民事主体依法从事民事经济活动,以维护公平正义。那么,什么是民事主体?如何正确履行有效合同、参与民事活动,以保护自己和他人的人身权与财产权?如何在家庭中享有权利也履行义务,为构建和睦家庭尽自己的责任?

一、依法参与民事活动

1.《民法》保护我们的生活

《中华人民共和国民法通则》(以下简称《民法》)与人们日常活动的关系最直接、最密切。人们的人身、财产等权益受民法保护,买卖、租赁等日常活动都要受到民法的调整。

我国《民法》调整的民事关系是指平等主体的公民之间、法人之间以及公民与法人之间的财产关系和人身关系。其中的"财产关系"是平等主体在占有、支配、交换和分配物质财富过程中形成的具有经济内容的关系;"人身关系"是平等主体之间基于人格利益和身份利益而发生的不具有直接财产内容的人格关系和身份关系。

《民法》的基本原则贯穿《民法》的始终,是民事立法的指导方针,是民事主体进行民事活动的基本准则,同时也是法院审判案件的基本准则。民事主体所进行的各项民事活动,不仅要遵循具体的《民法》规范,还要遵循《民法》的基本原则。

第一,平等原则。参加民事活动的当事人,在法律上的地位一律平等,平等地享有民事权利和履行民事义务,任何一方不得把自己的意志强加给对方,同时法律也平等地保护双方当事人的合法权益。

第二,自愿、公平、诚实信用、等价有偿原则。参加民事活动的当事人,应自由地基于其真实意志,依据社会公认的公平观念,诚实善意、实事求是、信守诺言和法律规定,在不侵害他人与社会利益的基础上行使权利,自觉履行约定的民事义务,按照价值规律的要求,实行等价交换,使当事人之间以及当事人与社会之间的利益得到平衡。

第三,保护公民、法人合法民事权益原则。

第四,遵守法律和国家政策原则。

第五,维护社会公共利益原则。

相关链接

某县领导认为,在本县市政建设工程的招投标中,县领导的亲戚具有优先权,该行为遭到其他竞标者的强烈反对。

王某通过自己的朋友探知在城南将开发一片商品房居住小区,于是他不动声色地与当地村委会联系,并购买了村委会废弃的办公用房。履行合同后不到半年,该地块开发,王某赚得了一笔不菲的差价款。但村委会将他告上了法庭。

2. 成为民事主体的资格

民事主体是指在民事法律关系中独立享有民事权利和承担民事义务的公民(自然人)、法人和其他组织。

自然人要成为民事主体,必须以具有民事权利能力为前提。自然人的民事权利能力是法律赋予自然人享有民事权利、承担民事义务的资格。自然人从出生时起,到死亡时止,具有民事权利能力。

自然人的民事权利能力只是自然人取得具体民事权利的可能性,这种可能性要转化为现实,须依赖自然人的民事行为能力。自然人的民事行为能力,是指自然人能够以自己的行为取得民事权利、履行民事义务的资格,即依法独立进行民事活动的资格。自然人智力发育成熟,能够理智地判断自己行为的后果,能够审慎地独立处理自己事务的时候,才算具有民事行为能力,才能独立地进行民事活动。

法人是一种社会组织,但只有具备法人条件的社会组织才能取得法人资格。法人必须依法成立,有必要的财产或经费,有自己的名称、组织机构和场所,能够独立承担民事责任,即法人能够以自己的名义和自己所有或者经营管理的财产参与民事活动,享受权利和承担义务,并对自己的行为后果承担责任。法人需要通过法定代表人来进行民事活动。

相关链接

自然人与公民在含义上是不一样的。自然人既包括中国公民,还包括居住在中华人民共和国领域内的外国人和无国籍人。而公民是指具有中华人民共和国国籍,依照我国《宪法》和法律享有权利、承担义务的人。

自然人的民事行为能力分为三大类。

第一，完全民事行为能力，是指自然人能够通过自己的独立行为参加民事法律关系，取得民事权利和承担民事义务的资格，包括两类：一类是年满18周岁的自然人；一类是年满16周岁以上不满18周岁，以自己的劳动收入作为主要生活来源的自然人。

第二，限制民事行为能力。10周岁以上不满18周岁的未成年人和不能完全辨别自己行为的精神病人为限制民事行为能力人。限制民事行为能力人可以进行与自己年龄、智力相适应的民事活动。其他的民事活动，可以由他的法定代理人代理，或者征得法定代理人同意后进行。

第三，无民事行为能力。不满10周岁的未成年人和不能辨认自己行为的精神病人（包括痴呆人），是无民事行为能力人，其民事活动均须由法定代理人代理。

3.依法处理民事关系

民事关系，是指由《民法》调整的财产关系和人身关系。

民事法律与每位中职学生有密切关系，中职学生要学习《民法》、懂得《民法》、遵守《民法》，要自觉运用《民法》规范自己的行为，依法正确行使民事权利，自觉履行法定的民事义务，并尊重其他民事主体的民事权利，否则就要承担相应的民事责任。

我国《民法》所规定的民事权利，主要有物权、债权、知识产权、继承权、人身权等。《民法》分别就各种民事权利的产生、变更、转移、消灭设置了具体规则，分别构成各种民事权利制度。根据产生责任的原因，民事责任可分为违约责任和侵权责任。

违约责任，又称违反合同的民事责任，是指当事人不履行合同义务或者履行合同义务不符合约定而依法承担的民事责任。我国的《民法》规定，当事人一方不履行合同义务或者履行合同义务不符合约定条件的，另一方有权要求履行或者采取补救措施，并有权要求赔偿损失。

侵权责任，是指《民法》规定侵权行为人对其不法行为造成他人财产所有权、人身权的损害而依法应承担的民事责任，是侵权行为所产生的民事法律后果。侵权责任是一种法律补救措施，是法律对不法行为的一种处置。

我国《民法》规定了承担民事责任的方式，具体包括：停止侵害，排除妨碍，消除危险，返还财产，恢复原状，修理、重做、更换，赔偿损失，支付违约金，消除影响、恢复名誉，赔礼道歉，等等。这些承担民事责任的方式，可以单独适用，也可以合并适用。

二、依法保护人身权和财产权

1.《民法》保护我们的人身权

我国《民法》将民事权利分为财产权和人身权。人身权是指民事主体依法享有的、与人身不可分离而又不直接具有财产内容的民事权利。人身权包括人格权和身份权两大类。人格权包括生命权、身体权、健康权、姓名权、名称权、名誉权、肖像权、隐私权。身份权包括亲权、配偶权、亲属权、荣誉权。《民法》对保护人身权做出了明确规定。

▶ 修炼提示

任何人侵害别人的人身权都要承担法律责任。

🔖 相关链接

愚人节那天，某中职学生张某想和同学李某开玩笑。他急匆匆地找到李某说："班主任老师让我来找你，说你爸爸发生严重车祸，现在在某医院，让你赶快到医院去见最后一面。"李某急忙跑到医院,却没有见到人,急得到处找人。后来其他同学告诉他这是张某跟他开的玩笑。李某找张某理论,两人发生争执,李某在恼怒之下,把张某打伤了。

公民的身体健康,生命、人格尊严以及人身自由都受我国《民法》的保护,任何人都不能侵犯。任何非法侵害他人人身权利的行为,都要承担相应的法律责任,侵犯他人生命健康要受到法律制裁。我国《民法》规定,侵害公民身体造成伤害的,应当赔偿医疗费、因误工减少的收入、残疾者生活补助费等费用。造成死亡的,应当支付丧葬费、死者生前抚养人的必要生活费等费用。

人格尊严不可侵犯。法律赋予每个公民人格尊严权。每个公民都平等地享有人格尊严的权利,公民的人格尊严不容侵犯。侵权者轻则可能受到舆论的谴责,重则要承担法律责任。人身自由不可侵犯。人身自由权是我们参加各种活动,充分享受其他各种权利的基本保障。

2.积极维护自己和他人的人身权

人身权是人们生存和发展的基本权利,没有人身权,人们就不能进行各种活动。我们要充分认识到人身权对自己生活、学习以及参加其他各种活动的重要性,认真学习和理解我国民法有关保护人身权的法律规定,增强权利意识,在维护自己的生命健康、人格尊严和人身自由的同时,也要尊重和爱护他人的人身权利。

相关链接

某中职学校课间休息时,同学在楼道推挤、追逐打闹。小王在追打小东时,不小心将小东推下楼梯,造成小东腿骨骨折。

在我们身边有许多尊重他人人身权的行为:

银行柜台前设置一米线;主动积极参与献血;死后捐献角膜或身体其他器官;人行道设置盲道……

三、正确利用合同参与民事活动

1.依法订立有效合同

合同是平等主体的自然人、法人、其他组织之间设立、变更、终止民事权利义务关系的协议。在合同关系中,享有合同权利的一方成为债权人,负有合同义务的一方称为债务人。

订立合同是一种民事法律行为。《中华人民共和国合同法》(以下简称《合同法》)规定,当事人订立合同,有书面形式、口头形式和其他形式。合同的订立,是当事人各方通过平等协商,依法就合同内容达成意思表示一致的过程。任何一份合同,无论采取何种形式,都离不开提出条件到接受条件的过程。这个过程称为要约和承诺。"要约"是希望和他人订立合同的意思表示,"承诺"是受要约人同意要约的意思表示。俗话说"一诺千金",当我们接到一项要约,即将做出承诺时,要格外慎重。承诺一旦做出,即发生法律效力,合同即告成立,订立合同的过程随之结束。

修炼提示

言必信,行必果。

有效合同要求订立合同的行为人具有相应的民事行为能力,外在表示行为与内心意思一致,并遵守法律、行政法规,尊重社会公德,不得扰乱社会经济秩序、损害社会公共利益。无效合同是指虽经当事人协商成立,但由于当事人违反法律规定,因而自订立始就不具有法律约束力的合同。

相关链接

《中华人民共和国合同法》第二十五条　有下列情形之一的,合同无效:

(1)一方以欺诈、胁迫手段订立的合同;

(2)恶意串通、损害国家、集体或者第三者利益;

(3)以合法形式掩盖非法目的;

(4)损害社会公共利益;

(5)违反法律、行政法规的强制性规定。

2. 履行合同的原则

实际履行原则。合同当事人必须严格按照合同约定的标的履行自己的义务,未经权利人同意,不得以其他标的代替履行或者以支付违约金和赔偿金来免除合同规定的义务。

诚实信用原则。合同当事人在订立、履行、变更、解除合同时应恪守信用,言行一致,尽最大的善意履行自己的合同义务,实现双方的合同权利。

全面履行原则。它要求当事人必须按照合同约定的标的、质量、数量、价款或报酬、履行期限、履行地点、履行方式等要求,全面履行自己的合同义务。

情事变更原则。在合同有效成立后履行前,因不可归责于双方当事人的原因而使合同成立的基础发生变化,如机械履行合同将会造成显失公平的后果。在这种情况下,法律允许当事人变更合同内容或者解除合同。

相关链接

刘先生与某宾馆签订为期半年的租房合同,4个月后,宾馆突然以刘先生私装传真机等理由要求提高房租,被刘先生拒绝。宾馆遂对房间采取了停电、停水以及锁门等措施,迫使刘先生租期未满就不得不另找他处,造成很大损失。刘先生将宾馆告上法庭。

中职学生应树立合同意识,学会采取书面合同形式参与民事活动。签订书面合同既有助于督促当事人履行义务,还可以作为仲裁机构、司法机关仲裁、调解、处理合同纠纷的有力凭证。

四、维护在家庭中的权利和义务

1. 公民依法享有婚姻自由

结婚是男女双方按照法律规定的条件和程序,确立婚姻关系的重要民事行为。结婚必须符合法律规定的条件:必须男女双方完全自愿;男女双方必须达到法定婚龄;必须符合一夫一妻制。

相关链接

我国的法定婚龄是男不得早于22周岁和女不得早于20周岁。同时,国家鼓励晚婚晚育。禁止男女双方在两种情况下结婚:一是直系血亲或三代以内的旁系血亲;二是一方或者双方患有医学上认为不应当结婚的疾病。

结婚必须履行法定的程序,即结婚登记。结婚登记程序分为申请、审查和批准三个步骤。取得结婚证,即确立夫妻关系。我国法律不承认订婚。只有经过结婚登记,取得结婚证,才是合法的婚姻关系,才受法律承认和保护。

2. 未成年人在家庭中的权利和义务

我国《宪法》《婚姻法》(全名《中华人民共和国婚姻法》)通过规定父母有抚养、教育、保护未成年人的义务,来保证未成年子女在家庭中的权利。未成年子女在家庭中享有被抚养、受教育和受保护的权利。父母有义务从物质上、经济上养育和照料子女。按照《中华人民共和国义务教育法》的规定,父母必须让子女按时入学,接受义务教育。父母还有维护未成年子女利益的职责。

子女和父母有相互继承遗产的权利,且互为第一顺序法定继承人。财产继承权,简称继承权,是指公民依照法律的规定或者被继承人生前立下的合法有效的遗嘱而承接被继承人遗产的权利。继承方式有两种:一种是法定继承,即依照法律的规定而取得;一种是遗嘱继承,即按照被继承人遗嘱的指定而取得。此外,还有遗赠抚养协议。

子女对父母有赡养扶助的义务。赡养,就是为父母提供物质上、经济上的帮助,负担父母必要的生活费用。扶助,就是在精神上、生活上给予父母必要的关心和照料,而且这方面是更为重要的。对不履行赡养扶助义务且经教育仍不改正的人,要依法追究其法律责任。所以,作为子女,无论是道德上还是法律上,都应该尊重体贴父母,赡养扶助父母,使父母愉快地安度晚年。

>> 修炼提示

我们中职学生要树立家庭观念,正确处理家庭成员的权利与义务关系,为构建幸福和睦家庭尽责。古往今来,家庭的幸福始终是每个人的期盼。家庭幸福和睦,关键在于正确地处理好家庭成员之间的关系,包括处理好家庭成员的权利和义务的关系。我们作为子女,要热爱家庭,严格要求自己,学会自律,尊重、理解、关心父母,承担力所能及的事,尽力为家庭分忧解难。

五、修炼实践

1. 思考

收集有关民事类的司法案例。结合某一司法案例,理解依法从事民事活动的重要性。

2. 讨论

在同学中展开调查,了解他们与父母的关系。大家讨论,当与父母发生冲突时,应该怎样沟通,才能解决矛盾,使家庭和睦。

3. 心灵氧吧

- 没有无义务的权利,也没有无权利的义务。——马克思
- 不会宽容人的人,是不配受到别人的宽容的。——贝尔奈
- 履行职责会使我们幸福,违背职责会使我们不幸。——丹·韦伯斯特
- 一个人对社会的价值,首先取决于他的感情、思想和行动对增进人类利益有多大作用。——爱因斯坦
- 照亮我的道路,并且不断地给我新的勇气去愉快地正视生活的理想,是善、美和真。——爱因斯坦

第九节　依法生产经营,保护社会环境

中职学生未来从事的职业大多与企业有关系,那么该如何在从事生产和生活中依法维护合法权益、开展公平竞争呢?在进行生产和生活时该如何加强环境保护并合理利用资源呢?

一、依法维护劳动者的合法权益

1.学会依法签订劳动合同

劳动合同是劳动者与用人单位确立劳动关系、明确双方权利与义务的协议。建立劳动关系应签订劳动合同,它是确立劳动关系的标志。订立合同必须遵循合法、平等、自愿、协商一致和诚实信用的原则。只有依法订立劳动合同,才具有法律约束力。

▶▶ 修炼提示

合同是项目的生命。

订立劳动合同要经过两个阶段。第一阶段是用人单位公布招工简章或就业规则,寻找并确定劳动者。用人单位招用劳动者时,应当如实告知劳动者工作的内容、工作条件、工作地点、职业危害、安全生产状况、劳动报酬以及劳动者要求了解的其他情况;用人单位有权了解劳动者与劳动合同直接相关的基本情况,劳动者应当如实说明。第二阶段是用人单位提出劳动合同草案,与劳动者协商签订劳动合同。

劳动合同应当以书面形式订立。劳动合同应当具备以下条款:用人单位的名称、住所和法定代表人或者主要负责人姓名;劳动者的姓名、住址和居民身份证号等;劳动合同期限;工作内容和地点;工作时间和休息休假;劳动报酬;社会保险;劳动保护、劳动条件和职业危害防护;法律、法规规定应当纳入劳动合同的其他事项。劳动合同除前款规定的必备条款外,用人单位与劳动者可以约定试用期、培训、保密、补充保险和福利待遇等其他事项。

劳动合同中必须明确劳动合同变更、解除、终止的条件。劳动合同的变更,主要是指劳动合同内容发生变化,不包括当事人的变化。劳动合同的解除,是指劳动合同期限届满以前,由于出现某种情况,导致当事人双方提前终止劳动合同的法律效力,解除双方的权利和义务。劳动合同解除可以是单方解除,也可以是双方解除,但必须遵守一定规则。劳动合同的终止,是指终止劳动合同的法律效力。从狭义上讲,劳动合同的终止是指劳动合同的双方当事人按照合同所规定的权利和义务都已经完全履行,且任何一方当事人均未提出继续保持劳动关系的法律行为。

🖐 相关链接

下列现象中有哪些违反《中华人民共和国劳动合同法》的问题?

小王是中专毕业生,其与某公司签订的劳动合同,只规定了劳动合同期限、工作内容、劳动报酬和劳动纪律等内容。

某酒店招聘服务员,某旅游学校的毕业生前去应聘,招聘人员说他们签订的就业协议就是劳动合同。

小李是某广告设计专业毕业生,看到某广告公司的招聘启事,前去应聘。其与公司某项目负责人达成口头协议,先干10天,每天补助生活费用50元,如果可以的话就继续干下去,工资到时候再进行协商。

2.劳动者根据法律规定应享有的权利

劳动者享有平等就业和选择职业、取得劳动报酬、休息休假的权利。劳动是公民获得生存和发展的重要前提,也是《宪法》赋予劳动者的最基本权利。就业是劳动者享有劳动权的直接体现,取得劳动报酬是劳动权利的核心,它不仅是劳动者及其家属必要的生活保障,也是社会对其劳动的承认和评价,是人的发展的经济保证。

劳动者享有获得劳动安全卫生保护的权利、接受职业技能培训的权利、享受社会保险和福利的权利、提请劳动争议处理的权利以及法律规定的其他劳动权利。

▶▶ 修炼提示

在我国，劳动者既享有广泛的权利，也承担相应的义务，权利和义务总是对应的，劳动本身就是权利和义务的统一。根据《中华人民共和国劳动法》，劳动者的义务包括完成劳动任务、提高职业技能、执行劳动安全卫生规程、遵守劳动纪律和职业道德。

劳动是一切财富的源泉，劳动也是人类社会和人本身进步的根本要求。我们社会主义国家大力倡导热爱劳动、尊重劳动、崇尚劳动的社会风尚，劳动者在享有权利的同时，要切实增强依法履行义务的意识。

3.劳动者权利的维护

劳动者要依法维护自己的合法权益，必须学习相关法律，增强依法保护自己合法权益的意识。我国的《宪法》《劳动法》《合同法》《民法》《社会保障法》等都是维护劳动者权益的重要法律，从不同方面制定了保护劳动者权益的具体内容。

劳动者必须重视劳动合同在维护个人合法权益中的作用。要维护个人合法权益，必须熟悉解决劳动争议基本形式的规定。我国法律规定了四种解决劳动争议的方式：协商解决、申请调解、申请仲裁、提起诉讼。劳动者可以根据自己的实际情况选择相应的方式解决劳动争议，维护自己的合法劳动权益。

协商解决，是通过劳动关系当事人双方互谅互让协商解决纠纷的一种形式。申请调解是本着自愿、平等的原则对当事人双方进行劳动争议纠纷的处理。申请仲裁是在有关部门（仲裁委员会）的组织下，对发生的劳动争议进行公正、公开的裁定。发生效力的仲裁裁决，与人民法院判决的效力等同。提起诉讼是人民法院对劳动争议案件进行审理判决，是解决劳动争议的最后一种方式。

寻求法律帮助是劳动者依法维护个人合法权益的重要途径。法律帮助主要有法律服务和法律援助。律师事务所、公证处和法律服务所是法律服务机构，法律服务者以自己掌握的法律知识和法律工作技巧，依照法律规定的权限和程序，帮助委托人依法维护当事人的合法权益。法律援助是国家保障经济困难的公民获得必须的法律服务的一项重要措施。

二、依法规范企业的经济行为

企业是依法设立的专门从事商品生产、流通和服务等经营性活动的组织，是以营利为目的的经济组织。只有依法设立的企业，才能合法进入市场，从事生产经营活动。

市场经济必然存在竞争，但它要求市场主体公平竞争、合法竞争。不当竞争有悖市场经济机会均等、公平竞争的原则，会破坏公平竞争机制，导致市场经济秩序混乱，既是不道德的行为，也是违法的行为。社会主义市场经济是法治经济，企业只有做到依法经营管理，才能成为真正的市场主体，才能建立规范有序的市场秩序，才能展开公平竞争。

📖 相关链接

如此竞争谁遭殃？

为争夺市场，生产同类商品的四家企业展开了激烈的竞争：

甲企业采取降价方式，其利润接近零。乙企业附赠奖品，奖品价值为购货的 5％。丙企业财大气粗，将自己的产品以低于成本价格进行销售。丁企业则采取购买产品即可参加抽奖活动,中奖率 30％,奖金高达 1000 元。

这四家企业的竞争方式最终导致几家企业都面临严重的经营困难。

三、依法保护人类共有的家园

环境资源是指影响人类生存和发展的各种天然的和经过人工改造的自然因素的总和,包括大气、水、海洋、土地、矿藏、森林、草原、野生生物、自然遗迹、人文遗迹、自然保护区、城市和乡村。

现阶段,我国经济发展面临能源资源不足、人均拥有资源量较低,存在环境污染、生态退化、气候变化异常等情况,人们的环保观念意识有待强化、环保体制机制必须转变,特别是在继续全面建设小康社会、发展中国特色社会主义新阶段,经济发展与环境保护的矛盾更加突出。

>> 修炼提示

我们不要过分陶醉于人类对自然界的胜利。对于每一次这样的胜利,自然界都报复了我们。

每个公民都要树立依法进行环境保护的理念,树立生态文明观念,掌握环保知识,履行节约资源保护环境的义务。

中职学生要认真学习国家有关环境保护的法律法规,接受保护资源和环境有关法律法规的教育,提高个人保护资源环境的觉悟。在以后从事城乡建设活动和经营活动过程中,要时刻做到不破坏环境,同时身体力行,积极投身环保产业,切实履行节约资源和保护环境的义务。

四、修炼实践

1.环保行动

(1)在你就读的学校发起"环保在行动"的活动倡议,号召全校师生行动起来,保护我们的环境,节约资源,并努力践行"绿色消费",即不使用一次性物品,如快餐盒、塑料袋等。

(2)调查周围资源的利用情况及环保情况,向有关部门提出节约能源、保护生态环境的合理化建议。

2.心灵氧吧

• 只有服从大自然,才能战胜大自然。——达尔文

• 发展经济不能以牺牲环境为代价。

• 地球能满足人类的需要,但满足不了人类的贪婪。

第五章　职业素养篇

关键词　就业观念　职业道德　责任意识　团队精神　耐挫品质　职业理想　人际关系　职业安全

第一节　正视现实，珍惜机会，忠诚于自己的事业

进入 21 世纪，随着我国经济的发展和产业结构升级，一大批具有一定职业技能、综合素质较高的劳动者，为我国劳动力市场注入了强劲的活力。但大学扩招前的"文凭热"，使很多学生不愿当技术工人，造成我国现阶段企业技术工人不足，有过硬技术的工人更是凤毛麟角。据统计，我国 7000 多万技术技能劳动者中，高级技术工人仅占 3.5%，而在发达国家，这个比例达到 30%～40%。曾有媒体报道：海南三亚某企业，因在 2000 多名工人中找不出能在大型罐状压力容器内仰面向上焊接的技术工人，而不得不放弃 2.1 亿元人民币的外商投资项目。还有某精密仪器设备厂进口了急需的数控机床却无人会操作，不得不以远远高于大学毕业生的待遇公开招聘。工人技术素质整体偏低、技能型人才严重短缺的问题已在相当程度上影响了我国企业的生产效率和竞争力。但是，人才的竞争又相当激烈，招聘会场场爆满，不少中职生面临毕业即失业的严峻现实。

社会的发展对劳动者素质提出了新的要求，劳动市场的评价标准在经历学历取向、能力取向之后，正在向素质取向发展。用人单位越来越看重人才的综合素质，出现着眼学习能力、看重情感智商的新观念和新动向。在人才市场上，中职生学历偏低，但是就企业用人来说，最好的策略是使用对企业"合适"的人。就我国企业的总体技术水平所处的层次和我国技术工人职业发展的趋势这两点来说，中职生都容易成为最"合适"的人。

一、中职生的就业与发展

（一）中职生的就业现状

据调查，从已经就业的中职生在用人单位的情况来看，其表现的突出特点是：心态好、肯学习、会做事。心态好，是指与经过寒窗苦读的大学生比，没有高学历教育投资的压力包袱，没有怀才不遇、读书无用的失落感；肯学习，是因为中职生能清楚认识到胜任手上的工作光靠以前所学的是不够的，与大学生相比他们更会找到知识的差距，在工作中也就会不断地学习，从而能更好地胜任现在的工作；会做事，是与进城民工、下岗工人比，毕竟有九年义务教育阶段的文化学习基础，有两年甚至三年的专业知识和技能学习训练，适应工作要求比较快。

这种心态好、肯学习、会做事的员工，用人单位对他们也比较满意，而中职生就以这种良好的心态努力工作，使得双方出现了良性互动。

🔊 相关链接

小夏学财会专业，却被安排在一家公司家电部当实习售货员。小夏冷静地选择了先就

业,并希望通过努力能成为正式员工。她上班时虚心向老售货员学习,下班后又看资料,又找内行请教,把不同品牌的家电特点和保养方法弄得一清二楚。由于小夏善于捕捉客户心理,每次都能让他们满意而归,业务量直线上升。她学过的财会知识,不但在为顾客介绍家电性能价格比上有用,在小组结算时也有用,公司领导对小夏十分赞赏。实习结束时,小夏被评为优秀实习生,并被择优录用,签订了正式劳动合同。当她把每月领到的工资和奖金交给爸爸妈妈时,看到他们脸上的笑容,她心里甜滋滋的。

过了两年,公司的主管会计生病,出纳升任会计。公司领导找小夏谈话,让她接任出纳。小夏喜出望外,十分忘我地投入新岗位。其在业务上井井有条,与会计配合得十分默契,又当选为公司"优秀员工"。公司领导到她的母校,感谢学校为公司输送了一名好职工。

★讨论

小夏成功的因素有哪些?

▶▶修炼提示

不怕起点低,就怕不到底。

(二)中职生的就业与发展

1. 中职生就业竞争的优势

(1)当前我国企业技术水平所处的层次不高,蓝领工人仍是企业的主体,技术工作是主体中的主体,蓝领工人的需求量很大,中职生的学历和动手能力正好与之相适应。

(2)当前从我国技术工人的职业发展阶段来看,中职生的动手能力正好与职业技术发展趋势吻合。

(3)现代社会生活节奏快、压力大,白领岗位上升欲望急切,蓝领岗位待遇提高要求强烈,中职生心态平和、稳定,更有利于用人单位选用。

2. 中职生就业竞争的劣势

(1)用人单位盲目地使用高学历人员,一些适合中职生的工作,中职生得不到机会去干,从而造成文凭偏低的中职生就业机会少。

(2)进城民工、下岗职工大量出现,使体力型就业也受到一定影响,中职生的工资报酬偏低。

(3)高校扩招,大学生低调就业,使得技术型就业必然受到一定影响,让中职生在技术性强的岗位上竞争不利。

▶▶修炼提示

上述现象,决定了中职生在就业、创业的道路上必须遵循"就业——择业——创业"的发展轨迹。

中职生在首次就业时,择业期望不宜过高。当就业目标与现实需求之间发生矛盾时,不妨先改变一下目标,争取及时就业,然后在新的职业领域里培养兴趣,或积极创造条件、寻找机会继续向既定的长远目标努力。而再次择业是从业者提高就业质量、调整发展方向的好机会,但这必须是在从业实践中对职业有了真实的体验,能发现自身更多的潜质,对发展方向有了更理性的认识的前提下才可以做的决定,这是一个提高从业层次的决定,所以应该慎重。

中职生要理解先生存、后发展的关系,通过先就业、再择业,实现职业理想、提升人生价值。

相关链接

小欣中专毕业三年,已经跳槽六次,她在每个公司工作的平均时间不超过半年。她之所以跳得如此频繁,就是因为她总是不安心。一开始在一家国有企业做文秘的时候,她嫌做文秘太琐碎,而且没有升迁的机会,于是跳槽到一个商场做服装销售。做了没几个月,就觉得太累心。虽然名牌服装有提成,每个月收入数千元,在同龄人中不算少,但是偌大的卖场自己看不过来,丢失的货物要自己赔偿。在暗自庆幸没有赔过钱后,她跳到一个化妆品公司做销售。后来几次同学聚会又使她心生二念,看到一些同学做酒店销售很光鲜,英语口语已经非常流利,而同样是销售,自己既辛苦,又没有机会练习口语,于是又去寻找做酒店的工作。总之跳来跳去,跳到最后连她自己也不知道自己应该去干什么了。这样的跳槽即耗费了时间,又没积累什么经验,得不偿失。

★讨论

如何看待小欣的频繁跳槽?

二、敬业、忠诚于企业

孔子说:"饱食终日,无所用心,难矣哉!"又说:"群居终日,言不及义,好行小慧,难矣哉!"孔子是一位教育大家,他心目中没有什么人不可教诲,独独对这两种人摇头叹气说"难!难!"可见人生一切毛病都有药可医,唯有无业游民,虽大圣人碰着他,也没有办法。

(一)敬业的员工是企业的理想人才

遵守企业规章制度,执行上级指令指示,一般员工都能做到。优秀员工应该做一名认真负责的敬业员工,这样的员工才是企业的理想人才。因为认真负责的敬业员工,不是出于价值观念,而是出于尽责,是个人自愿。

敬业的本义就是满腔热情地、严肃负责地对待工作。一个人在职场追求成功的过程中,要不断面对工作任务的压力。敬业使他把完成任务当成自己的人生使命,使他把解决问题当成发挥才智的机会,使他把战胜困难当成对意志的磨炼。敬业还可以让自己变被动工作为主动工作。被动工作就是机械地重复,不快乐地工作,而主动工作是极富创造性地工作,是快乐地工作。美国科技首富王嘉廉说:"假使一个人不喜欢自己的工作,我劝他最好改行。人并不是为钱而工作,你享受工作的乐趣,钱自然就跟着来了。"可见,敬业更是一种超越工作的乐趣。

修炼提示

敬业的思想基础就是忠诚、老实。不能爱哪行才干哪行,要干哪行爱哪行。

相关链接

逆风飞扬的"打工皇后"吴士宏

《逆风飞扬》的作者吴士宏被大家称为"打工皇后",是因为她把从最底层做起的打工者生涯演绎到了极致——从低起点做起,获得了最大的成功。在她辞去微软中国总经理的职务后,四个星期内先后有19家大企业邀请她做统帅,不管她做什么这些公司都愿意投资。

吴士宏的敬业,是忠诚老实的最高境界,具有她那样敬业精神的员工是企业最理想的人才。她的敬业达到全力以赴去拼搏和开动脑筋去想办法的程度,这种程度要最大限度地发挥自己的本能和智能才能达到,有震撼人心的力量。她最初在 IBM 公司是当勤杂工的。这个活很苦,以前有好几个勤杂工,都是干不到一星期就因工作质量不合格而被辞退了。吴士宏也并不喜欢这个工作,但她却咬牙坚持着。用她在书中的话来说:"小跑了一个月,天天晚上脚肿得脱不下鞋。"她为了提高工作效率,还仔细分析各项任务的地点位置,统筹设计出完成任务的最佳路线,少跑冤枉路,取得了公司上下都满意的质量效果。这种既肯拼命又肯动脑筋的敬业精神,到她当高级经理时,仍然不变。她在书中说:"我每天比别人多花 6 个小时用于工作和学习。"这就是说,在 8 小时之外,她又多干了 6 个小时,就是每天要干 14 个小时。这种超负荷的敬业,正是她在 IBM 全国销售总经理职位上取得优异业绩的原因。她在书中这样叙述道:"这一职位接手时已是 5 月底,前任才做了全年指标的 23%。我一来拼了 7 个月的命,到年底交出来将近 130%,7 个月做了全年的指标,顺带学会了管理渠道营运的精髓。"从这里不难看出:她当勤杂工时的敬业是高强度的跑路加动手,到当高级经理时的敬业已变成高效率的管理加学习。

★讨论

吴士宏的敬业精神有什么特点? 由此,你能站在企业用人的角度说明为什么把她那样的人作为最理想的人才的原因了吗?

(二)忠诚于企业的最大受益者是员工自己

很多人进入企业工作,首先强调的是回报,即企业能给我什么,而不是先想想自己能给企业做什么。这种本末倒置的做法,最终导致他们无法获取理想的回报。员工忠诚于企业,才会满怀激情地为企业工作,努力完成好本职岗位任务,否则会把工作视为一种负担、一种折磨,只会被动地应付,也品尝不到成绩所带来的快乐,更谈不上什么成就感和自豪感。忠诚是获取回报的前提。任何一个企业,首先不会给员工什么,但员工必须首先给企业以忠诚。如果给了企业绝对忠诚,企业一定会给员工物质和精神的回报,即给员工应得的薪水和荣誉。这就是说,忠诚和回报是有先后顺序的,忠诚是回报的前提。

▶▶ 修炼提示

忠诚于企业最主要的表现就是忠诚于自己的工作,全身心地投入到自己的工作中。忠诚与敬业是联系在一起的。

要做到忠诚于企业就应该从现在做起,首先热爱、忠诚于自己的学校、自己的专业,并在以后的工作中把这种思想转化成对企业的忠诚。

忠诚还需要完完全全的诚实,说真话、做实事,不弄虚作假。

三、修炼实践

1.调查

到企业做实际调查,或采访事业有成的师兄、师姐。了解自己即将从事的职业及其所在行业的职业道德规范,了解遵循这些规范待人处事对个人的从业发展有什么重要作用。归纳这些职业道德规范的相关要求,结合自己的实际情况查看自己与这些职业道德规范要求的差距,以此规范自己的行为。

2.谈一谈

企业反馈的信息显示:中职生在就业期间最大的问题就是缺乏吃苦耐劳的品质,从而频繁跳槽,总想找到一个待遇又高工作又轻松的工作。这种现象在我们中职生中间确实存在。因为我们在学习期间遇到的挫折和困难有家长、老师帮助我们解决,就业以后会遇到加班、制造行业的一些体力劳动等工作,这是我们以前没有遇到过的,需要一种吃苦耐劳的品质来克服。

请结合自身实际谈谈吃苦耐劳品质对我们工作就业等社会生活的重要性。

3.心灵氧吧

• 天将降大任于斯人也,必先苦其心志,饿其体肤,空乏其身,行拂乱其所为,所以动心忍性,曾益其所不能。——孟子

• 天才不能使人不必工作,不能代替劳动。要发展天才,必须长时间地学习和高度紧张地工作。人越有天才,他面临的任务也越复杂、越重要。——斯米尔诺夫

• 一个有真正大才能的人能在工作过程中感到高度的快乐。——歌德

• 谁肯认真工作,谁就能做出许多成绩,谁就能超群出众。——恩格斯

• 在劳力上劳心,是一切发明之母。事事在劳力上劳心,便可得事物之真理。——陶行知

第二节　恪尽职守,修身养德,奉献于自己的岗位

古人云:"道义者,身有之则贵且尊。"意思是说,道德和正义,人有了就很宝贵,而且最受人尊敬。同样,一个具有高尚职业道德的人,也是深受人们尊敬的。教师"教书育人,为人师表";医生"救死扶伤,治病救人";军人"英勇善战,保家卫国";商人"文明经商,童叟无欺";财会人员"遵纪守法,勤俭理财";法官"铁面无私,秉公执法";国家干部"勤政为民,廉洁奉公"等等,人们都会啧啧称赞。其实这些人们啧啧称赞的就是各种岗位职业道德的内涵。

所谓职业道德,就是同人们的职业活动紧密联系的符合职业特点要求的道德准则、道德情操与道德品质的总和。它既是对本职人员在职业活动中行为的要求,同时又是职业对社会所负的道德责任与义务,其内容包括爱岗敬业,诚实守信,办事公道,服务群众,奉献社会。

作为现代社会热血青年,我们都希望自己在工作领域中能打造出一片新天地。"成小事者靠才,成大事者靠德。"这一章我们将学习如何养成良好的职业道德。

相关链接

（一）

一个中国留学生在新加坡一家餐馆打工,老板要求洗盆子时要刷6遍。一开始他还能按照要求去做,刷着刷着,发现少刷一遍也挺干净,于是就只刷5遍。后来,发现再少刷一遍还是挺干净,于是又减少了一遍只刷4遍,并暗中留意另一个打工的新加坡人。发现他还是老老实实地刷6遍,速度自然要比自己慢许多。出于"好心",他悄悄地告诉那个新加坡人说,可以少刷一遍,看不出来的。谁知那个新加坡人一听,竟惊讶地说:"规定要刷6遍,就该刷6遍,怎么能少刷一遍呢?"

★讨论

如果你是老板,你希望用哪种心态的员工?

国外一家调查显示:学历资格已不是公司招聘首先考虑的条件,大多数雇主认为,良好的职业道德是公司在雇用员工时最优先考虑的,其次才是职业技能,接着是工作经验。毫无疑问,职业道德已被视为遴选人才时的重要标准。

（二）

北京晨报的一则报道说，一公共汽车司机在行车途中突发心脏病猝死，临死前他用最后一丝力气踩住了刹车，保证了车上 20 多个人的安全。然后他趴在方向盘上离开了人世。他生命的最后举动，说明在他心里，时刻想到的是要对乘客的安全负责。他虽然是一个普通人，却体现出高尚的人格和职业道德。

★讨论

职业道德的最低标准是什么？最高境界是什么？

一、爱岗敬业

爱岗就是热爱自己的工作岗位，热爱自己从事的职业。敬业就是以恭敬、严肃、负责的态度对待工作，一丝不苟，兢兢业业，专心致志。

爱岗敬业的基本要求是：

（1）对工作抱有浓厚的兴趣，倾注满腔的热情，把工作看作一种乐趣，看作生活中不可缺少的内容，并在艰苦奋斗后、得到成就时，感到无比的兴奋和快乐。

（2）有忠于职守的责任感，认真负责，心无旁骛；有一丝不苟的工作态度，刻苦勤奋；遇到困难不轻言放弃并不懈努力，具有勇于战胜困难的工作精神。

（3）业务纯熟，精益求精，力求使自己的技能不断提高，使自己的工作成果尽善尽美，并不断有所进步、有所发明、有所创造。

作为中职生的我们，学习是现在的主要任务，是中职生的本职。要认识到现在应该敬业勤学，将来工作才能爱岗敬业。

二、诚实守信

诚实守信就是真心诚意，实事求是，不虚假，不欺诈，遵守承诺，讲究信用，注重质量和信誉。

诚信的要求：

（1）在市场交易中，要货真价实、明码实价、合理定价，要提供真实的商品信息，反对和杜绝各种各样欺骗服务对象的行为。

（2）把质量放在第一位，以质量求生存，以质量求发展。反对以次充好，不生产、销售假冒伪劣产品。

（3）在签订合同时诚心诚意、认真负责；在履行合同时一丝不苟，不折不扣。不以欺诈等不公平的方式签订合同，不中途违约、毁约。

相关链接

多年前，一个 15 岁的男孩来到杭州胡庆余堂做学徒。在去胡庆余堂的路上，他的小脚老祖母颤巍巍地送他，一路上只对他说了一句话："诚信做人，规矩做事。"男孩记住了这句话。

当学徒很苦，每天要干十几个小时的活儿。清晨四五点钟就得起床，打扫屋里屋外卫生，擦拭摆放在柜台上的器具，然后又要服侍师傅起床，帮他倒洗脸水。但是得到的报酬却很低，除了混饱自己的肚子就所剩无几了。

有天凌晨，男孩在打扫卫生时发现地上躺着几枚钱币，面值大约相当于现在的五元钱。

他很需要钱,在身边没人的情况下,他完全有条件把钱占为己有,但他没有这样做。他把钱捡起来,天明的时候交给了师傅。这样的事后来发生过多次,每次师傅见他交钱总是不置可否。

在外人看来,他是一个笨小孩,做事一板一眼,不懂得变通。而且,有些学徒变着法子偷懒,他却不会。

治咳嗽有一味药叫鲜竹沥,需要用火烤毛竹蒸出的水分。这是一个细致活,几两鲜竹沥往往要在火堆旁烤上个把时辰。男孩就老老实实地烤,一点一滴收集,从来没想过往鲜竹沥中掺点水。

如果按现在有些人的观点来看,这样的学徒成不了大器,他缺乏商人应有的灵活和世故。

但他现在的身份是杭州某著名药厂的老总,他创出的品牌已热销了多年。他靠的不是灵活,而是诚信和戒欺。

在接受记者采访时,他多次提到他的小脚祖母。他说当学徒那阵清早捡到的钱币,都是师傅故意放在地上的,他知道原委已是多年以后。如果当时他把钱币放到自己的口袋中,他的人生肯定会是另外的样子。

都说人生的关键只有几步,其实,人生最关键的话也只有几句。

所以说,诚信既是人立足的根本,也是人成功的基础!

★讨论

结合文中小男孩成功的例子谈谈诚信对于成功的重要性,并列举身边诚信的例子。

三、办事公道

公道就是公平、正义。其含义是"给人以应得",或恰如其分地对待人和事。这是对每个从业者的基本要求,是为人民服务必不可少的条件,是提高服务质量最起码的保证。

办事公道的要求:

(1)客观公正。在办理事情、解决问题时,要客观判断事实,重视证据,公正地对待所有当事人,不偏袒某一方,更不能作为某一方的代表去介入。

(2)照章办事。严格按照章程、制度办事,不打折扣,不徇私情。待人公平,以人为本,理解人、尊重人,不以好恶待人,不以外貌和衣着取人,不以年龄看人。

四、服务群众与奉献社会

1.服务群众

在社会生活中,人人都是服务对象,人人又都为他人服务。任何人要生存、发展、工作、劳动,首先要接受社会和其他人提供的大量服务。同时,每一位从业者也总是在自己本职岗位上通过自己具体的工作、劳动为他人、为社会提供服务。所以,服务群众是社会全体从业者通过互相服务来达到社会发展、共同幸福的目标。

服务群众的主要内容有以下几点。

第一,树立全心全意为人民服务的思想,热爱本职工作,甘当人民的勤务员。

第二,文明待客,对群众热情和蔼,服务周到,说话和气,急群众之所急,想群众之所想,帮群众之所需。

第三,廉洁奉公,不利用职务之便谋取私利。坚决抵制拉关系、走后门等不正之风。

第四,对群众一视同仁,不以貌取人。不分年龄大小,不论职位高低,都以同样态度热情服务。

第五,自觉接受群众监督,欢迎群众批评。有错即改,不护短、不包庇,不断提高服务水平。

2.奉献社会

奉献社会就是把自己的知识、才能、智慧等毫无保留、不计报酬地贡献给人民,为社会积累财富。奉献社会是职业道德的最高境界,是每个从业者的最终目标。

> **修炼提示**
>
> 就我们中职生而言,奉献社会的要求有:在家帮助父母做力所能及的家务,在学校积极参与班级建设,乐于助人,爱惜集体荣誉,在社会生活中爱护公共设施,积极参加公益活动。

> **相关链接**
>
> 白东晶是五台县山金矿业有限公司董事长兼总经理,是一个已取得辉煌业绩并将继续取得辉煌业绩的民营企业家。他出身农家,深知农民和贫苦人的感受,所以,总是在力所能及的情况下,首先考虑别人,总是千方百计报效家乡,奉献社会。
>
> 2005年,省、市、县开展村村通工程,而地处偏僻山区的东雷乡团城村几个村,都是贫困山村,无力修筑公路。白东晶闻讯后,在当时资金相当紧缺的情况下,先后出资出料合40余万元,帮助修通了东雷到岭底的长10千米的水泥硬化公路,解决了沟内7村4000余人多年"沟深道不通,雨天路泥泞"的困难,实现了几代人硬化道路的梦想。
>
> 岭底村是一个三面环山的小山村,全村只有300多口人,长年靠两眼旱井吃水,人畜吃水非常困难。岭底村民无经济来源,人居环境非常恶劣。见此情景,2006年,白东晶又投资6万元,打了一眼深井,为岭底村解决了祖祖辈辈吃水发愁的困难。企业的迅速发展,先后为当地解决农村剩余劳动力50余人,增加地方群众收入200多万元。这个数字,在一座城市,甚至一个富裕村庄算不得什么,而在一个山沟小村里,这简直就是天文数字,极大地改善了当地人民的生产生活条件。
>
> 上庄村张贵玉一家人,在2007年春节时,无钱购白面,准备吃玉米面过年,本村村委书记得知后,从自己家中拿出30斤白面,送给张贵玉过年。而正在上高中的张贵玉家大儿子,正为父母拿不出500元学费面临辍学而犯愁。闻知贫寒家庭的困境,深深刺痛了同样贫寒家庭出生的白东晶。他当即拿出了3000元给张贵玉,让孩子放心地上学去,并表示:"咱这条穷山沟里,以后像这样上不起学的孩子们,我一定想办法保证他们正常上学。"张贵玉家的大儿子今年就要高中毕业,如果能考取大学,白东晶将扶助其到大学毕业。
>
> 几年里,像这样展示爱心、奉献社会的事例,白东晶做了一件又一件,人们记不清他到底做了多少件。在这条山沟的村庄中,人们都亲切地称他为"好人",也有人称他为"傻老板"。但在他眼里,这是义不容辞的责任,是一名民营企业者的社会责任。
>
> 从白东晶的事例我们可以看出,一个服务群众、奉献社会的人,社会给予的回报同样是很高的。

良好职业道德的养成应从以下几个方面着手。

1.在日常生活中培养

职业道德最大的特点是自觉性和习惯性,而培养人的良好载体是日常生活。因此,每位同学都要紧紧抓住这个载体,有意识地坚持在日常生活中培养自己的良好习惯,从小事做起,严格遵守行为规范,做好"五个学会""三个规范""四个热爱""三个遵守",并持之以恒。俗话说"习惯成自然",时间一长,就会把这种良好习惯变成自己的自觉行为。

2.在专业学习中训练

专业理论知识与专业技能是形成专业信念和职业道德行为的前提和基础。一个从业者只有具备深厚的专业知识、精湛的职业技能，他所拥有的职业道德知识、情感、意志和信念才有用武之地，才能在自己的职业岗位上做出应有的贡献。

这就要求我们中职生在学校学习期间增强职业意识，遵守职业规范，这是未来干好工作、实现人生价值的重要前提。同时重视技能训练，提高职业素养。职业技能是每一个从业者能否胜任工作的基本标志。在学习中，每位同学都要重视技能训练，刻苦钻研，培养过硬的专业技能，不断提高自己的职业素养。

3.在自律、自省中强化

自律，就是遵循法度，自加约束。唐代张九龄的《贬韩朝宗洪州刺史制》中有"不能自律，何以正人"之说。要自律，当然要有具体的要求。要提高自身素质，树立自尊、自爱、自强的自律意识，对学校、班级和个人都要有强烈的责任感，并能够正确处理日常学习生活中的人际关系和矛盾冲突。在学习方面，一要独立，独立思考、独立解题、独立完成作业；二要自觉，自觉做好自己该做的事情，包括做好预习复习工作、上课专心听讲和按时完成作业、保证实训产品质量。在行为上，应该以《中学生日常行为守则》来规范自己的言行举止，做到文明礼貌、爱护公物。在外表上，应该以简单大方、干净整洁的衣着表现学生朴素的本质。这和前面讲的"五个学会""三个规范"是同样的道理。

自省，即自我反省。孔子提出一种自我道德修养的方法。他说："见贤思齐焉，见不贤而内自省也。"（《论语·里仁》）"自省"就是通过自我意识来省察自己言行的过程，其目的正如朱熹所说："日省其身，有则改之，无则加勉。"（《四书集注》）孔子的学生曾子很能力行"自省"这一主张，他经常做到"吾日三省吾身"，即检查自己"为人谋而不忠乎？与朋友交而不信乎？传不习乎？"（《论语.学而》）战国时荀子则把"自省"和学习结合起来，作为实现知行统一的一个环节。他说："君子博学而日参省乎己，则知明而行无过矣。"（《荀子·劝学》）古人的这些说法放在今天来讲，其实就是要求我们中职生要敢于剖析自己，正视自己的不足，从而改正缺点，扬长避短，在实践中不断完善自己的职业道德品质。

4.在社会实践和从业过程中体验

"实践是检验真理的唯一标准。"这句话在这里同样适用。社会实践和从业过程是检验一个人职业道德品质高低的试金石。因此，在各种实践中体验职业道德的内涵是提升自身修养的最好方法，由此得来的个人素质是最稳固的。

我们在各种实践特别是从业过程中应将职业道德知识内化为信念、外化为行为。毛泽东同志也说过："一步实际的行动胜过一打空洞的纲领。"所以，我们不等明天了，从今天开始，在所有的实践中不断体验，不断提升，也许你就比其他人先取得成功！

五、修炼实践

1.思考

中职学校分专业制作统一服装，这是一种什么形式的教育和训练？当你穿上专业服装的时候心里会有什么感受？你是怎样理解这种做法的？

2.谈一谈

阅读下面的材料，从自律、自省、忠诚于自己的事业几个方面谈谈自己的感受。

汉武帝刘彻在位时，司马迁在朝中任太史令，具体负责编写《史记》。当时，许多达官贵人都想讨好司马迁，期望通过他的笔给自己在历史上留下好名声，于是纷纷给他送来了奇珍异宝。

有一天，朝中最得宠的大将军李广利派人给他送来一件礼物。司马迁的女儿妹娟打开送来的精致盒子，发现盒子里放着的是一对世间罕见的珍宝——玉璧。

司马迁发现妹娟对宝物有不舍之意，于是语重心长地说："白璧最可贵的地方是没有斑痕和污点，所以人们才说，白玉无瑕。我是一个平庸而卑微的小官，从来不敢以白璧自居，如果我收下了这珍贵的白璧，我身上的污点就增加了一分。白璧不能要，叫人送回去。"

司马迁所著的《史记》，被称为"史家之绝唱"，在我国历史上占有重要的地位。《史记》的价值就在于真实地记录了历史。司马迁何以能据实写史？原因之一就是他自身清白，珍惜自己的名誉，行得端、做得正。倘若司马迁见了别人的东西就喜爱，不珍惜自己的名誉，必定使他难以秉笔直书，《史记》也绝不会有今天这样的价值。

3.心灵氧吧

- 人人好公，则天下太平；人人营私，则天下大乱。——刘鹗
- 自私自利之心，是立人达人之障。——吕坤
- 如烟往事俱忘却，心底无私天地宽。——陶铸
- 一切利己的生活，都是非理性的、动物的生活。——列夫·托尔斯泰
- 无私是稀有的道德，因为从它身上是无利可图的。——布莱希特
- 君子喻于义，小人喻于利。——孔丘
- 人生应该如蜡烛一样，从顶燃到底，一直都是光明的。——萧楚女
- 人生的价值，即以其人对当代所做的工作为尺度。——徐玮
- 路是脚踏出来的，历史是人写出来的。人的每一步行动都在书写自己的历史。——吉鸿昌
- 我们自愿遵守本行业职业道德规范。我们能够做到"爱岗敬业、诚实守信、办事公道、服务群众、奉献社会"。我们力争在工作中做一个好的建设者。——中国职业道德承诺

第三节　尽心尽责，勇于承担，承诺于自己的职责

责任通常可以理解为两种意义。一是指分内应做的事，如职责、责任、岗位责任等。二是指没有做好自己工作，而应承担的不利后果或强制性义务。责任心是指对事情敢于负责、主动负责的态度。

一、责任心的基本特点

首先，是对自己负责，即一个人要懂得尊重自己的感情，尊重自己的理想，珍惜自己的宝贵年华和生命的活力，从自己的理想出发来安排现实生活。责任感的形成是一个人成熟的标志。如果一个人什么也没有做好，没有得到大家对你的认可，那么，你就是对自己不负责任。最终，影响最大的还是你自己，绝对不会是别人。

其次，是对自己所在的集体负责。一个人的责任心如何，决定着他在工作中的态度，决定着其工作的好坏和成败。如果一个人没有责任心，即使他有再大的能耐，也不一定能做出好

的成绩来。有了责任心，才会认真地思考，勤奋地工作，细致踏实，实事求是；才会按时、按质、按量完成任务，圆满解决问题；才能主动处理好分内与分外的相关工作，从事业出发，以工作为重，有人监督与无人监督都能主动承担责任而不推卸责任。

责任心是成就事业的可靠途径。责任心出勇气、出智慧、出力量。有了责任心，再危险的工作也能减少风险；没有责任心，再安全的岗位也会出现险情。责任心强，再大的困难也可以克服；责任心差，很小的问题也可能酿成大祸。

相关链接

一位一线工人的自述

10月9日下午16时50分左右，准备交接班时，突然传来一股焦臭味，大家都以为是外面电气焊或无齿锯下料时产生的气味，因此没有在意。可我仔细辨别了一下，觉得这种气味和电气焊或无齿锯下料时产生的气味不太一样。为安全起见，我起身到后面的控制盘检查。结果，越往前走，焦臭味越浓。我判断有可能是哪一个控制盘里面的电器元件烧毁，就顺着气味迅速打开电气控制柜门挨个寻找。为防止出现遗漏，我把电气柜全部打开通风，发现电气控制柜内无异常。

但此时焦臭味并没有消除，反而越来越重，我判断为热工控制柜故障，于是打开热工控制柜门寻找。当打开热工控制盘3#控制站2#柜时，发现热工的卡件有冒烟现象。我赶紧跑去通知班长。班长果断下令，对#3锅炉系统进行检查并加强监视，发现#3锅炉所有电动门全部变红。班长立即通知热工前来处理，确认有两个3#炉的卡件烧毁。经过紧急处理，消除了隐患，由于发现及时、处理得当避免了引起其他的短路故障，防止了事故的进一步扩大和停炉事故的发生，保障设备的正常工作。

现在，公司正在提倡节能降耗。我们运行人员要保障机组锅炉等各种设备正常运行，防止事故的发生发展，节能降耗。这就要求我们在工作当中认真负责，出现异常及时发现，及时处理解决。多一份责任心，就多了一份安全保障。

对即将参加就业实习的中职生来讲，以后的从业道路上的责任心同样表现在对自己负责、对企业公司负责。

二、珍爱青春，对自己负责

青春比朝霞还要美丽，比玫瑰还要芬芳，青春岁月里每个人都会有许许多多美好的梦。但青春又是脆弱无比的，你若不珍爱它，到头来也只能是"白了少年头，空悲切"。珍爱青春，就要惜时勤学，努力奋斗。"一年之计在于春。"青春就是一个人一生的春天，而青春的脚步又是那么匆匆。珍爱青春，莫让年华付水流，要珍惜时间，掌握过硬的本领。只有这样，在未来有风有雨的天空中飞翔时，你的翅膀才不会被折断。奋斗是青春的内涵，奋斗是青春的本分。作为中职生，要有拼搏进取的精神。如果不去拼搏、不去奋斗，那么再崇高的理想、再远大的抱负也只不过是美妙的空想。"人生能有几回搏。"善于拼搏，才能打开成功的大门。

相关链接

只有小学学历的的钻石级员工

一、非进不可

1991年春天，安徽小伙子程龙洛在上海街头摆摊修自行车。他得知佳能公司在招聘售后服务技师,兴奋得两眼发光。

到了报名处时他却傻了眼,来应聘的不少是工科大学毕业生,其中还有几名工科硕士和博士,而他只有小学文凭。招聘人员朝他的文凭扫了一眼,就还给了他。出了报名现场,程龙洛的倔劲儿上来了。他想,非进佳能不可。

1992年10月,程龙洛和同乡姑娘张洪利相恋,准备结婚。程龙洛手里已经有一万多元的积蓄,父母又帮他筹借了一万多元钱。他准备在当年春节举行婚礼。

这时,程龙洛得知闸北区电大举办网络工程师培训班。他眼前一亮:自己要挺进佳能,这不正好是一个"充电"的机会吗?一问学费,他被吓了一跳,学费要两万多元。

当天晚上,程龙洛在床上辗转反侧。第二天,他打电话征求张洪利的意见。张洪利说:"结婚仪式只是走过场而已,不办也没关系,你大胆去闯吧。"有了这颗"定心丸",程龙洛不再犹豫,马上去报了名。后来他们结婚时,连鞭炮都没买。

学习期间,由于程龙洛的底子差,别人一堂课就能听懂的内容,他却要花几倍的时间才能基本弄懂。

苦心人,天不负。在培训班结业时,程龙洛的成绩名列前茅,取得结业证书。然而,想做一名技师,光有理论还不够,还得有足够的实战经验。程龙洛为此四处找单位,提出免费帮人家修理复印机、传真机。人家听说他是新手,哪里敢让他修?

有个姓刘的经理没有一口拒绝他,不过提出疑问:"要是你修坏了怎么办?""修坏了我掏钱赔!"程龙洛豁出去了。

那台复印机实在太老了,有些配件程龙洛连见都没见过,搞了大半天,机器拆散了架,却没有修好。

没办法,程龙洛把机器搬到专业修理店,他站在旁边看,暗暗记下每个步骤。复印机修理好后,程龙洛掏了400元钱付了修理费。他的诚信让刘经理赞赏不已,刘经理破例让他负责修理公司的机器。

渐渐地,程龙洛的手艺开始精湛起来。

二、知己知彼

1994年春节过后,张洪利劝程龙洛到佳能公司再去试试。程龙洛却说:"有了技术,不代表就能进入佳能,我还得知己知彼,这样才能一试成功。"随后,他请朋友帮忙,找来佳能公司的相关资料以及售后服务的规定,把这些内容记得滚瓜烂熟。

这年8月,程龙洛来到佳能驻华东总部。这次,他没有先出示文凭,而是就办公室的一台一体化机侃侃而谈,从常见故障到怎么排除,他说得头头是道。佳能公司的工作人员赞叹不已。随后,程龙洛说:"为了进公司,我花了整整两年的时间,对你们的业务流程已经相当熟悉。"接着,他把服务章程背了出来,工作人员很吃惊,他们向领导请示后,得到现场答复:录用。

程龙洛坦诚地说:"我不瞒你们,我只有小学文凭。"他的话还没说完,对方就打断他:"程先生,你的技能远比那些高学历的人强多了,请相信,我们的选择是没有错的。"

进入佳能公司后,程龙洛每天奔波于上海的大街小巷,给客户做售后服务。他吃苦耐劳的精神很快得到总部的赏识,打算让他担任一个售后服务小组的主管。但程龙洛却拒绝了,他认为一线更能锻炼人。

1998年9月,佳能公司华东总部举行员工大会,给员工授衔,当授到最高荣誉"钻石级"服务工程师时，只有几个人上台接受证书。程龙洛觉得奇怪，同事告诉他："'钻石级'是最高的等级，达到这一等级的员工，得有经总部批准的专业售后服务公司，对学历、技能、经营规模等都有严格的考核。评上这一级别，还能获得万元津贴。据说，全球的钻石级员工也只有百余人，相当于万里挑一！"

说者无心，听者有意。成为"钻石级"员工从此成了程龙洛努力的目标。

三、梦想成真

要想成为"钻石级"员工，得有自己的公司。一次，程龙洛经过一处售房中心，看到房子可以办按揭贷款。他脑中灵光一闪：创业可否搞"按揭"呢？

他找到华东总部的负责人，谈了自己的创业思想，总部负责人被他的创业激情所感动，破例给他划定了一个区域。至于公司的注册资金，程龙洛通过担保的方式顺利获得。随后，他又招聘了一名员工，注册了"上海市龙洛办公设备有限公司"，成为佳能的"迷你型"售后服务公司。

经过几年的艰难打拼，如今，程龙洛的公司已经拥有固定资产一百多万元，专业服务人员十多人，已是一个颇具规模的服务公司了。2006年5月，程龙洛顺利晋升为"白金"工程师；2007年4月，他如愿以偿地晋升为"钻石级"工程师，成为佳能公司学历最低的钻石级员工。

佳能全球总裁内田恒二得知程龙洛的事迹后，专门给他写来祝贺信："程龙洛先生，你是我们佳能公司的奋斗榜样，我将号召佳能员工向你学习！"

★讨论

小学学历的程龙洛学历低，志向大，雄心壮，他为自己的青春努力奋斗着，为自己的青春负起了责任，最得以梦想成真。作为中职生的我们，应该如何为自己的青春负责呢？

>> 修炼提示

作为中职生，我们在学习时期，应严格要求自己，学好本领，为明天储值。在从业道路上，我们要树立理想，拼搏奋斗，彰显自己的价值。

三、勇于承担责任，成为最受欢迎的人

勇于承担责任，是对人心灵的历练，同时也是对思想价值的提升。很多人有这样的观念：只要有能力就能打遍天下无敌手，就能攻无不克、战无不胜。其实这些人不知道，光有能力是远远不够的，有时候，责任比能力更重要。爱默生说："责任具有至高无上的价值，它是一种伟大的品格，在所有价值中它处于最高的位置。"责任是对自己所负使命的忠诚，是对工作的出色完成，是困难中的忘我坚守。有责任心的人哪怕能力低一些也终会取得骄人的成就；没有责任心的人能力再强大也毫无建树，有时甚至会拖延工作，造成经济损失和不良社会影响。

相关链接

1920年的一天，美国一位12岁的小男孩正与他的伙伴们玩足球，一不小心，小男孩将足球踢到了邻近一户人家的窗户上，一块窗玻璃被击碎了。

一位老人立即从屋里跑出来，勃然大怒，大声责问是谁干的。伙伴们纷纷逃跑了，小男孩却走到老人跟前，低着头向老人认错，并请求老人宽恕。然而，老人并没有原谅他，小男孩委屈地哭了。最后，老人同意小男孩回家拿钱赔偿。

回到家，闯了祸的小男孩怯生生地将事情的经过告诉了父亲。父亲并没有因为其年龄还

小而开恩,却是板着脸沉思着一言不发。坐在一旁的母亲总是为儿子说情,开导着父亲。过了不知多久,父亲才冷冰冰地说道:"家里虽然有钱,但是他闯的祸,就应该由他自己对过失行为负责。"停了一下,父亲还是掏出了钱,严肃地对小男孩说:"这15美元我暂时借给你赔人家,不过,你必须想法还给我。"小男孩从父亲手中接过钱,飞快跑过去赔给了老人。从此,小男孩一边刻苦读书,一边用空闲时间打工挣钱还父亲。由于他人小,不能干重活,于是就到餐馆帮别人洗盘子刷碗,有时还捡捡破烂。经过几个月的努力,他终于挣到了15美元,并自豪地交给了他的父亲。父亲欣然拍着他的肩膀说:"一个能为自己过失行为负责的人,将来一定会有出息的。"

许多年以后,这位男孩成为美利坚合众国的总统,他就是里根。后来,里根在回忆往事时,深有感触地说:"那一次闯祸之后,使我懂得了做人的责任。"

★讨论

你从这个12岁的男孩身上学到什么?

>> 修炼提示

责任让人坚强,责任让人勇敢,责任也让人知道关怀和理解。因为当我们对别人负有责任的同时,别人也在为我们承担责任。无论你所做的是什么样的工作,只要你能认真、勇敢地担负起责任,你所做的就是有价值的,你就会获得尊重和敬意。有的责任担当起来很难,有的却很容易,无论难还是易,不在于工作的类别,而在于做事的人。只要你想、你愿意,你就会做得很好。

相关链接

有一个叫"责任者"的游戏。游戏规则是两个人一组,两个人相距一米的距离。整个游戏必须在黑暗中进行,一个人向另一个人的正面平躺倒下去,另一个人站在原地不动,只是用手接着对方的肩膀,并说:"放心吧,我是责任者。"接人者要确保能扶住倒下者。游戏的寓意是让每个人意识到承担责任的重要性,让每个人做一个责任者。

四、树立质量意识,对自己的职业负责

人的能力千差万别,但如果有强烈的责任心,就会更好地做好本职工作,从而有所成就。从大禹治水"三过家门而不入",到诸葛孔明的"鞠躬尽瘁,死而后已";从鲁迅的"甘为孺子牛",到王进喜的"铁人精神"……无一不是强烈的责任心造就了他们平凡而又伟大的成就。

责任是一个沉重的字眼,一个人真正成为社会一分子的时候,责任就沉重地落在了他的肩上,是躲开还是勇敢地承担下来,就看你责任心强不强。工人责任心不强产品质量就无法保证;医护人员责任心不强,就会出现医疗事故,生命就会调零;演员责任心不强,就会敷衍观众甚至假唱。

>> 修炼提示

责任是永恒的职业精神,如果能力像金子一样珍贵,那么勇于负责的精神更为可贵;无论一个民族、一个组织、还是一个人。

在我们的从业道路上,质量是责任的直接体现,制造业的产品质量、服务业的服务质量都是一个人责任心最直接的体现。

相关链接

工作中看似平凡的细节体现的正是高度的责任心。下面请看来自日常工作中的两个小故事。

加班加点诠释职业忠诚

贺立祥自进入公司10多年来，一贯认真负责，不仅多次被评为优秀党员，而且还连续7年被评为公司先进个人。目前，他主要担任售后服务及处理顾客抱怨的工作。

作为公司对外服务窗口，在市场日益强调服务质量的今天，以"外树企业形象，内育职业忠诚"为座右铭，贺立祥既做到努力维护公司的利益，又做到让顾客满意。

11月初，为了顺利进入QR主机厂的配套生产线，确保第一批次产品能一次性送样成功，贺立祥针对采购的球笼出现的一些问题，做全程跟踪并组织解决。11月5日，他发现万向节装好后，与叉子之间存在间隙，产品定位有时还套不到位。为了及早解决故障，贺立祥主动放弃休息时间，和两位同事分别加班返工。11月5日加班到晚上10点，第二天又加班到凌晨1点。7日一大早，公司里又出现了贺立祥繁忙穿梭的身影。正是凭借着高度的工作责任心和认真负责的工作态度，最终确保了该批产品按质按量按时发货。

汗水淋漓换回至真诚信

缓速器是公司新开发的项目，目前正处市场拓展的关键时期。7月初，广州某公司来电话说缓速器需要维修。白金明是该项目的质量管理员，接到电话后立刻马不停蹄地赶到广州。

七月夏日炎炎，热浪翻滚，广州更是暑热难当。但白金明一心只想着维护公司的信誉，下车后还没来得及安排住宿，便立刻赶往维修地点进行检修。由于装缓速器的车都是几十吨的大车，附近又没有大车棚，检修工作只能在白花花刺眼的强日光照射下进行。

一个多小时的检修工作终于完成了，白金明整个人就像刚从水里出来一样，浑身没有一处干的地方。看到万向的服务人员如此迅捷的服务响应和不怕吃苦的精神，对方和车主都深受感动，不停地道谢，连连称赞售后服务真是一流。浑身湿透汗水淋漓的白金明脸上也终于露出了笑容。他在最短的时间内以自己的实际行动，在证明了公司服务质量一流的同时，也换回了至真诚信。

再看几个产品质量不合格而导致的严重后果

(1)2007年，东北某大学大一新生用新买的暖壶装开水，结果壶底脱落，其被开水烫伤右脚。这名新生是在完全不知情的情况下购买了暖壶，结果暖壶出现问题，责任在于商家，老板最终接受了赔偿要求。

(2)2002年，我国广东、广西等地查出"毒大米"数百吨。"毒大米"样本检验结果显示，黄曲霉素的含量严重超标。过量食用被黄曲霉素污染的食品，在2～3周内可出现肺水肿、昏迷等症状。

(3)1998年1月，山西省文水县发生了震惊全国的"1·26"假酒案，致死22人。犯罪嫌疑人使用含有剧毒甲醇的工业酒精勾兑白酒出售，其最终被判处死刑。

(4)1995年12月，湖南某位市民陪同家人到火锅店用餐，店内使用的劣质煤气炉突然爆炸。其脸部被大面积烧伤，导致毁容。

(5)2007年，深圳十多家臭豆腐制造工厂为增加豆腐的臭味，竟使用粪便腌制。做好的豆腐还要用布包好埋在粪堆里。三名工商人员前去查处时，当场呕吐。

⊘ 修炼提示

　　产品质量的维持并不是一期一夕的事情,要在企业日常工作中坚持不懈地按照 PDCA 管理回圈来进行。所谓 PDCA 就是 Plan(计划)、Do(执行)、Check(检查)、Action(采取行动)。只要我们始终遵循有效的 PDCA 步骤来进行质量管理,就会使我们的品质管理体系始终保持在一个良性回圈的状态之中。

　　而服务也是向顾客出售的特殊商品。既是商品,就会同其他商品一样有检验其品质优劣的标准,这个标准就是质量,即服务质量。服务质量不仅是管理的综合体现,而且直接影响着经营效果。服务质量的好坏取决于两个方面的因素:一是物的因素;二是人的因素。其中人的因素尤为重要。"顾客至上"是任何服务行业必须遵循的宗旨。

　　服务人员必须在工作中体现"顾客至上",并形成一种服务意识。这种意识就是以顾客为核心开展工作,以满足顾客需求、让顾客满意为标准,时刻准备为顾客提供优质服务的一种意识。要时时记住"顾客就是上帝""顾客总是对的",时时处处以顾客满意为标准,把握自己的言行,形成良好的服务意识。

　　西方服务业认为,服务就是 SERVICE(服务),其中每个字母又有着丰富的含义。

　　S—Smile(微笑):其含义是服务员应该对每一位顾客提供微笑服务。

　　E—Excellent(出色):其含义是服务员要将每一服务程序,每一微小服务工作都做得很出色。

　　R—Ready(准备好):其含义是服务员应该随时准备好为顾客服务。

　　V—Viewing(看待):其含义是服务员应该将每一位顾客看作是需要提供优质服务的贵宾。

　　I—Inviting(邀请):其含义是服务员在每一次接待服务结束时,都应该显示诚意和敬意,主动邀请顾客再次光临。

　　C—Creating(创造):其含义是每一位服务员应该想方设法创造一种能使顾客享受其热情服务的氛围。

　　E—Eye(眼光):其含义是每一位服务员始终应该以热情友好的眼光关注顾客,适应顾客心理,预测顾客要求,及时提供有效的服务,使顾客时刻感受到服务员在关心自己。

五、修炼实践

1.谈一谈

(1)阅读下面的材料,结合材料谈谈如何才能做到对自己的公司(企业)负责?

　　厦门宏发电声有限责任公司到我校来招聘工作人员。公司经理在介绍了公司情况和招聘条件后告诉学生还有什么不清楚的问题可以当场提问。有的学生问到工资待遇,有的学生问到生活条件,有的学生问到工作时间,有的学生问到加班待遇,有的学生问到住宿条件等等。公司经理都做了耐心而详细的回答。这时一位叫白雪的同学举手问道:"请问经理,我们宏发目前在同行业处于什么位置、有什么先进技术? 我们宏发什么时候能跻身全球 100 强或者说计划什么时候跻身全球 100 强企业?"公司经理忽觉眼前一亮,详细地回答了白雪同学的提问并反问白雪同学为什么会问这些与自己待遇无直接关系的问题。白雪同学回答:"如果我作为公司的一员就有责任了解和关心公司的现状和发展前景。"公司经理感到非常满意并当场邀请白雪同学到公司工作。在不到一年的时间,白雪同学不仅被调往总部工作,而且还很快升为车间组长。

(2)1967 年 8 月 23 日,苏联宇航员科马洛夫独自一人驾驶"联盟 1 号"宇宙飞船完成任务准备返航时,发现减速降落伞失灵,无法打开。最终,飞船爆炸,宇航员牺牲。造成事故的原因是地面检查人员责任心不强,计算时忽略了一个小数点。

表面上看这是一时疏忽,其实是责任心不强造成的。请结合自己的专业,谈谈在以后的工作中责任心表现在哪些方面?

2.心灵氧吧

- 天下兴亡,匹夫有责。——顾炎武
- 真正进步的人决不以"孤独进步"为己任,必须负起责任,使大家都进步,至少使周围的人都进步。——邹韬奋
- 我们不是为自己而生,我们的国家赋予我们应尽的责任。——西塞罗
- 人能尽自己的责任,就可以感觉到好像吃梨喝蜜似的,把人生这杯苦酒的滋味给抵消了。——狄更斯

第四节　服务服从,协同合作,忠实于自己的团队

一、团队精神的内涵

所谓团队精神,简单来说就是大局意识、协作精神和服从与服务精神的集中体现。团队精神的基础是个人对团队的绝对服从及尊重个人的兴趣和成就。其核心是协同合作,其最高境界是全体成员具有向心力、凝聚力,其反映的是个体利益和整体利益的统一,并进而保证组织的高效率运转。

团队精神的基础——服从与挥洒个性。个人与团队之间的关系是个体与整体的关系,只有当每一个个体都服从整体,这样的团队才能称得上是一个整体。

同时,企业不可忽视高效率团队的培养,团队精神的形成,其基础是尊重个人的兴趣和成就。应设置不同的岗位,选拔不同的人才,给予不同的待遇、培养和肯定,让每一个成员都拥有特长,都能表现特长。

团队精神的核心——协同合作。团队成员在才能上是互补的。共同完成目标任务的保证就在于发挥每个人的特长,并注重流程,使之产生协同效应。

团队精神的最高境界——凝聚力。全体成员的向心力、凝聚力是从松散的个人集合走向团队最重要的标志。在这里,有着一个共同的目标并鼓励所有成员为之而奋斗,固然是重要的,但是向心力、凝聚力来自团队成员自觉的内心动力,来自团队成员共识的价值观。很难想象在没有展示自我机会的团队里能形成真正的向心力;同样也很难想象,在没有明了的协作意愿和协作方式下能形成真正的凝聚力。那么,确保没有信任危机就成为问题的关键所在,而损害最大的莫过于团队成员对组织信任的丧失。

由此我们可以这样简单地这样归纳团队精神的内涵:个人的服从服务和成员间的协同合作。

二、服从服务意识

服从是一种美德,是员工职业精神的精髓。服从是行动的第一步,服从的人就要遵照指示做事,暂时放弃个人的独立自主,全心全意去遵循所属机构的价值观念。一个人只有在服从的意愿下,才会对其机构的价值及运作方式有一个更透彻的了解。

没有服从就没有执行,团队运作的前提条件就是服从。可以说,没有服从就没有一切。进入一家新的公司,你必须从零开始,要给自己一个定位,明确自己的职责,服从公司分配给你的任务。

相关链接

报告长官,是。

报告长官,不是。

报告长官,不知道。

报告长官,没有任何借口。

——西点军校

一个高效的企业必须有良好的服从观念,一个优秀的员工也必须有服从意识。因为出于企业整体利益的考虑,不允许部属抗令而行。一个团队,如果下属不能无条件地服从上司的命令,那么在达成共同目标时,则可能产生障碍;反之,则能发挥超强的执行能力,使团队胜人一筹。没有服从理念的员工不能成为真正优秀的员工,也无法向自己的人生目标迈进。所以,要把服从作为核心理念来看待。不要给自己找借口,找推卸责任的理由。上司要的是结果,而不是你再三解释原因。无数公司因为员工纪律涣散、执行能力差而导致衰败。公司在每个阶段都有自己的计划,而计划的执行者是公司中的每一个员工。所以,执行能力的提升对公司战略目标的实现具有重要意义。

只有个人坚决服从团队,才能更好地服务于团队。

相关链接

海尔集团的团队精神

1994年4月5日下午两点,一个德国经销商打来电话要求海尔必须在两天内发货,否则订单自动失效。两天内发货意味着当天下午所要的货物必须装船,而此刻正是星期五下午两点,如果按海关、商检等有关部门下午五点下班来计算的话,时间只有三个小时,按照一般程序做到这一切几乎是不可能的。如何将不可能变为可能?此时,海尔人优良的团队精神显示出巨大的能量。他们采取齐头并进的方式,调货的调货、报关的报关、联系船期的联系船期,全员全身心地投入工作中,抓紧每一分钟,确保每一个环节都顺利通过。当天下午五点半,这位经销商接到海尔货物发出的消息时,非常吃惊,随后又从吃惊转为感激,并破例向海尔写了感谢信。

从这个事例不难看出,海尔集团神奇般的崛起和茁壮成长,不仅得益于他的统军人物张瑞敏,还得益于张瑞敏率领下的整个团队每位员工的努力。海尔把自己的价值观定义为:"人的价值高于物的价值,共同价值高于个体价值,共同协作的价值高于单干的价值。"这种价值观不正是个人无条件服从并服务于团队的生动写照吗!

1. 服从时不要找任何借口

借口是拖延的温床，有些人只是在浑浑噩噩地依靠着各种借口拖延着宝贵的时间，实质上也是浪费着宝贵的生命。对于领导的一个合理的命令，员工首先要做到服从，执行后才能知道效果；还没有执行，就大谈自己的见解和一些不可执行的理由，这样的员工，无论到哪个企业，都是一个不受欢迎的角色。凡是领导交代的事情都必须马上去做。员工做事拖拖拉拉会使自己失去机会，立刻行动便会为自己赢得更多的机会，任何一位领导都不喜欢做事拖拉的员工，也没有任何一个员工因"拖延"的工作态度而赢得领导的奖赏、获得升迁。

如果你想尽快地在众多同事中脱颖而出，那在面对上司交待下来的任务时应立即去做，并快速圆满地完成它，而且不要找任何借口。机会是在纷纭世事之中偶然间促成的一个有利的空隙，这个空隙稍纵即逝。因此，要把握时机确实要眼明手快地去'捕捉'，不要再站在那里傻傻地等待或因循拖延时间了。"没有任何借口"这句话看似冷漠，有些缺乏人情味，但它却可以激发员工最大的潜能。美国成功学家格兰特纳说过："如果你有自己系鞋带的能力，你就有上天摘星的机会！记住，千万别为自己找借口！"

2. 服从是金

作为员工首先要做到的是服从。服从是金。员工要以"服从"为工作的前提条件。如果一个员工不懂得服从，思想上没有服从的观念，那么将会被企业所淘汰。服从是自制的一种形式，每一个员工都应去深刻体验身为一名企业人具有的意义。

服从领导。刚到一家新公司不要以为自己有多大的能耐，一切都应该从"零"开始。服从于你的领导，服从于你领导的领导。你想这么干，他想那么干，谁想怎么干就怎么干，只能造成恶意竞争。今天我给你扒豁子，明天我给你捅娄子，这样一来企业内部必然发生"军阀大战"，这样的公司面临的必将是破产，作为这家企业的员工也不会获得任何好处。

3. 服从就是主动自发地去做

员工能够毫无怨言地接受任务，就是服从领导主动自发工作的集中表现。一个员工想发挥自己的主动性，首先应该从思想上有一个主动的意识。思想是行动的先导，思想上有主动意识之后，就为行动上的主动奠定了基础。行动上要服从思想上的主动，不能只是思想上有主动的意识而行动上没有。只有思想上与行动上统一，才能成为主动工作的优秀员工。

如何做才是主动工作？主动就是不用领导安排，能够主动自发地按计划做好本职岗位及有关的每一项工作。主动是承担更多的责任，自动地承担责任是被企业所喜欢的优秀员工必不可少的一种素质。

三、协同合作

我们有做各种活动的能力，如跑步走路、打球投篮、闻声说话……这些活动都是由许多器官做系列的动作协调工作而完成的。一般的情况，各自独立的个体，常会因为某一目的或在某些情势下，需要共同来完成一件工作。这时候，就会涉及如何协同工作的问题。从另外一个角度来看，人类常被归为社会性动物，过着群居的生活。这表示在人的生活中，充满了很多办同合作的行为。我们只要看看万里长城、运河、金字塔、玛雅祭坛、巨石文化的遗迹以及历史文献中记述的包含有士农工商的城市生活、宗教活动、王朝与战争的更迭……那么，我们就可知道早期人类在协同合作上已经发展到如何精细复杂的程度了。在当今社会，随着社会分工越来越精细化，各种合作都显得特别重要，而在一个团队中，协同合作更是其核心精神。

一个家族得以兴旺、一个公司的业务得以蒸蒸日上、一个社会得以和谐又充满活力……这些都是在那个团队之中的个体成功协同合作的业绩。

相关链接

动物的互惠互助

你知道吗？动物之间不光有生存竞争，还有互惠互助呢。

蜜獾（huān）和导蜜鸟是一对好伙伴，它们常常相互合作，共同捣毁蜂巢。野蜂常把巢筑在高高的树上，蜜獾不容易找到它。目光敏锐的导蜜鸟发现了树上的蜂巢后，便去寻找蜜獾。为了引起蜜獾的注意，导蜜鸟扇动着翅膀，做出特殊的动作，并发出"嗒嗒"的声音。蜜獾得到信号，便匆匆赶来，爬上树去，咬碎蜂巢，吃掉蜂蜜。导蜜鸟站在一旁，等蜜獾美餐一顿后，再去享用蜂房里的蜂蜡。

海葵虾和红海葵也合作得很好。海葵虾的两只大螯（áo）各夹着一只红海葵，整天东游西荡。一旦遇到危险，海葵虾立即提起红海葵，红海葵便用有毒的触手对付来犯者。这样，海葵虾可以到处觅食，不必为安全担忧；而红海葵只要收集海葵虾吃剩的食物就足可以饱腹了。

鳄鱼和埃及行鸟的互惠互利更为有趣。埃及行鸟不但在凶猛的鳄鱼身上寻找小虫吃，还进入鳄鱼的口腔中，啄食残留的鱼、蚌、蛙的肉屑和寄生在里面的水蛭，帮助鳄鱼清洁口腔。有时鳄鱼把大口一闭，埃及行鸟就被关在里边。然而你不必为埃及行鸟担心，只要埃及行鸟轻轻用喙击打鳄鱼的上下颚，鳄鱼就会张开大嘴，让埃及行鸟飞出来。

合作的力量

有个外国老太来中国，找了几个中国孩子，让他们做一个游戏。她把几个栓着细线的小球放进一个瓶子里，瓶口很小，一次只能容纳一个小球通过。

她说："这是一个火灾现场，每个人只有逃出瓶子才能活下去。"

她让每个孩子拿一根细线。时间开始了，只见几个孩子从小到大，依次把小球取出来了。

老太很惊讶，她在许多国家做过这个实验，但是没有一个成功过，那些孩子无一例外都争先恐后地把细线拼命往上拉，导致最后一堆小球堵在瓶口……

这就是合作的力量啊！

由此可见，在自然界不论是人还是其他动物都需要协同合作！

我们知道协同合作是由至少两人进行同一件工作的活动。这需要各成员通过沟通来达到一些共识（也就是结合几个不同的思维，成为"一个"思维）。沟通才能够了解群内个体的性格、专长、期望及需求，才能够把每个个体安排在适当的位置，给予适当的报偿。也才能够使个体了解整个事件、了解自己应肩负的任务、自己在整体工作中的角色，知道别人的贡献。所以，沟通的效果就是产生共识，是形成一个团队的必要的过程。同时，作为团队中的一员，还必须做到以下几点：

（1）各成员都有"欲完成此项工作"的意愿。不管他们各自的动机、目的如何，不管他们想从此事件中去获取的利益（需求）是什么，他们要有共同的目标：就是要完成此项工作。

例如，在买卖一支笔的交易中，笔卖得很贵，可是买的人别无选择，只得买了；也可能笔的质量太好了，禁不住要买……总之，此交易要成功，必需有人付钱取笔、有人取钱付笔。

（2）成员必须对此项工作有共识。知道此项工作的性质、包括什么任务、可能从此项工作中获得什么报偿、自己担任什么职责、其他的成员是些什么人……

（3）成员的工作过程及职务分担要有组织（及结构）。成员要接受自己肩负的任务，并与其他成员搭配，共同完成此项工作。

（4）参与机会均等。要让所有成员都能自在地参与构思，不要期待由少数高手解决大小事情。要做到这一点，所有团队成员具备的技能水平必须大致相近，否则那些具备较多技能的人会感到无趣，而技能较少的人也会备感挫折。

（5）认清有可能失败。要利用失败的可能性促使团队进入心流状态（心流状态简单地说，就是这样的一种状态：你完全沉浸于工作中，忘记外部世界。这一概念是由积极心理学家米哈里·齐克森提出的），不要因为可能会失败而退缩不前。

四、修炼实践

1.思考

你认为在团队精神内涵中，服从服务与协同合作哪方面更重要？为什么？

2.讨论

阅读下面的材料，讨论在这四种角色中，你是哪一种？你如何看待材料中讲的团队成员互补的优势？

唐僧团队侧记

《西游记》中的唐僧团队，虽然是虚拟的，但是师徒历经百险求取真经的故事，不仅家喻户晓，而且是中国文化的集中代表。

这个团队最大的好处就是互补性，领导有权威、有目标，但能力差点；员工有能力，但是自我约束力差，目标不够明确，有时还会开小差。但是总的来看，这个团队是个非常成功的团队，虽然历经九九八十一难，但最后修成正果。

一个理想的团队就应该有这四种角色。一个坚强的团队，基本上要有四种人：德者、能者、智者、劳者。德者领导团队，能者攻克难关，智者出谋划策，劳者执行有力。

德者居上

唐僧是一个目标坚定、品德高尚的人，他受唐王之命，去西天求取真经，以普渡众生，广播善缘。要说降妖伏魔的本领，他连最差的白龙马都赶不上，但为什么他能够担任西天取经如此大任的团队领导？关键在于他用人为能，目光如炬，明察秋毫，洞若观火，高瞻远瞩。做人有眼光就不会犯方向性的错误。

能者居前

孙悟空可称得上是老板最喜欢的职业经理人。之所以说老板最喜欢，不是因为孙悟空没缺点，很优秀，而是因为他能力很强，但也有缺点。这才是老板最应该用的人才，为什么？假设一个人能力很强，人缘很好，理想又很远大，这样的人往往不甘人下，或者直逼领导位子，或者很容易另起炉灶。孙悟空有个性、有想法，执行力很强，也很敬业。他很重感情，懂得知恩图报，因此是个非常优秀的人才。

孙悟空的缺点就是爱卖弄，有了点业绩就在别人面前显示显示，而且得理不让人，这显然也影响了他继续发展的可能。作为一个领导，一定要非常清楚下属的优缺点，量才而用，人尽其才。

智者在侧

猪八戒是个什么样的员工？

从好的方面看,他虽然总是开小差,吃得多、做得少,时时不忘香食美女,但是在大是大非上,立场还是比较坚定的。他从不与妖精退让妥协,打起妖怪来也不心慈手软。生活上,他能够随遇而安,工资待遇要求少,有的吃就行,而且容易满足。最后,他被佛祖封了个净坛使者,这是个受用贡品的闲职,但他非常高兴,说"还是佛祖向着我"。更为重要的是,他成为西天枯燥旅途的开心果。孙悟空不开心了,就拿他要耍,有些脏、累、差的活,都交给他,他虽有怨言,但也能完成。如果没有猪八戒,这个旅途还真无聊。另外,猪八戒的另外一个优点就是对唐僧非常尊敬,孙悟空有不对的地方,他都直言不讳,从某种程度上也增加了唐僧作为领导的协调和管理作用。

从不好的方面看,他经常搬弄是非,背后打小报告。另外,他在忠诚度方面也差,尤其是刚加入取经团队的时候,动不动就要散伙走人回高老庄娶媳妇,一点佛心都没有,影响了团队的团结和睦。

之所以说猪八戒是个智者,完全是站在当今社会的角度。现代社会,员工的压力都很大,如何做一个快乐的人,就要用到猪八戒的人生哲学了。当然,八戒的人生哲学,只是我们在遇到挫折失败时候的一种自我解脱,不能成为自己的主流价值观。

劳者居其下

如果唐僧这个团队只有他和悟空、八戒三个人,那还是有问题的。唐僧只知发号施令,无法推行;悟空只知降妖伏魔、不做小事;八戒只知打打下手、粗心大意;那担子谁挑、马谁喂、后勤谁管? 可见一个团队,各种人才都要有。

沙和尚是个很好的管家,任劳任怨,心细如丝。他经常站在悟空的一面说服唐僧,但当悟空有了不敬的言语,他又马上跳出来斥责悟空,护卫师傅,可谓是忠心耿耿。企业对于这样的人,一定要给予恰当的位置,如行政、人事、质量管理、客户服务等方面。

沙和尚忠心耿耿,他是唐僧最信任的人,是老板的心腹,但属于那种有忠诚度但能力欠缺的人才。老板喜欢用,但如果重用、大用,就会出问题。许多企业和团队之所以失败,往往坏在沙僧这类角色上。因为是老板的心腹,他们就会得到相当高的权力、地位。但由于能力有限,又无法担当重任,所以往往会造成企业的重大战略决策失误。

总的来说,唐僧团队之所以能取得如此辉煌的成就,关键在于这个团队的成员能够优势互补、目标统一,每个人都能发挥自己的效用,所以形成了一个越来越坚强的团队。

3.心灵氧吧

• 个人之于社会等于身体的细胞,要一个人身体健全,不用说必须每个细胞都健全。——闻一多

• 一朵鲜花打扮不出美丽的春天,一个人先进总是单枪匹马,众人先进才能移山填海。——雷锋

• 活着,为的是替整体做点事,滴水是有沾润作用,但滴水必加入河海,才能成为波涛。——谢觉哉

• 人是要有帮助的。荷花虽好,也要绿叶扶持。一个篱笆打三个桩,一个好汉要有三个帮。——毛泽东

• 一燕不能成春。——克雷洛夫

• 如果说我看得远,那是因为我站在巨人们的肩上。——牛顿

第五节 吃苦耐劳,艰苦奋斗,为自己的理想拼搏

一、任何工作都需要吃苦耐劳

许多到达光辉顶点的人往往不是最聪明的人,而是那些在生活中遭受挫折的人。这是因为,那些自认为自己聪明的人往往会选择走一些所谓的"捷径",这些所谓的"捷径"往往会丧失一些非常有意义的锻炼机会;而那些生活在逆境中饱经风霜的人,才更能深刻理解什么叫成功。新世纪的青少年,绝大多数都是独生子女,从小在父母呵护下成长,没有遇到大的挫折和历练,耐挫能力较差。我们中职生也是如此,因为耐挫能力和意志力较差,在初中学习阶段遇到难以克服的困难,就会形成较大的学习障碍。

而耐挫能力差、又能吃苦耐劳在从业道路甚至就业机会上也会产生较大的阻力。

相关链接

招聘单位:城市独生子女难吃苦

"我们一不要城市孩子,二不要独生子女。"在河南省一次水电行业应届毕业生招聘会上,中国水利水电某工程局提出的招聘条件让一些毕业生深感意外。

该单位的招聘人员说,这是该单位多年的经验。地质勘测常在野外作业,条件比较艰苦,以前招聘的很多城市孩子和独生子女都因受不了苦而离开,给企业造成很大的损失。所以,现在他们干脆只挑农村学生,而且一般不考虑独生子女。

现场还有许多工程类用人单位有着同样招聘条件。中铁某局一口气签走了华北水利水电学院的16名学生,但是却退回了3名城市独生子女学生的简历。后来,这3个独生子女据理力争,锲而不舍追到宾馆,费尽口舌,才勉强获得了该单位的面试资格。

郑州市市政部门一位负责人也说,我们曾经招聘了一批技术人员,多是独生子女。但因经常夜间作业,很多人吃不了这份苦,不长时间就撂挑子走人了,让单位十分被动。所以从工作方面考虑,招聘农村的非独生子女孩子要比城市的独生子女更划算。

河北某水利水电勘测设计院的工作人员说得更加有理有据。他说,他们单位曾专门做过统计,独生子女就业后流失率高达60%!对他们设计院来说,与学习成绩、专业素质等"硬件"相比,意志品质、吃苦耐劳精神这些"软件"更加重要。

城市独生子女有"就业综合症"

"找不到工作,老爸养活我。"郑州市独生女小郭轻描淡写地说。从学校毕业才一年时间,小郭已先后两次跳槽,如今在家里待业。

小郭的第一份工作,是在她爸爸朋友的公司内做行政管理。可她认为那份工作工资不高,工作太累,所以不到半年,她就撂挑子走人了。

小郭的第二份工作是她自己应聘的,可这次她又感觉干事都得看人脸色,不久便不辞而别,连最后一个月的工资都懒得去领。再后来,爸爸的朋友又给介绍了第三份工作。可她听朋友说,那份工作不怎么样,所以连报到都没有去,至今在家待业,靠父母生活。

像小郭这样的情况,有专家认为这就是"独生子女就业综合症"的表现。这些独生子女不愿接受公司纪律和体制的约束,喜欢按照自己的想法去工作,没有组织和集体观念,娇气、不

愿意接受批评。这些缺点已经成为不少用人单位头疼的问题,也成为一些用人单位不愿招城市独生子女的重要原因。

与那些城市独生子女相比,农村孩子显然更具有用人单位需要的资本,因此比较受用人单位的喜爱。

"得来不易才知道珍惜,找工作就是这样。"来自开封杞县农村的小任,仅参加了一次招聘会,就找到了工作。对用人单位来说,小任吸引人的优点就是其特殊的经历:出生农村的他,家庭条件比较贫穷,连上大学的费用都是向亲戚借的,只有找到一份工作,才能尽快"贴补"家里,至于工作条件是否艰苦,都是次要的。

"父母根本帮不了我,找工作全得靠自己努力。吃苦的事对于农村的孩子来说,也太平常不过了。"小任说。目前,他已经与东北某石油勘探部门签定了就业意向书,等明年一毕业,他就要去上班了。他表示,上班以后,他会踏实工作,不会轻易跳槽——毕竟,这份工作对于他,对于他的家庭来说,都太重要了,他可不愿意折腾。

"工作不够主动、依赖性强是不少独生子女的通病。"郑州市某公司负责人说。他指出,独生子女从小就被父母宠着,许多自己的事情都由他人代劳,到了单位也是能不做就不做、能少做就少做。"还有不少独生子女学生连应聘都要家长陪着,甚至有的孩子连排队都由父母来代替!像这种从小就是在温室中长大的'娇娇草',有几家单位愿意用?"

当然,部分用人单位的简单拒绝显得有些片面,但这些现象已对当代青少年的意志品质提出了全新的考验。而且我们还可以看出,在意志品质上,用人单位更看重员工吃苦耐劳的意志品质。

无论是哪个行业、哪个专业,都需要体力劳动,因此,中职生具有吃苦耐劳等意志品质显得尤为重要。

二、心理上要不怕困难,正确应对挫折

挫折,是人们在实现预定目标行动过程中受到阻碍难以克服时,产生的一种紧张心理或情绪反应,它是一种消极的心理状态。生活中遇到挫折是难免的,但是很多人却不能从过去的阴影中走出来,出现消沉、焦虑、沮丧、悲观、绝望等情绪反应,以至于给身心健康带来损伤,影响自己的能力和发挥。

那么,面对挫折的考验,应该如何正确应对呢?

(1)正视挫折,树立正确的人生观,确立适合自己的奋斗目标,并全身心投入。

(2)遇到挫折时应冷静分析,以积极乐观的态度,从主观目标和客观环境条件等方面找出受挫的原因,采取有效的补救措施。

(3)善于控制自己的情绪,经常保持自信和乐观的态度,勇敢面对现实,适应环境。

(4)培养对挫折的耐受能力,就算不断受到重大挫折,也要越挫越勇,折而不悔,将压力转化为动力。

(5)主动寻求亲戚、朋友、同学、老乡以及专业心理咨询人员的帮助,及时释放心理压力,保持心理平衡。

(6)合理安排休闲时间,做到劳逸结合,适当参加户外活动和体育锻炼,保持合理的饮食,维护好个人的身心健康。

挫折作为一种情绪状态和体验,各个人的耐受性是大不相同的。有的人经历了一次次挫

折,能够坚韧不拔;有的人稍遇挫折便意志消沉,一蹶不振,甚至痛不欲生。有的人在生活中受多大挫折都能忍耐,但不能忍受事业上的失败;有的人可以忍受工作上的挫折,却不能经受生活中的不幸。其实,当一个人身处顺境时,尤其是在春风得意时,一般很难看到自身的不足和弱点。唯有当他遇到挫折后,才会反省自身,弄清自己的弱点和不足。因此,挫折是催熟剂。经历挫折、忍受挫折是人生的一门必修课程。

》》修炼提示

面对挫折,既不文过饰非,也不要过分悲伤。要认真分析了解挫折产生的原因,正确采用应付挫折的办法,不被挫折吓到,只有这样才能变逆境为顺境,化失败为成功。

相关链接

曾两次获得诺贝尔奖的科学家居里夫人玛丽经历了很多挫折。她 10 岁的时候,妈妈和姐姐就去世了。玛丽承受着亲人逝去的痛苦,一边学习,一边克服重重困难。玛丽当时在波兰,波兰当时的大学是不收女学生的。高中毕业的玛丽不能上大学,面对挫折,她没有像别人一样灰心丧气,她到处做家教,赚到了路费便去法国留学。几年后她和比埃尔·居里走到了一起,一起研究科学,发现了镭——放射性元素,因此获得诺贝尔奖。在事业蒸蒸日上的时候,丈夫居里却死了,这对居里夫人是多么大的打击啊!面对挫折,居里夫人没有灰心,全身心致力于原子核学事业,又一次获得诺贝尔奖。

英国杰出科学家霍金一生经历的挫折数不胜数。命运对霍金是非常残酷的,但面对挫折,霍金以顽强的毅力战胜了挫折。21 岁时,年轻的霍金患上了罕见的萎缩性脊髓侧索硬化症,即卢伽雷氏症。医生说他最多只能活 2～3 年。面对挫折,如果他对命运说"算了,反正只能活一年了",也许他可能就这样碌碌无为地死去。但面对挫折,他没有自暴自弃。面对疾病,他顽强地拼搏着,与疾病做着斗争。病情一天天加重,霍金站不住了,坐上了轮椅。后来,他的十个手指中,只有两个能动。1984 年,他说话已经相当困难,说话都说不清楚,说一句话要好长时间。1985 年他又得了肺炎,开刀过后再也不能说话。后来人们在他的轮椅上安装了一体电脑和语音合成器,他用手指敲出想说的字,语音合成器就能发出声音来。面对挫折,命运退缩了。2 年过去了,10 年过去了,30 年也过去了,已经过去了 40 年,可他依然坚强地活着,而且他还发表了科学著作——《时间简史——从大爆炸到黑洞》,发行量达到 1000 万册。他成为大教授、科学家。医生称这是医学史上的奇迹,其实这靠的是他的勇气,即面对挫折不退缩的勇气和自强不息的精神。如若他意志不坚定,他早就死了。

由此可见,一个人在挫折面前绝对不能退缩,面对挫折,要敢于与挫折做斗争。面对挫折,不能害怕,要从挫折背后找到战胜挫折的勇气和自强不息的精神。

记得有这么一个故事:胡萝卜、鸡蛋和咖啡豆同时面临共同的逆境——沸腾的开水。面对开水,它们各自的反应不同。胡萝卜是结实的,但经过开水煮过后,它变软了,变弱了;鸡蛋是脆弱的、易碎的,但经过开水一煮,它的内部变硬了;咖啡豆很独特,经开水煮后,它反倒改变了开水。

胡萝卜、鸡蛋、咖啡豆其实就是生活中的人。胡萝卜是外强中干的人,表面看起来坚强,其实遇到挫折就退缩,内心脆弱;鸡蛋是表面脆弱,但意志力坚强的人,面对挫折,它没有退缩,而是勇敢地接受挑战,变得更坚强;而咖啡豆却是生活的强者,具有自强不息的精神和顽强的勇气。面对挫折,它顽强地和挫折斗争,结果改变了命运,走出困境。

亲爱的同学们,你愿意做生活中的哪一种人呢?

三、行动上要不怕吃苦,顽强拼搏奋斗

新世纪的青少年,十几年的学习生活几乎都是在父母的"手把手"教导下完成的,没有遇到过真正的困难和挫折,过着"衣来伸手,饭来张口"的生活,不知道"苦"为何物,生活自理能力不高,懒惰情绪较重。中职生也有着同样的经历,这在以后的从业道路上会形成了较大的阻力。

吃苦耐劳精神表现在工作生活的方方面面,体现在身边的小事中:

(1)树立远大理想,远离网吧、酒吧、迪吧等场所;拥有健康的生活情趣,个人打扮朴素大方,符合自己的年龄特征,远离奇装异服。男生不佩戴任何首饰,女生装扮素雅。

(2)正确消费,不攀比。合理安排自己的收入,收支平衡,不盲目高消费。

(3)工作中做到口勤、手勤、腿勤,不怕吃亏,严格遵守公司企业的所有规章制度,加班无怨言,坚信艰苦奋斗必定成功。

相关链接

吃苦耐劳和艰苦奋斗的内涵

坚持和弘扬吃苦耐劳和艰苦奋斗精神必须正确理解它们的内涵。长期以来,不少人对吃苦耐劳与艰苦奋斗存在一些误解,一提吃苦耐劳、艰苦奋斗,就与吃野菜、穿草鞋、睡草铺等苦行僧式的生活方式联系起来,甚至等同起来。这种肤浅而片面的理解和认识使不少人错误地认为当前生活富裕了,没有必要再吃苦耐劳、艰苦奋斗了。

其实,吃苦耐劳、艰苦奋斗应包涵这几个方面的内容。从工作角度讲,这是一种不畏艰苦、脚踏实地、奋发向上、锐意进取、开拓创新、与时俱进、勇于拼搏的工作作风,这也是中华民族的优良传统。从思想角度讲,吃苦耐劳、艰苦奋斗是一种生活态度和思想境界,是一种反对奢华浪费,追求顺应自然、崇尚俭朴、与大自然和谐共处的生活理念。从哲学角度讲,吃苦耐劳、艰苦奋斗是一种居安思危的忧患意识,是一种精神、一种价值观,与拜金主义、享乐主义是对立的。

坚持和弘扬吃苦耐劳、艰苦奋斗精神,首先应全面正确理解它们的内涵,纠正那种一提吃苦耐劳、艰苦奋斗就认为要回到过去吃野菜、穿草鞋、睡草铺等苦行僧式生活方式的浅见的误解。虽然吃苦耐劳、艰苦奋斗精神在不同时代有不同的表现形式,但其内容和本质不会改变。就像提倡学雷锋一样,不是专指学雷锋同志生前所做的哪一件或哪几件好事,而是要学习雷锋同志那种团结友善、乐于助人、甘于奉献的精神,正是从这个角度讲,才说雷锋精神永放光芒。这种精神是人类共同追求的友好、和谐、互助的人际关系,因此雷锋精神是全人类的精神财富,不但中国人学雷锋,外国人特别是西方发达国家也提倡这种精神。

童第周的成功来自他的不怕吃苦、不懈奋斗

童第周是我国著名的生物学家。他出生在浙江鄞县(现鄞州区)的一个偏僻山村里。因为家里穷,他一面帮家里做农活,一面跟父亲念点儿书。

童第周17岁才进中学。他文化基础差,学习很吃力,第一学期期末考试,平均成绩才45分。校长要他退学,经他再三请求,才同意让他跟班试读一个学期。第二学期,童第周更加发愤学习。每天天没亮,他就悄悄起床,在校园的路灯下面读外语。夜里同学们都睡了,他又到路灯下面去看书。值班老师发现了,关上路灯,叫他进屋睡觉。他趁老师不注意,又溜到厕所外边的路灯下面去学习。经过半年的努力,他终于赶上来了,各科成绩都不错,数学还考了100分。童第周看着成绩

单,心想:"一定要争气。我并不比别人笨。别人能办到的事,我经过努力,一定也能办到。"

童第周28岁的时候,得到亲友的资助,到比利时留学,跟一位在欧洲很有名的生物学教授学习。一起学习的还有别的国家的学生。当时的中国贫穷落后,在世界上没有地位,中国学生在国外被同学瞧不起。童第周暗暗下了决心,一定要为中国人争气。

那位教授一直在做一项实验,需要把青蛙卵的外膜剥掉。这种手术非常难做,要有熟练的技巧,还要耐心和细心。教授自己做了几年,没有成功;同学们谁都不敢尝试。童第周不声不响地刻苦钻研,他不怕失败,做了一遍又一遍,终于成功了。教授兴奋地说:"童第周真行!"

这件事震惊欧洲的生物学界。童第周激动地想:"一定要争气。中国人并不比外国人笨。外国人认为很难办的事,我们中国人经过努力,一定能办到。"

四、修炼实践

1.谈一谈

在班会课上讲一讲自己经历过的最大挫折发生在什么时候,是什么事情,自己是如何处理的。如果发生在现在,你又会如何处理?

2.讨论

计算机专业的小张面临就业找工作,他向就业办的老师提出了他的从业要求:

(1)工作时间不能超过8小时每天,工资待遇不能低于3000元每月;

(2)工作地点要在办公室,要有空调,要有电脑可以上网;

(3)工作内容不能有脏、累的体力活儿。

★讨论

小张的工作要求符合实际吗?用这样的心态去工作,他能够成功吗?

3.心灵氧吧

· 顺境使精力闲散无用,使我们感觉不到自己的力量,但是障碍却唤醒这种力量而加以运用。——休谟

· 在人生的道路上,谁都会遇到困难和挫折,就看你能不能战胜它。战胜了,你就是英雄,就是生活的强者。——张海迪

· 一个人在科学探索的道路上,走过弯路,犯过错误,并不是坏事,更不是什么耻辱,要在实践中勇于承认和改正错误。——爱因斯坦

· 没有播种,何来收获;没有辛苦,何来成功;没有磨难,何来荣耀;没有挫折,何来辉煌。——佩恩

· 吃苦耐劳是工人的本色。——马永顺

· 世间没有一种具有真正价值的东西,可以不经过艰苦辛勤劳动而能够得到。——爱迪生

· 科学不是可以不劳而获的——诚然,在科学上除了汗流满面是没有其他获胜的方法的;热情也罢,幻想也罢,以整个身心去渴望也罢,都不能代替劳动。——赫尔岑

第六节　树立理想,惜时如金,目标在自己的前方

理想是人们对未来事物有根据、合理的想象和希望。它犹如人生道路上的明灯,为我们

的未来指出方向。风华正茂的中职生应该有美好的人生理想。职业理想是人们在职业上依据社会要求和个人条件,借想象而确立的奋斗目标,即个人渴望达到的职业境界。它是人们实现个人生活理想、道德理想和社会理想的手段,并受社会理想的制约。职业理想是人们对职业活动和职业成就的超前反映,与人的价值观、职业期待、职业目标密切相关,与世界观、人生观密切相关。

在为自己理想奋斗的过程中,珍惜时间是一个很重要的法宝。莎士比亚早就教导我们:"放弃时间的人,时间也放弃他。"有的同学把时间比作金钱,无非是言及它的珍贵。可是,很多人都没有想过:金钱虽然珍贵,它却可以储存起来,而世间却没有储蓄时间的金库;金钱花掉了,可以再通过劳动去挣来,而时间却如滚滚长江东逝水,奔腾到海不复回;金钱的浪费可以用几十元、几百元、几万元计算,可是时间却无形无影,无法估价!

这一节我们就从职业理想与珍惜时间两个方面来谈谈职业修炼。

一、男儿不展风云志,空负天生八尺躯

"立志要如山,行道要如水。不如山,不能坚定,不如水,不能曲达。"作为我们新世纪的青年,在即将走上从业道路的时候,首先应树立自己的职业理想,作为奋斗的目标。

(一)职业理想的特点

1.职业理想具有差异性

职业是多样性的。一个人选择什么样的职业,与他的思想品德、知识结构、能力水平、兴趣爱好等都很大的关系。政治思想觉悟、道德修养水准以及人生观决定着一个人的职业理想方向。知识结构、能力水平决定着一个人职业理想追求的层次。个人的兴趣爱好、气质性格等非智力因素以及性别特征、身体状况等生理特征也影响着一个人的职业选择。因此,职业理想具有一定的个体差异性。

2.职业理想具有发展性

一个人职业理想的内容会因时、因地、因事的不同而发生变化。随着年龄的增长、社会阅历的增强、知识水平的提高,职业理想会由朦胧变得清晰,由幻想变得理智,由波动变得稳定。因此,职业理想具有一定的发展性。孩童时代,想当一名警察,长大后却成了一名教师的事实就说明了这一点。

3.职业理想具有时代性

社会的分工、职业的变化,是影响一个人职业理想的决定因素。生产力发展的水平不同、社会实践的深度和广度不同,人们的职业追求目标也会不同,因为职业理想,它总是一定的生产方式及其所形成的职业地位、职业声望在一个人头脑中的反映。计算机的诞生,演绎出与计算机相关的职业,如计算机工程师、软件工程师、计算机打字员等。

(二)职业理想的作用

1.职业理想的导向作用

理想是前进的方向,是心中的目标。人生发展的目标是通过职业理想来确立,并最终通过职业理想来实现的。俄国的托尔斯泰曾说过:"理想是指路的明灯,没有理想就没有坚定的方向,就没有生活。"同学们在现阶段的学习生活中也已经深切地感受到,一旦学习目的不明确,学习的热情就会低落,学习的效果就不明显。因此,有了明确的、切合实际的职业理想,再经过努力奋斗,人生发展目标必然会实现。

2.职业理想的调节作用

职业理想在现实生活中具有参照系的作用,它指导并调整着我们的职业活动。当一个人的工作偏离理想目标时,职业理想就会发挥纠偏作用,尤其是在实践中遇到困难和阻力时,如果没有职业理想的支撑,人就会心灰意冷、丧失斗志。此外,如果一个人只把自己的追求定位在找个"好工作"上,即便是将来有实现的可能,也不能算是崇高的职业理想,因为,这样的理想一旦实现,他就会不思进取,甚至虚度年华。总之,一个人若要树立正确的职业理想,无论是在顺境还是在逆境,都会奋发进取,勇往直前。

3.职业理想的激励作用

职业理想源于现实又高于现实,它比现实更美好。为使美好的未来和宏伟的憧憬变成现实,人们会以坚韧不拔的毅力、顽强的拼搏精神和开拓创新的行动为之努力奋斗。12岁时,周恩来就发出"为中华之崛起而读书"的誓言,表达了他从小立志振兴中华的伟大志向。同学们,你们现在是学生,你们有什么样的理想啊!我想,我们应该向敬爱的周总理学习,从小立志,树立一个崇高的人生目标,然后,为实现这个目标坚持不懈,奋斗不止,为人民,为国家做出贡献,这样的人生才有意义。

🔗 相关链接

中职毕业生当上汽车总装车间主管

小杨带着中考失利的懊恼来到一所职业学校,在汽车制造与维修专业学习。当时的他对未来根本没有什么想法,认为不过就是混三年,拿个毕业证,将来当个工人而已。

在老师们的引导下,他认识到不能这样浪费青春,应当好好规划自己的人生。他为自己定下一个目标:成为一名优秀的技术工人。他开始朝着这个目标努力,变得乐观积极,努力进取。自此,班上有了个充满活力的班长,学校有了个精明能干的宿舍管理干部。付出总有回报,他获得了"优秀学生干部""技能标兵""德育先进个人"等一系列光荣称号。

毕业后,小杨进入一家民营国产轿车公司总装车间当安装工,工作繁重、枯燥,工资收入微薄。但他并没有失落,他仍牢记着自己的理想。同时,他也知道中国品牌能在众多国际名牌中杀出一条血路,是中国人的骄傲,他为自己是民营企业的员工感到自豪。他还清醒地告诫自己:刚毕业的中职生不应该好高骛远,而应该干好自己目前的工作。理想的实现不是一朝一夕,要靠持之以恒的努力。

他一步一个脚印地在职业生涯道路上攀登,从安装工人做起,先后担任行政管理员、安全管理员、工艺员、工段长、车间带班主任。在参加工作七年后,26岁的小杨被派任商用车总装车间主管,成为一线"蓝领"的佼佼者。成功的起步,预示着更成功的未来。他,一定能取得更大成功。

★讨论

如果对未来充满信心和憧憬,树立了实事求是、定位准确的职业理想,并为之付出相应努力,中职生就能成才,能为国家经济建设贡献一份力量。你的职业理想是如何定位的?怎样才能实现你的职业理想?

▶ 修炼提示

现实有了理想的指导才有前途;反之,也必须从现实的努力中才能实现理想,否则青年就容易对现实感到失望,对前途失去信心。应该看到我们现在所处的现实还不够完美,但完美无缺的现实需要我们大家共同去创造。一些让人怦然心动但不能实现的职业理想,不能成为真正的职业理想,充其量只是幻想或空想而已。

那么,要实现真正的职业理想,就需要具备以下条件。

1. 了解自己——你能做什么人

最难看清楚的是自己。有些中职生容易把自己放在很高的起点上去观察我们的周围环境,思考职业未来,甚至还想将来所从事的工作条件要比别人好一些,付出的劳动比别人少一些,拿的工资比别人高一些。显然,这种失去"自我"的职业憧憬是"空中楼阁",是"水中月亮",永远是可望而不可及的。只有从自身出发,从自己的所受教育、自己的能力倾向、自己的个性特征、自己的身体健康状况出发,才能够准确定位,瞄准适合自己的岗位,不懈努力。

2. 了解职业——要你干什么

并非所有的职业都适合你,也并非你能胜任所有的职业。每种职业都有与之相适应的职业能力要求。除了具备观察、思维、表达、操作、公关等一般能力之外,一些特殊行业还有特殊要求。对于会计、出纳、统计、建筑师、工业药剂师等职业来说,从业人员必须具备很强的计算能力。与图纸、建筑、工程等打交道的工作,以及牙科医生、内外科医生等职业,对空间判断能力的要求较高。对于图形的阴暗、线的宽度和长度能做出视觉上的区别和比较的人,能够从事美术装潢、电器修理、动植物检疫等工作。因此,有选择、有针对性地培养自己的能力,主动去适应并接受职业岗位的挑战是十分重要的。

3. 了解社会——让你干什么

职业的存在和发展与社会的需求是紧密联系的。了解社会的需求是成功择业并就业的关键。了解社会主要是要了解社会需求量、竞争系数和职业发展趋势。社会需求量是指一定时期职业需求的总量。这是一个动态的又相对稳定的数量。例如,有的职业有很高的社会名望,但需求量很少;有的职业不为多数人看好,但有发展前途,且需求量较大。竞争系数是指谋求同一种职业的劳动者人数的多少。在其他条件一定的情况下,竞争系数越大,职业概率越小。社会地位高、工作条件好、工资待遇优的职业,想要谋取的人数多,相应的竞争系数就大。职业发展趋势是指职业未来发展的态势。有些职业一时需求量大,竞争激烈,但随着社会的发展将日趋衰落;有些职业暂时处于冷落状况,但随着社会的发展会日益兴旺。因此,加强对社会职业需求的分析和预测,了解社会职业岗位需求情况是极其重要的。

二、惜时如金

珍惜时间是一个古老的话题。随着科学技术日新月异的发展,时间成了举足轻重的决定因素,珍惜时间也越发重要。"珍惜时间就是珍惜生命"。这是当今社会上很时髦的一句口号。这句话蕴含着很深的哲理:争取了时间,就可以获得更多的知识,创造出更多的价值,这无异于延长了人的生命。

世界上有一种最快而又最慢、最长而又最短、最平凡而又最珍贵、最容易被忽视而又最令人珍惜的东西——那就是时间。任何工作都要在时间中进行,任何才智都要在时间中显示,任何生命都要在时间中诞生,任何财富都要在时间中创造。时间就是生命和财富,就是知识和力量。千百年前,人们早已认识到时间的珍贵,正所谓"一寸光阴一寸金,寸金难买寸光阴"。其实,黄金哪里比得上时间珍贵呢?黄金可以被人当作财富,永久地保存起来;而时间却像一条川流不息的江河,默默地,不停地流逝着。正像朱自清先生所描述的那样,"洗手的时候,日子从水盆里过去,吃饭的时候,日子从饭碗里过去,默默时,便从凝然的双眼过去",谁也别想把它占为己有。随着一天天、一年年的流逝,时间会刺破青春的彩饰,会在美人的额上挖下深沟浅槽,什么都逃不过它那横扫的镰刀。

高尔基说过:"时间是最公平合理的,它从不多给谁一分。勤劳者能叫时间留下串串果实,懒惰者时间留给他们两手空空,一头白发。"但中国人的生活节奏,似乎从古至今,就是慢、慢、慢!即使是"深圳速度"也比"东京速度"要慢,更不要说比"深圳速度"还慢的内地了。有人对浪费时间,无动于衷,在虚度年华中混过一生。如果说浪费别人的时间是"谋财害命",那么不珍惜自己的时间就是"慢性自杀"!而世界上最好的医院也无力挽救这些"慢性自杀者"。

最聪明的人是最不愿意浪费时间的人。从每天都只有 24 小时这点来说,每天的时间是一个常数,它对于每个人都是公平的。合理安排时间,就等于节约时间。

据统计,19 世纪,信息量是 50 年翻一番;20 世纪中期,信息量 10 年翻一番;现在,信息量是 3 年翻一番。因此,我们只有以比二三十年前和一百多年前的青年们高出几倍乃至几十倍的效率来学习,才不至于被时间、被社会淘汰,否则我们将一事无成,更谈不上为祖国的繁荣贡献力量了。

相关链接

善于挤时间的鲁迅

鲁迅 12 岁在绍兴"三味书屋"读私塾的时候,父亲患着重病,两个弟弟年幼,鲁迅不仅经常上当铺,跑药店,还得帮助母亲干家务活。有一天,鲁迅在家里帮助妈妈多做了一点事,结果上学迟到了,被严厉的老师狠狠地责备了一顿。鲁迅挨训后,并不因受了委屈而埋怨老师和家庭,反而诚恳地接受了批评,决心精确地安排时间,不会再因为做家务而迟到。于是,他用小刀在书桌的右下角,正正方方地刻了一个"早"字,用以提醒和鞭策自己珍惜时间,发愤读书。鲁迅对时间抓得很紧,善于在繁忙中挤出时间,他一生虽然只活了 55 岁,但给后人留下了大量的文学著作。

修炼提示

当我们离开学校走向社会,就业工作的时候,相对学校的管理会自由一些,属于自己安排的时间会多一些,如果我们不好好计划,时间很快就会从我们身边溜走,我们就会虚度我们的青春,浪费我们最佳的奋斗时期。因此,在我们刚刚走上从业道路的时候,应该给自己每一天制定作息时间表,同时对自己的目标做出规划。

对工作期间每一天的时间安排十分重要,尤其是下班后的时间安排最为重要。如下班后用多少时间吃饭、休息、运动,用多少时间学习进修。制定作息时间表后当然一定要按照作息时间表严格执行,让自己养成良好的生活、工作、学习习惯。

在从业道路上,还应该为自己规划一个中远期目标,即在自己多少岁的时候能够做什么,然后再做什么,这样可以不让时间悄悄地溜走。

三、修炼实践

1.搜一搜

在网上搜一搜"有志者事竟成"的有关案例和人们对它的理解。

2.讨论

为自己制定理想的时候能照搬别人的规划吗?为什么?

3. 社会调查

访问事业有成的本校毕业生,体验职业理想的作用。

过程:(1)拟一份题为"职业理想对职业生涯发展的作用"的访谈提纲。

(2)在班会上说说自己的职业理想,互相评议一下,看谁说得最具体、现实,最符合本人实际、激励作用最强。

4. 心灵氧吧

- 毫无理想而又优柔寡断是一种可悲的心理。——培根
- 人生最高之理想,在求达于真理。——李大钊
- 人是寻求意义的动物。——柏拉图
- 一个能思想的人,才真是一个力量无边的人。——巴尔扎克
- 有高尚思想的人永不会孤独的。——西德尼
- 在今天和明天之间,有一段很长的时间;趁你还有精神的时候,学习迅速办事。——歌德
- 我们若要生活,就该为自己建造一种充满感受、思索和行动的时钟,用它来代替这个枯燥、单调、以愁闷来扼杀心灵,带有责备意味和冷冷地滴答着的时间。——高尔基
- 完成工作的方法是爱惜每一分钟。——达尔文
- 合理安排时间,就等于节约时间。——培根
- 应当仔细地观察,为的是理解;应当努力地理解,为的是行动。——罗曼·罗兰
- 每一点滴的进展都是缓慢而艰巨的,一个人一次只能着手解决一项有限的目标。——贝弗里奇

第七节 豁达大度,善于沟通,飞翔在人生的道路上

我们既是社会的一份子,又是某个集体的一员。在现实生活中,为什么有些人拥有丰富的交际范围,而有些人则总是形单影只,与朋友和同事的关系都不是很融洽呢?当然,在我们的工作中,一个人的工作能力是个人发展的最大决定因素。然而建立良好的人际关系,得到大家的尊重,无疑对自己的生存和发展有着极大的帮助。而且有一个愉快的工作氛围,可以使我们忘记工作的单调和疲倦,也可以使我们对生活能有一个美好的心态。遗憾的是,我们常常听到不少人对怎样处理好办公室里的人际关系感到棘手,抱怨甚多。

相关链接

蒋某,女,32岁,半年前的一天为了赶时间她提前上班,但办公室的其他同事还都没到。于是,她就问领导文件纸放在何处,领导批评她说:"难道要我把文件纸放在桌子上,你自己不会找吗?"平时,蒋某可能忍一忍就过去了,可是那天不知道为什么就没忍住,索性就和领导理论起来,到最后还很大声。后来,她居然还说这位领导是不是昨晚在家里受了气,今天来办公室发泄。领导听了非常生气地说:"你以后有什么事不要来找我了,直接找××算了(××是正职,他是副职)。"此后,该领导在工作中处处刁难蒋某,现在蒋某在工作中非常不顺利,加上她年纪也不小了,甚至有些心灰意冷,对生活也逐渐失去了信心。

★讨论

蒋某的失败表现在哪些方面,造成她失败的原因有哪些?

作为我们中职生,从小宠爱着自己的父母、祖辈几乎没有逆过自己的意思,习惯了别人都听自己的。然而这种性格在从业道路上肯定会形成一定的阻力,因此我们应该学会如何在生活和工作中与他人相处,为我们的人生道路注入润滑剂。

一、生活中善于与他人相处

1. 心胸开阔才能广交益友

豁达的人有着惊人的免疫力,他们不会文过饰非,不会暗箭伤人,不会被讥讽、中伤、打击、陷害。因此他们是幸福的。豁达是生存的艺术。通常人们交友,更愿意寻找那些豁达的人。

有心理学家提出,观察分析一个心胸豁达的人,你往往会发现,他的思维习惯中有一种自嘲的倾向。这种倾向,有时会显于外表,表现为以幽默的方式摆脱困境。自嘲是一种重要的思维方式。每个人都有许多无法避免的缺陷,这是一种必然。不够豁达的人,往往拒绝承认这种必然。为了满足这种心理,他们总是紧张地抵御着任何会使这些缺陷暴露出来的外来冲击。同学们,其实人生是美好的,它像一首诗,有甜蜜的浪漫也有残酷的现实;它像一支歌,有高亢的欢愉也有低旋的沉郁;它更像一个大舞台,少不了人与人之间的往来交际。这个时候,你就得有豁达的襟怀。

2. 真实

待人真实,使你变得独一无二。你就是你自己,不要去刻意做作地装出其他一副样子。

有些心理书上喜欢提到这么一条理念:想成为什么就先装成什么。它的实质是,只要先装出一副理想中某个人的模样来,最终就能成为那个人。但是,归根到底,你还是装出来的。

所以抛弃这条虚伪的心理学教条,以你自己的方式去尽力做好一切吧。从你的真实想法和信念,从你真实的自我出发,寻求提高与改善,尝试新事物,并创造价值。

建设人际关系的前提条件是信任。而信任最本质的基础,是相信某人表里如一,是一个真实的人。

3. 对别人感兴趣

确实,有趣的人会得到关注,但我相信,对他人感兴趣的人,会得到感激,因为我们总是喜欢那些对自己有兴趣的人。

想象一下,当你去买商品时,销售员过来向你介绍产品。如果他在介绍产品之余,也同样关注如何能最好地帮助你,满足你的需要,你一定会对他有所好感,而这并非因为他是个有趣的人;相反的,如果那位销售员一味地称赞这是如何伟大的商品,结果肯定就完全两样了。事实上,现实生活中那些成功地销售员都是前者。

当你表示出对别人的兴趣,希望进一步了解他,不是出于可怕的好奇心,而是为了更好地提供帮助或服务,那对方就会很感激,觉得很荣幸。学会欣赏我们服务的对象,会增加我们所提供的服务的价值。

4. 正确倾听以获取更多信息

当你对人们产生兴趣,他们就会提供给你可以创造价值的重要信息。比如,如果你了解到老板痛恨冗长的备忘录,那你就知道可以用简短的报告打动他,赢得他的好感。或者,在与客户用午餐时，她吐露正在寻求一种新产品，因为这和她 14 岁儿子感兴趣的一个问题有关。你能了解到这一点，是因为你关心并询问她家庭的情况——同时注意倾听对方的回答。

用心去了解别人，寻求有助于提供更好服务的信息，这样做会赢得对方的好感。理解并认同他们的需求，会增加你为他们提供服务的价值。

5. 体谅

如果你对他人有兴趣，并认真倾听，尽力去真正理解他们，你就能更好地体会他们的感受。当你能体谅并理解他们的感受时，才能真正设身处地为他们着想。被别人理解是人类最强烈的需求之一。但是有太多时候，我们生活中的人，要么是根本不关心，要么是不愿意花精力来了解别人真实的感受。

学会体谅他人并不困难，只要你愿意认真地站在对方的角度和立场看问题。一位智者曾经说过："要仁慈。你所遇到的每一个人，都在经历一场艰辛的斗争。"说这话的人叫斐洛（古希腊犹太教哲学代表人物），生活在 2000 年前。从那时到现在，世界没有什么大的改变，而他的忠告，仍然是真正同情心的灵魂。

6. 诚实

交际艺术的真谛，不是说出对方愿意听的话，而是以对方能听得进的方式，告诉他们所需要知道的事情。我们把所有的商业谋略总结成一个简单的信条：言必信，行必果。换句话说，不要承诺你做不到的事情；不要让别人对你产生不切实际、无法满足的期望；不要随口应承、大包大揽。做一个言而有信的男人、女人或组织。这就是诚实。

7. 乐于助人

小事情可以造成大改变，许多小事情累积起来，就可以形成天翻地覆的改变。

助人为快乐之本，助人是人格升华的标志，助人为乐是一种美德。所以，不要忘记保持友善——别人不会忘记你。

8. 守时

对多数人来说，他们拥有的时间，远远少于可以支配的收入。关心他人，给他们时间，这是一份最珍贵的礼物。通过守时、高效、迅捷的行动，节省他人的时间，会创造价值，变平庸为杰出。与他人的关系就等于你花在他们身上的时间，所以，一定要把你的时间用得最好，关心他人，为他们服务。

二、工作中的同事关系

1. 如果你有意见最好直接向上司陈述

在工作过程中，因每个人考虑问题的角度和处理问题的方式难免有差异，会对上司所做出的一些决定有看法，在心里有意见，甚至变为满腔的牢骚。在这些情况下，切不可到处宣泄，否则经过几个人的传话，即使你说的是事实也会变调变味，待上司听到了，便成了让他生气和难堪的话了，难免会对你产生不好的看法。如果你经常这样，那么你就是再努力工作，做出了不错的成绩，也很难得到上司的赏识。况且，你完全暴露了自己的弱点，很容易被那些居心不良的人所利用。这些因素都会对你的发展产生极为不利的影响。所以最好的方法就是在恰当的时候直接找上司，向其表示你自己的意见，当然最好要根据上司的性格和脾气用其能接受的语言表述，这样效果会更好些。作为上司，他感受到你的尊重和信任，对你也会多些信任，这比你处处发牢骚、风言风语好多了。

2.乐于从老同事那里汲取经验

那些比你先来的同事,相对来说会比你积累了更多的经验,有机会时我们不妨聆听他们的见解,从他们的成败得失里寻找可以借鉴的地方。这样不仅可以帮助我们自己少走弯路,更会让他们感到我们对他们的尊重,尤其是那些资历比你长,但其他方面比你弱一些的同事,会有更多的感动,而那些能力强的同事,则会认为你善于进取,便会乐于关照并提携你。我们也常常会看到这样的反例,有些人能力强,可在单位里,自视甚高,不买那些老同事的账,弄得老同事很反感。而这些老同事毕竟根基深厚,方方面面都会考虑他们的意见,结果关键时候你会因此受挫,这不能不引起我们的重视。

3.对新同事提供善意的帮助

新到的同事对手头的工作还不熟悉,当然很想得到大家的指点,但是心有怯意,不好意思向人请教。这时,我们最好主动去关心帮助他们。在他们最需要得到帮助之时,伸出援助之手,往往会让他们铭记终生,打心眼里深深地感激你,并且会在今后的工作中更主动地配合和帮助你。切不可自以为是,把新同事不放在眼里,在工作中不尊重他们的意见,甚至叱责他们。这些态度都会伤害对方,从而对你产生厌恶感。

4.用自己的性别优势关心异性同事

人们对任何形式的性骚扰都普遍感到反感,但是如果能利用自己性别上的优势去帮助异性同事,则会得到他们的好感。不能否认,两性各有各的长处,比如男性较有主意,更能承受艰苦劳累的工作,也更能理性地分析并解决问题,等等;而女性呢,则显得比较有耐心,做事细心有条理,善于安慰人,等等。尽管只是同事,但每个人也渴望得到同事们的关心和理解,若能善于发挥自己的长处,对异性同事多些关心和帮助,如男性多为女同事分担一些她们觉得较为吃力的差事,女性多做些需要细心的工作,多为办公室环境的优美做些事,这些对我们来说并不难,效果却很好,对方对你所给予的关心与支持会打心眼里感激,会将你视为可以信赖的好同事。

5.适当"让利",放眼将来

有一些人与同事的关系不好,是因为过于计较自己的利益,老是争求种种的"好处",时间长了难免惹同事们反感,无法得到大家的尊重,而且他们总在有意或无意之中伤害了同事,最后使自己变得孤立。而在事实上呢,这些东西未必能带给他们多少好处,反而弄得身心疲惫,失去良好的人际关系,可谓得不偿失。如果对那些细小的,不太影响自己前程的好处,多一些谦让,比如单位里分东西不够时少分些,一些荣誉称号多让给即将退休的老同事,等等;再比如与其他人共同分享一笔奖金或是一项殊荣,等等,这种豁达的处世态度无疑会赢得人们的好感,也会增添你的人格魅力,会带来更多的"回报"。俗语所说的"吃小亏,占大便宜"从一定程度上说明了这个道理。

6.让乐观和幽默使自己变得可爱

如果我们从事的是单调乏味或是较为艰苦的工作,千万不要让自己变得灰心丧气,更不可与其他同事在一起怨声叹气,而要保持乐观的心境,让自己变得幽默起来。如果是在条件好的单位里,那更应该如此。因为乐观和幽默可以消除彼此之间的敌意,更能营造一种亲近的人际氛围,并且有助于你自己和他人变得轻松,从而消除工作中的劳累。那么,在大家的眼里你的形象就会变得可爱,容易让人亲近。当然,我们要注意把握分寸,分清场合,否则会讨人嫌。

相关链接

切记这些"切忌"

在与同事的相处中,有一些行为的危害是比较严重的。这些不恰当的行为往往会破坏你在同事中的形象,或是引起同事对你的负面看法。因此,务必记住这些需要避免的做法,这对你与同事的交往至关重要。

1.切忌拉小圈子,互散小道消息

办公室内切忌私自拉帮结派,形成小圈子,这样容易引发圈外人的对立情绪。更不应该的是在圈内圈外散布小道消息,充当消息灵通人士,这样永远不会得到他人的真心对待,只会对你唯恐避之不及。

2.切忌情绪不佳,牢骚满腹

工作时应该保持高昂的情绪状态,即使遇到挫折、饱受委屈、得不到领导的信任,也不要牢骚满腹、怨气冲天。因为这样做的结果,只会适得其反,要么招同事嫌,要么被同事瞧不起。

3.切忌趋炎附势,攀龙附凤

做人就要光明正大、诚实正派,人前人后不要有两张面孔。领导面前充分表现自己,办事积极主动,极尽溜须拍马的功夫;同事或下属面前,推三阻四、爱理不理,一副予人恩惠的脸孔。长此以往,处境不妙。

4.忌逢人诉苦

把痛苦的经历当作一谈再谈、永远不变的谈资,不免会让人退避三舍。忘记过去的伤心事,把注意力放到充满希望的未来,做一个生活的强者。这时,人们会对你投以敬佩多于怜悯的目光。

5.切忌故作姿态,举止特异

办公室内不要给人新新人类的感觉,毕竟这是正式场合。无论穿衣,还是举止言谈,切忌太过前卫,给人风骚或怪异的印象,这样会招致办公室内男男女女的耻笑。同时,也会被人认为是没有实际工作能力,是个吊儿郎当、行为怪异的人。

6.谈话掌握分寸

在办公室里,同事每天见面的时间最长,谈话可能涉及工作以外的各种事情,"讲错话"常常会给你带来不必要的麻烦。同事与同事间的谈话,如何掌握分寸就成了人际沟通中不可忽视的一环。

7.工作场所不是互诉心事的场所

有许多爱说话、性子直的人,喜欢向同事倾吐苦水。虽然这样的交谈富有人情味,能使你们之间变得友善,但是研究调查表明,只有不到1‰的人能够严守秘密。所以,当你的个人危机和失恋、婚外情等发生时,你最好不要到处诉苦,不要把同事的"友善"和"友谊"混为一谈,以免成为办公室的注目焦点,也容易给老板造成问题员工的印象。

8.工作场所最好不要辩论

有些人喜欢争论,一定要胜过别人才肯罢休。假如你实在爱好并擅长辩论,那么建议你最好把此项才华留在办公室外去发挥,否则即使你在口头上胜过对方,其实是你损害了他的尊严,对方可能从此记恨在心,说不定有一天他就会用某种方式还你以颜色。

9.不要成为耳语的散播者

耳语,就是在别人背后说的话,只要人多的地方,就会有闲言碎语。有时,你可能不小心成为"放话"的人;有时,你也可能是别人"攻击"的对象。这些耳语,比如领导喜欢谁,谁最吃得开,谁又有绯闻,等等,就像噪声一样,影响人的工作情绪。聪明的你,要懂得,该说的就勇敢地说,不该说就绝对不要乱说。

三、修炼实践

1.拓展阅读

与同事相处是一门学问,从下面的案例中你学到了什么?

给他人说话的机会

有一次,纽约报纸的财经专页上刊登了一则大型广告,招聘具备特殊能力和经历的人,卡贝利斯应征了这则广告,并把简历寄出。几天后,他接到一封面试邀请信,面试前,他花费几个小时的时间在华尔街寻找这家公司创始人的一切消息。

面试开始了,他从容不迫地说:"我非常庆幸自己能够和这样的公司合作。据我了解,这家公司成立于28年前。当时只有一间办公室和一名速记员,对吗?"

几乎所有的成功人士都喜欢回忆创业之初的情景。这位老板也不例外,他花了很长时间来谈论自己如何以450美元现金和一个原始的想法创业,并如何战胜了挫折和嘲笑。他每天工作16~18个小时,节假日也不休息,最终战胜了所有的对手。现在华尔街最知名的总裁也要到这里来获取信息和指导,他为此深感自豪,而这段辉煌经历也的确值得回忆,他有资格为此骄傲。最后,他简要地询问了卡贝利斯的经历,然后叫来副总裁说:"我认为这就是我们需要的人。"

卡贝利斯先生大费周折地研究未来雇主的成就,表现出对他的强烈兴趣,他还鼓励对方更多地谈论自己——这一切都给老板留下了美好的印象。

即使是朋友也更乐意谈论他们自己的成就而不是听我们吹嘘。

2.谈一谈

你怎样理解施瓦布先生"我乐于表扬而不愿寻找错误,如果说我喜欢什么,那就是衷心地嘉许并给予慷慨的赞美"的成功之道?请列举5~10项别人对你的赞美,并谈谈你对这些赞美的感受。

1921年,安德鲁·卡耐基独具慧眼,提名施瓦布为新成立的"美国钢铁公司"第一任总裁,此时施瓦布才38岁(后来施瓦布离开美国钢铁公司接管陷入困境的伯利恒钢铁公司,并将它改造成全美效益最好的公司之一)。

为什么安德鲁·卡耐基愿意支付施瓦布每年100万美元或者每天3000美元的报酬?因为施瓦布是个天才吗?不!那么是因为他比其他人更了解钢铁的生产吗?也不是!施瓦布亲口告诉我,他手下很多为他工作的人对于钢铁的生产比他了解得更多。他认为自己之所以得到高薪,完全是因为人际交往能力,他亲口说出了这些秘诀——这些话应该被浇铸成铜字永远悬挂在每个家庭、学校、商店和办公室里——实践这些话几乎可以改变你我的生活。

"我认为我的能力在于能够激发人们的热情。"施瓦布说,"我拥有的最宝贵的财富,也是促使他人将自身能力发挥到极限的最好方法就是赞赏和激励。没什么比来自上级的批评更能打击一个人的雄心了,我从不批评任何人,而是倾向激励他们工作,所以我乐于表扬而不愿寻找错误。如果说我喜欢什么,那就是衷心地嘉许并给予慷慨的赞美。"

这就是施瓦布成功的秘诀。但普通人又是怎样做的呢?恰恰相反。如果他们不喜欢什么事,必定冲下属大声抱怨;如果他们喜欢,便保持沉默。施瓦布说:"我在广泛的交往中接触过世界各地不同层面的人,到现在为止没有遇到过一个不符合上述规则的人。即使是伟人也一样,与受到批评相比,得到认可能使他们工作更出色。"

3. 想一想

下面故事中的"二百五"为什么请的客人全部都走了? 想一想,生活中我们有没有与之类似的情况发生呢? 我们应该怎样避免这样的尴尬发生?

"二百五"请客

有一个"二百五",看到别人都请客,也就学着请人到他家做客。可是请了半天只请到三个人,别的人都知道他是个"二百五",不愿到他家做客。

饭菜做好之后,单等客人来齐就吃,可咋等也没人再来。"二百五"说:"是咋啦,该来的没来,不该来的来了。"等了一会,又说:"不该来的来了,该来的没有来。"这时,一个客人心想:不该来的莫非指的是我? 于是,站起来就走。"二百五"看他要走,急忙上前拉着说:"别走了,多一个怕啥。"这样一说,客人挣脱他的手,加快脚步走了。

"二百五"叹了一口气:"唉,该走的没走,不该走的走了。"有一位客人想:这该走的一定是我。于是,他起身就走。"二百五"一把没有拉住,那人已走了。"二百五"气急了:"你看这,我说的又不是他们。"第三位客人面红耳赤,马上冲出大门跑了。

4. 心灵氧吧

- 可怕的还不是孤独和寂寞,而是你不得不同你不愿意交往的人打交道。——何怀宏
- 一个永远不欣赏别人的人,也就是一个永远也不被别人欣赏的人。——汪国真
- 不要害怕拒绝他人,如果自己的理由出于正当。——三毛
- 为别人尽最大的力量,最后就是为自己尽最大的力量。——罗斯金
- 人好刚,我以柔胜之;人用术,我以诚感之;人使气,我以理屈之。——金缨
- 美好的东西时常是由于它是真诚的。——罗兰

第八节　安全工作,幸福生活

"千条线,万条线,安全是主线;千重要,万重要,安全最重要。企业想,班组想,岗前想,人人为安全着想;年年讲,月月讲,天天讲,保安全大家受奖。"无论是哪行哪业,安全工作始终要放在第一位。同学们,作为即将走上工作岗位的我们,要树立牢固的安全意识,在生活、学习、工作中时时以安全为准、事事以安全为先,做一名平安、幸福的职业人。

一、工作中的安全

(一)车间操作安全

"生产再忙,安全不忘;人命关天,安全在先。"作为中职生,尤其是制造业的同学们,毕业即将走进制造车间,到生产一线从业,注意车间安全就显得尤为重要。

在车间安全事故中,机械伤害占的比例较大。所谓机械伤害是指机械做出强大的功能作用于人体的伤害。机械伤害事故的形式惨重,如搅、挤、压、碾,被弹出物体打击,等等。当发现有人被机械伤害的情况时,虽及时紧急停车,但因设备惯性作用,仍可使受害者造成致残性伤害,甚至死亡。

造成机械伤害的原因以人为不规范操作居多。

相关链接

盲目操作酿惨祸

2000年江南印刷厂切纸机伤手事故，是因在设备维修时，旧切纸机缺乏安全连锁保护装置，加之维修人员与操作人员缺乏安全信息交流与沟通引起的。一名维修工对该设备进行维修，在设备通电的情况下进行。其呼唤操作工开机进行调整，在没有得到及时回应的情况下，维修人员以为设备已经稳定下来，便靠近该切纸机，右手扶在压纸器上。当设备忽然动作时，该维修工来不及躲闪，右手食指、中指、无名指当即被设备压断。

粗心大意上演惨剧

小娇是某中等职业学校学生。她是一个聪明漂亮、品学兼优的姑娘。"工作负责""踏实可靠"是老师们对她的一致评价。她在毕业前夕到某制药厂进行就业实习。一天值晚班的时候，车间里没有其他人，小娇看到碾磨中药的粉碎机滚筒底部还有药渣没有清理干净，就把手伸进去进行清理。正在这时，不幸的事情发生了。小娇由于疏忽，粉碎机的电门没有断开，在清理过程中不知何时碰到了开关，电门闭合，机器飞速运转起来……凄厉的叫声划破了宁静的夜空，当人们赶到现场后，看到她的半截左臂已经和粉碎机搅在一起，根本无法取出。在采取一系列紧急措施之后，小娇得到了及时的救治，但是左臂还是没有保住。

血淋淋的事实带给我们的是沉痛的教训，那我们在车间从业应当如何避免发生机械伤害的惨剧呢？

修炼提示

规范操作是第一要求。不同的工作岗位有不同的操作规定，严格按安全管理制度进行操作是防范事故的最好方法。例如机械制造行业规定机床转动时不准戴手套操作；高速切削要戴保护眼镜；女工进入车间要戴好工帽；进入施工现场和登高作业，必须戴好安全帽、系好安全带；工作场地要整洁，道路要畅通，物件堆放要整齐；等等。

细心操作是有力保障。很多事故都是因一时粗心而造成的，"多看一眼，安全保险"。

（二）人际交往安全

同学们在学习期间，学校环境单纯，还有老师的保护、同学的帮助，人际交往一般不会有不安全因素。当我们参加就业实习，步入社会的时候，会接触形形色色的人和事。有些人可以帮助我们成功，有些人和事却可以把我们推入万丈深渊。下面我们学习对同学们伤害最大的几种人际关系。

1.传销组织

传销是指组织者或者经营者发展人员，通过对被发展人员以其直接或者间接发展的人员数量或者销售业绩为依据计算和给付报酬，或者要求被发展人员以交纳一定费用为条件取得加入资格等方式牟取非法利益，扰乱经济秩序，影响社会稳定的行为。绝大多数传销组织没有实际产品，或者产品的价格远远高出其成本和合理价格，有高额的入门费用或者变相的入门费用（比如累计消费产品一定数额以上），采取人员发展上线、下线、金字塔式，限制人权与自由的非法模式。

其本质是销售对象以自己为主，自己购买公司的产品，并把这种销售方式推广给下线，下

线其实就主要以自己亲朋好友为发展对象,这种销售模式是损害销售员利益的,它不会给下线销售员带来任何报酬,相反还造成了损失,并且在销售给自己的过程中是学不到任何销售技术经验的。所以这种方式根本不是一种正常的工作,而是一种害人害己、为少数顶级上线谋取暴利的骗术。

相关链接

好高骛远,误入传销成痴呆

小江中专毕业到某机械厂就业实习,因前三个月试用期待遇较低,小江工作热情不高,下班后多数时间泡在网吧,在网吧认识了"王哥"。王哥衣着光鲜,出手大方,时间一长,两人熟识了。后来"王哥"劝小江别做机械行业了,跟他去做销售,待遇不会少于3000元每月,只是销售行业需要交押金5000元。小江觉得3000元的月薪很不错,于是对家里谎称买电脑,向家里要了5000元押金交给"王哥",跟"王哥"到了他的"公司"。到了"公司"后"王哥"让他交出身份证,说这是公司规定。第二天小江被带到一个大厅接受"培训",一连十几天都是培训,并没有什么产品的销售,每天都是接受培训。小江发觉不对,提出要离开,"王哥"让他再坚持几天,马上就可以赚钱了。就这样,小江在这个传销组织里待了下来,先后共向家里要了17000元钱作为培训费、生活费。后来警方破获这个传销组织,小江也被解救出来。然而当家人找到小江的时候,他还在整天默写、背诵"讲师"的"讲义",以致走火入魔,精神恍惚。

陕西大学生被骗顺德,因拒绝传销被割手指

被一名同学骗到广东佛山顺德的陕西西北农林科技大学刚毕业的刘国强因拒绝加入传销组织,遭到惨无人道的毒打,并被残忍地割烂右手3指,后又被扔到广州市芳村区,幸被群众及时送到医院。

记者在芳村区某医院见到被打得面目全非的刘国强。他浑身黑肿,由于头部已严重受伤,眼睛也不能睁开,身上有多处血迹,左手血肉模糊,右手3指被刀割,每个手指都缝了3针,伤势惨重。

刘国强今年24岁,系西北农林科技大学刚刚毕业的学生。几天前,他接到一黄姓同学的电话,邀其到佛山去。待抵达后,发现同学被挟于非法传销者手中,而他也是被骗来的。在佛山人民礼堂附近窝点的非法传销者要挟刘加入一项3000元瑞士手表的传销活动当中。刘拒绝,遂遭毒打。刘被歹徒驾车扔至30余千米外的广州市芳村区一医院附近的马路边,而其随身携带的身份证、毕业证、学位证、银行卡等均被抢走。

"这伙传销者开始威胁我,既然来了就要做,不做就要承担下场。"面对记者,受伤的刘国强表示自己虽然被打,但是一点都不后悔,因为他没有因此妥协而陷入传销的泥潭。"我去了以后马上就明白他们是搞传销的了。"刘国强艰难地告诉记者,在这里搞传销的大多数是宁夏人,他们五六个人围着自己拼命地演说,甚至又唱又跳,劝说自己加入传销,但他坚决表示不参与传销。见到他比较固执,传销团伙没有了耐心。昨日早上8时他要走的时候,对方突然下了毒手,为了逼他就范,还用刀一点点割他的3个右手指。"他们狠命踢打我的眼睛是怕我报警找到他们的窝点。"刘国强说,他们这里的头头叫江×萍,是个女的。记者在医生那里了解到,刘国强的双眼受伤尤其严重,眼睛内充满了血,视力下降,左眼最为危险,有可能视力受损。

骗他的是一名同学,救他的也是一名同学。幸好刘国强记得在广州工作的同学王小武的电话,通过医生与他取得了联系。王当即赶到医院照顾刘国强,并为其垫付了医药费。据刘

国强讲，黄姓同学打电话让他去佛山做药品销售工作，说月薪可达 2000 多元，比自己现在每月 800 多元的工作要高很多，结果没想到落入圈套，他被打后黄姓同学不见了踪影。

"我不恨骗我的同学，我知道他身陷其中身不由己。"尽管刘国强身心受到重创，但他仍然为同学担心，希望公安机关能够把他的同学救出来。

这些同学的惨痛经历告诉我们，传销具有以下巨大危害。

（1）扰乱市场经济秩序，侵害多个法律客体。传销和变相传销违法活动往往伴随着偷税漏税、制假售假、走私贩私、非法集资、非法买卖外汇等大量违法行为，不仅违反国家禁止传销和变相传销的规定，还违反了税收、消费者保护、市场秩序管理、金融管理、外汇管理等多个法律规定。

（2）给参与者及其家庭造成伤害。传销和变相传销给参与者造成经济损失的同时，给其家庭也造成巨大伤害。

（3）引发刑事犯罪，给社会稳定带来危害。传销让绝大多数参加者血本无归。一些人员流落异地，生活悲惨，甚至跳楼轻生；还有一部分人员参与偷盗、抢劫、械斗、聚众闹事等违法行为，给人民生命财产安全和社会稳定造成严重侵害。

（4）对社会道德、诚信体系造成巨大破坏。由于传销人员发展对象多为亲属、朋友、同学、同乡、战友，其不择手段的欺诈方法，导致人们之间信任度严重下降，引发亲友反目，父子相向，甚至家破人亡。

▶▶ 修炼提示

传销组织骗人的步骤：首先抓住被骗人求职、赚钱心切的心理，逐步联络感情，了解被骗人的个人及家庭经济情况。然后鼓吹该公司的业绩，并根据其专业和兴趣提出相应的岗位和丰厚的待遇，让其前往应聘，落入陷阱。最后，当被骗者入会后，进行所谓的业务培训。每天由经理、主任给被骗人上课，灌输"致富经验"和"人生哲理"。他们轮番上阵，为入会者"洗脑"。经过一段时间的"魔鬼"式训练，思想不坚定者会误入歧途，而不少人加入其组织后，即被限制人身自由，过着非人的生活，并骗亲朋好友入会，害人害己。

作为中职生，在就业实习期间要想远离传销，首先要保持良好的心态，脚踏实地，不好高骛远，用自己的双手去创造实在的财富。如果工作有变动，应首先联系老师和学校，不轻信他人，不到网吧等人员成分复杂的地方。如果对经亲友同学介绍的就业机构产生怀疑，除上网核实外，本人可到所在单位核实情况。如果陷入传销组织，要坚持不交会员费和伙食费，不参加学习培训，不去骗取他人，找机会报"110"寻求解救。

2. 毒品与网络

网络与毒品是严重危害青少年的两大毒瘤。网络上的不良信息、虚拟网络世界的人际关系都会对青少年的成长产生严重的不良影响。我国《刑法》中规定：毒品是指鸦片、海洛因、甲基苯丙胺（冰毒）、吗啡、大麻、可卡因以及国家规定管制的其他能够使人形成瘾癖的麻醉品和精神药品。毒品的危害，可以概括为"毁灭自己，祸及家庭，危害社会"12 个字。毒品都有使人很快成瘾的特点。人吸食毒品后，就会对毒品产生顽固的精神依赖和生理依赖，使人不断地、反复地、大量地获取和吸食毒品。吸毒者在毒瘾发作时，轻则头晕、耳鸣、呕吐、涕泪交加、大小便失禁、浑身打颤，重则有如万蚁啮骨、万针刺心、求生不得、欲死不能，直至神经系统受抑制，引起呼吸衰竭而死亡。静脉注射毒品也是传染肝炎、艾滋病等疾病的途径，危害个人身心健康。吸毒后，人往往注意力不集中、反应迟钝、记忆力衰退、失眠易怒、性情暴躁，极不利于学习生活。有的甚至发生人格变态,道德沦丧,形成严重的病态心理,与吸毒前相比判若两人。

相关链接

某校8名学生吸毒成瘾后,经常缺课、旷课、无法继续学习,只好中途辍学。吸毒让他们身体严重受损。为了筹集毒资,他们不惜偷抢,最终走上了犯罪道路,同时也将自己的家庭拖入万丈深渊。

吸毒不但严重危害身体健康,全面地摧残人的精神和意志,而且是诱发犯罪的一个重要因素。由于吸毒耗资巨大,一般人的正常收入根本承受不了吸毒的开支。为毒瘾所驱使,吸毒者不惜采取不法手段攫取钱财,走上盗窃、抢劫、诈骗、贪污、买淫、杀人等违法犯罪道路。某校一毕业生毕业后分到外资企业,正当可施展才华之际,却走上了犯罪道路。他因吸毒需要大量钱物,便利用管理资金之便,贪污公款22万元,用于吸毒,最终被判无期徒刑。

青少年接触毒品几乎都是由他人引诱,因此,在外面交友不慎就有可能成为他人引诱的目标。

网络有"精神毒品"之称,网络上的不良信息和虚拟的网络世界对青少年的成长都会产生严重的影响,许多青少年上网成瘾,沉迷于网络世界、网络游戏以致荒废学业和工作。

相关链接

(一)

小周自幼父母离异,跟母亲共同生活。上高二时,她结识了不少"朋友",开始混迹舞厅、网吧,再也不想读书了。辍学后,小周先后当过售楼小姐和酒吧服务员,收入不菲。可长期工作在灯红酒绿的环境下,她感觉生活压力很大,看到一些同龄女孩子吃了摇头丸后,如痴如醉地狂跳,好像一点生活压力也没有,她的好奇心油然而生。有一次,一个女孩往小周嘴里塞了半粒摇头丸,在毒品的作用下,她也加入疯狂跳舞的人群中,从此迷上了这种放松的方式,直到被公安机关查获。

小周是在"三个不良环境"中成长起来的:一是自幼父母离异,正常的家庭环境缺损,其心理自幼受到伤害;二是高二时结交失误,陷入不良的课余生活环境,使其在世界观、人生观形成过程中受到侵蚀,"根"与"魂"基础不实;三是就业环境不良,加快其负向转变。从一般规律上讲,在不良环境形成好奇心者较易涉毒。

(二)

在上海,一夫妻做生意攒下近百万家产,每年还有十几万的收入。这个三口之家曾令人羡慕。可是几年前,有了钱的丈夫在朋友们的"帮助下"初次见到海洛因,半是"尝鲜",半是讲"派",他吸了第一口,很快便上了瘾。他们俩再没心思去做生意,每天没有两克海洛因就过不下去。而在上海,毒贩子手中海洛因每克要价600元,虽有万贯家财,但最终难以承受每天1200元毒品的消费,于是妻子就开始卖淫。一天,身无分文的丈夫持一把水果刀闯入一退休教师杨某家中,为了500元钱将杨某用电线活活勒死,最终被依法处以死刑,落得个家破人亡。

原本的幸福之家,因为毒品而变得支离破碎、直至家破人亡的案例,近年来实在太多太多。吸毒和犯罪是一对孪生兄弟,吸食者在耗尽个人和家庭钱财后,为了维持吸毒,往往会铤而走险,走上违法犯罪的道路。据有关部门调查,在吸毒人员中,有70%以上的人进行过其他犯罪活动。

（三）

17岁少年小新（化名）为了偷钱上网，竟然将奶奶当场砍死，将爷爷砍成重伤。事后，小新投案自首。两年前，小新开始沉溺在网络里，学习成绩陡然下降。初中还没有毕业便辍学。因担心儿子整天沉迷于网吧，小新的妈妈让他照看家里的台球桌。小新把看台球桌挣的钱拿去上网。后来家里不再提供上网的钱，小新就想到了偷。今年6月上旬，小新偷了爸爸2000多元在网吧待了一个星期，父亲一顿打骂，但对小新来说已经起不到任何作用。仅仅几天后，上网的欲望又像虫子一样噬咬着他的心。此时，爸爸月初给奶奶生活费时说的一番话浮现出来。"爸爸说爷爷那儿有4000多块钱，当时听了也没太注意，后来就想去偷爷爷的钱。6月15日中午我就去爷爷家。晚上，看爷爷奶奶都已经睡了，就去翻。怕把奶奶吵醒了，就想用菜刀把奶奶砍伤了再翻。"睡梦中的奶奶倒在了血泊中，响声惊动了爷爷。不顾一切的小新又将菜刀砍向了他。爷爷受伤后逃出家门。小新翻箱倒柜也没有找到那4000元钱，只在奶奶兜里找到了两元钱。事后，小新的爷爷说，那是奶奶为孙子准备的早点钱。小新捏着两元钱在村口的一个洞里躲了起来。思来想去，还是投案自首了。

小新告诉记者，奶奶从小最疼爱他，有什么好吃的都惦记着他。他在看守所里最想念的就是九泉之下的奶奶。"我当时只想着拿到钱后就去网吧，根本没想后果。如果让我在上网和奶奶之间重新选择，我肯定选择奶奶。"说到这里，他痛哭流涕起来。

这些鲜活的人间惨剧给我们所有人都敲响了警钟。作为青少年，更应该杜绝网瘾。

▶▶ 修炼提示

远离毒品与网络，需要我们保持良好的心态、健康的生活方式，特别是要慎重交友，不接触社会无业人员。

当我们走出校门，面对五光十色的社会时，更要把精力放在学习和工作中，远离网吧、迪吧、KTV等娱乐场所。经常与学校老师联系，谈谈学习和工作；经常与父母亲人联系，感受家的温暖。

二、生活中的安全

（一）消防安全

"隐患险于明火，防范胜于救灾，责任重于泰山！"火的使用是人最终脱离猿的一个重要标志，是人类社会步入文明的重要标志，但同时，火的出现也给人类社会带来了巨大的灾难。我国每年因火灾而死伤的人数都在几千人，而引发火灾的原因以人为因素占绝大多数。

🔗 相关链接

上海商学院——4人死

2008年11月14日早晨6时左右，上海商学院徐汇校区一学生宿舍楼发生火灾，火势迅速蔓延导致烟火过大，4名女生在消防队员赶到之前从6楼宿舍阳台跳楼逃生，不幸全部遇难。火灾事故原因初步判断是，寝室里使用"热得快"引发电器故障并将周围可燃物引燃所致。

中央民族大学——上千女生疏散

2008年5月5日中央民族大学28号楼6层S0601女生宿舍发生火灾，着火后楼内到处弥漫着浓烟，6层的能见度更是不足10米。着火的宿舍楼可容纳学生3000余人。火灾发生时大部分学生都在楼内,所幸消防员及时赶到将上千学生紧急疏散,才没有造成人员伤亡。宿舍最初起火部位为物品摆放架上的接线板部位。当时该接线板插着两台可充电台灯,以及引出的另一接线板。该接线板部位因用电器插头连接不规范,且长时间充电造成电器线路发生短路,火花引燃该接线板附近的布帘等可燃物蔓延向上造成火灾。事发后校方在该宿舍楼进行检查,发现1300余件违规使用的电器,其中最易引发火灾的"热得快"有30件。

云南省一中心学校——21人死2人伤

1997年5月23日凌晨3时许,云南省富宁县洞波乡中心学校学生侯应香在床上蚊帐内点蜡烛看书,不慎碰倒蜡烛引燃蚊帐和衣物引起火灾。火灾烧死学生21人,伤2人,烧毁宿舍24平方米。

★讨论

从上述案例中,同学们都能汲取哪些教训?

1.预防火灾应该注意什么

预防火灾的措施很多,同学们首先要从日常生活中的小事做起。

(1)不玩火。有的同学对火感到新奇,常常做玩火的游戏,这是十分危险的。玩火时,一旦火势蔓延或者留下未熄灭的火种,容易引起火灾。

(2)不吸烟。吸烟危害身体健康,又容易诱发火灾。

(3)爱护消防设施。为了预防火灾,防止火灾事故,居民楼、公共场所都设置了消防栓、灭火器、消防沙箱等消防设施,还留有供火灾发生时人员疏散的安全通道,要自觉爱护消防设施,保证安全通道的畅通。

2.发生火灾应如何报警

如果发现火灾发生,最重要的是报警,这样才能及时扑救,控制火势,减轻火灾造成的损失。

(1)火警电话的号码是119。这个号码应当牢记,在全国任何地区,向公安消防部门报告火警的电话号码都是一样的。

(2)发现火灾,可以打电话直接报警。家中没有电话的,要尽快使用邻居、电话亭或者附近单位的电话报警。

(3)报火警时,要向消防部门讲清着火的单位或地点,讲清所处的区(县)、街道、胡同、门牌号码或乡村地址,还要讲清是什么物品着火,火势怎样。

(4)报警以后,最好安排人员到附近的路口等候消防车,指引通往火场的道路。

(5)不能随意拨打火警电话,假报火警是扰乱社会公共秩序的违法行为。

(6)在没有电话的情况下,应大声呼喊或采取其他方法引起邻居、行人注意,协助灭火或报警。

3.对轻微的火情应怎样紧急应付

形成火灾的,应及时报警。对突然发生的比较轻微的火情,同学们也应掌握简便易行的,应付紧急情况的方法。

(1)水是最常用的灭火剂,木头、纸张、棉布等起火,可以直接用水扑灭。

(2)用土、沙子、浸湿的棉被或毛毯等迅速覆盖在起火处,可以有效地灭火。

(3)用扫帚、拖把等扑打,也能扑灭小火。

(4)油类、酒精等起火,不可用水去扑救,可用沙土或浸湿的棉被迅速覆盖。

（5）煤气起火，可用湿毛巾盖住火点，迅速切断气源。

（6）电器起火，不可用水扑救，也不可用潮湿的物品捂盖。水是导体，这样做会发生触电。正确的方法是首先切断电源，然后再灭火。

（7）学习一些简易灭火器的使用方法。

4.遭遇火灾如何正确脱险

遭遇火灾，应采取正确有效的方法自救逃生，减少人身伤亡损失。

（1）一旦身受火灾危胁，千万不要惊慌失措，要冷静地确定自己所处位置，根据周围的烟、火光、温度等分析判断火势，不要盲目采取行动。

（2）身处平房的，如果门的周围火势不大，应迅速离开火场；反之，则必须另行选择出口脱身（如从窗口跳出），或者采取保护措施（如用水淋湿衣服、用浸湿的棉被包住头部和上身等）以后再离开火场。

（3）身处楼房的，发现火情不要盲目打开门窗，否则有可能引火入室。

（4）身处楼房的，不要盲目乱跑、更不要跳楼逃生，这样会造成不应有的伤亡。可以躲到居室或者阳台上，紧闭门窗，隔断火路，等待救援。有条件的，可以不断向门窗上浇水降温，以延缓火势蔓延。

（5）在失火的楼房内，逃生不可使用电梯，应通过防火通道走楼梯脱险。因为失火后电梯竖井往往成为烟火的通道，并且电梯随时可能发生故障。

（6）因火势太猛，必须从楼房内逃生的，可以从二层处跳下，但要选择不坚硬的地面，同时应从楼上先扔下被褥等增加地面的缓冲，然后再顺窗滑下，要尽量缩小下落高度，做到双脚先落地。

（7）在有把握的情况下，可以将绳索（也可用床单等撕开连接起来）一头系在窗框上，然后顺绳索滑落到地面。

（8）逃生时，尽量采取保护措施，如用湿毛巾捂住口鼻、用湿衣物包裹身体。

（9）如身上衣物着火，可以迅速脱掉衣物，或者就地滚动，以身体压灭火焰；还可以跳进附近的水池、小河中，将身上的火熄灭。总之要尽量减少身体烧伤面积，减轻烧伤程度。

（10）火灾发生时，常会产生对人体有毒有害的气体，所以要预防烟毒。应尽量选择上风处停留或以湿的毛巾或口罩保护口、鼻及眼睛，避免有毒有害烟气侵害。

（二）交通安全

说起道路交通安全，我们便不能不提到道路交通事故。

人们说，交通事故猛于虎。可是老虎再凶，也只能一口吃掉一个人，而交通事故则会一口吞噬几个甚至几十个人的生命。一项统计表明，交通事故是造成4～14岁儿童非故意伤害的主要原因，已成为"头号杀手"。据公安部统计，我国每年交通事故死亡人数都在10万多人，平均每天死亡达300人，这真是一个比战争还要无情、还要残酷的数字。而中小学生交通死亡人数则高达4000余人，占总数的4％；受伤人数为19196人，占总数的4.12％。根据调查分析，我国中小学生易发生交通事故的主要类型分别为：无证驾驶摩托车、骑自行车违规、行人违反交通规则、校车车祸事故等。

相关链接

宝宝是个运动爱好者，骑独轮车要特技堪称一绝，这也使得他在上学路上骑自行车时骑得飞快。一天，从胡同里飞速冲出来的小车将他撞倒在地，从此宝宝失去了双腿。像宝宝这样在路上飚车、飞速骑自行车导致交通安全事故的,已成为城市学生交通安全事故的一个重要方面。上学放学途中成群结队侵占路面、打闹、骑自行车搭肩、撒把、随意横穿公路,狭窄的路面、飞快的车速、互相追逐等等,这些行为使越来越多的学生葬身在车轮之下。据统计,学生交通事故90%以上由学生在车辆临近时突然横穿马路、无序行走所致。

2006年的11月14日早上6点,山西沁源县二中900多个学生在公路上晨跑时,一辆大东风带挂货车向学生横冲直撞过来,造成21名师生死亡,18人受伤。当时公路上躺满了遇难学生的尸体。

这一个个鲜血的事例背后、这一连串触目惊心的数字背后、这一起起惨烈的事故背后,有多少家庭失去了亲人,有多少欢乐变成了悲剧,有多少幸福化为乌有。在每一起交通事故背后,是一个个家庭失去了顶梁柱,是一个个白发人送走了黑发人,是一个个孩子与父母阴阳两隔。

▶▶ 修炼提示

防范交通安全的三大本领:一会走路;二会骑车;三会乘车(这三个"会"的含义就是要保障自己的人身安全)。

(1)走路时,要走人行道或在路边行走。过马路时,要左右看,一定要走斑马线。红灯停、绿灯行。不乱跑、不随意横穿,不在马路上追逐打闹、不攀爬栏杆。遵规矩、保生命。

(2)乘车时,要等车停稳先下后上;坐车时不要把身体的任何部分伸出窗外,也不要向车外乱扔东西。

(3)不要搭乘"黑车"、超载车,不乘坐摩托等。不要坐农用车,尤其是人货混装车。

(4)12岁以下不要骑车。骑车时要靠右走,车速不能过快,更不能双手离把。不逆行,不要骑"英雄车"。自行车后座不能载人,骑车拐弯时要伸手示意。

(5)严禁无证驾驶、酒后驾驶、疲劳驾驶。

(6)在道路上遇到突发事件,要立即就近找大人帮忙。

(7)遇到交通事故,要拨打122或110报警电话。同伴被车撞倒,要记下撞人车辆的车牌号、车身颜色或其他特征。

(三)用电安全

随着生活水平的不断提高,电已成为我们生活中必不可少的能源。电的用途越来越广泛,让我们的生活也越来越方便了。然而,因用电、使用电器不规范发生的事故也屡见不鲜,甚至造成人员伤亡,酿成一个个悲剧。

▶ 相关链接

有汗水的湿手更易触电

一个夏天的晚上,家住青园小区的范胜强满头大汗地回到家时,妻子告诉他卧室的灯泡坏了,得换个新的。范胜强随手从抽屉里拿了一个备用灯泡,搬了把凳子就开始动手,妻子则在一旁打着手电。但旧灯泡还没拧下来,他的手指就感到了一阵针扎般的刺痛,他赶紧从凳子上跳了下来:"触电了!"

后经专业人士分析,汗是导体,出汗的手比干净的手电阻小很多。因此在同样条件下,人手出汗时触电的可能性和严重性均超过干燥时。

像上述这种因不规范操作造成用电事故案例还有很多,作为中职生,对于用电常识必须牢记。

1. 安全用电须知

安装、修理电气线路或电器用具要找电工,不要私自乱拉、乱接电线。每户宜装设触电保安器。要选用与电器设备相匹配的保险丝,不能用铜丝代替保险丝。照明灯具、开关、插头插座、接线盒以及有关电器附件等必须完整无损。不要随意将三眼插头改成两眼插头,切不可将三眼插头的相线(俗称火线)与接地线接错。不用湿手摸、用湿布擦灯具、开关等电器用具。晒衣铁架要与电力线保持安全距离,不要将晒衣竿搁在电线上。严禁私设电网捕鱼、防盗、狩猎、捕鼠等。

2. 预防家用电器事故的方法

空调机等大容量电器宜铺设专用的输电线路和熔断保险器。使用电熨斗、电吹风、电炊具等家用电器时,人不要离开。电视机室外天线要远离电力线,不要高出避雷针。电加热设备上不能烘烤衣物。搬动家用电器时,应先切断电源。洗衣机等家用电器的金属外壳要有可靠接地。

3. 触电的现场急救

发现有人触电,应根据事故现场情况,尽快使触电者脱离电源。如果开关或插头就在附近,应立即拉断闸刀开关或拨去电源插头。无法切断电源时,可使用绝缘工具或干燥的木棒、木板等不导电物体使触电者脱离带电体。也可站在绝缘垫或干燥的木板上(如木椅等),使触电者脱离带电体(此时应尽量一只手进行操作)。也可戴上绝缘手套或用干燥的衣物等绝缘物包在手上,再使触电者脱离带电体。也可直接抓住触电者干燥而不贴身的衣服拖其离开带电体。但要注意此时不能碰到金属物体和触电者裸露的身躯。触电者一旦脱离带电体,必须在现场对其救治。切忌在无任何救治情况下,送往医院。触电者神志不清,但呼吸、心跳尚正常的,可就地让其舒适平卧,保持空气畅通,解开其衣领以利呼吸。天冷要注意保暖,间隔5秒钟轻呼伤员或轻拍其肩部(但禁止摇晃头部)。若触电者呼吸困难或心跳失常,应迅速进行人工呼吸或胸外心脏挤压术。在送往医院途中,也应继续急救。

4. 电气火灾的扑救措施

尽可能先切断电源,再扑灭火灾。注意:由于烟熏火烤,开关和闸刀的绝缘性能可能降低,因此切断电源时应戴绝缘手套、穿绝缘靴,并使用相应电压等级的绝缘工具,以防触电。无法切断电源时,应用不导电的灭火剂灭火。注意:应用二氧化碳、四氯化碳、"1211"、干粉等灭火剂,不能用水或泡沫灭火剂。灭火的同时应向消防部门报告。

5. 电线断落时的处置方法

发现电线断落在地上,不能直接用手去拿。派人看守,不要让人、车靠近,特别是高压导线断落在地上时,应远离其8米范围以外,并赶快通知电工或供电部门来处理。

希望所有同学掌握生活安全常识,具备良好的安全意识,时时处处事事讲安全,并随时提醒他人注意安全,快乐地学习、幸福地生活。

三、修炼实践

1. 想一想

(1)中职生在就业实习期间,没有学校老师的严格管束,生活和学习相对较自由。你认为在实习就业期间应该注意哪些安全事项? 请尽可能多地列举出来。

（2）如果你不慎进入一家你不了解的公司,你如何辨别它是不是传销组织？

2.拓展阅读

警惕新型诈骗,不要血本无归。

警惕！虚假和仿冒移动应用成网络诈骗新渠道

国家互联网应急中心指出,通过互联网对网民实施远程非接触式诈骗的手段不断翻新,先后出现"网络投资""网络交友""网购返利"等新型网络诈骗手段。同时,具有与正版软件相似图标或名字的仿冒 APP 数量呈上升趋势。仿冒 APP 通常采用"蹭热度"的方式来传播和诱惑用户下载并安装,可能会造成用户通讯录和短信内容等个人隐私信息泄露,或在未经用户允许的情况下私自下载恶意软件,造成恶意扣费等危害。

警惕！非法集资陷阱

非法集资陷阱往往通过互联网、新媒体等媒介发布各类融资类广告资讯信息,尤其是含有或涉及"金融创新""金融科技""消费返利""金融互助""虚拟货币""爱心慈善""养老扶贫""炒期货外汇""一带一路""共享经济""物联网"等内容,以及高收益、高回报,明示或暗示保本、有担保、无风险等内容。一旦进入非法集资陷阱,往往连本带利都会被骗精光。

3.心灵氧吧

• 事故教训是镜子,安全经验是明灯。安全技术不学习,遇到事故干着急。安全培训不认真,遇到情况都发懵。平时多练基本功,安全生产显神通。

• 安全不是口头禅,时时事事记心间。遵章守法细操作,落实就在每一刻。安全生产要牢记,事故教训要汲取。警钟常鸣记心里,杜绝违章和违纪。

参考文献

[1]陈炳勋.经济法律法规[M].北京:高等教育出版社,2002.

[2]高兰静.中职生初涉职场的100个怎么办[M].北京:电子工业出版社,2009.

[3]郭玉玲.迈好职场第一步[M].北京:机械工业出版社,2008.

[4]郭正.环境法规[M].北京:化学工业出版社,2003.

[5]蒋乃平.职业生涯规划[M].北京:高等教育出版社,2009.

[6]李灵.礼仪规范教程[M].成都:电子科技大学出版社,2008.

[7]邱庆剑.忠诚胜于能力[M].北京:机械工业出版社,2008.

[8]王建华.沟通技巧[M].北京:电子工业出版社,2009.

[9]汪中求.细节决定成功与失败[M].北京:新华出版社,2004.

[10]喻昌学.职业素质与修养[M].北京:科学出版社,2007.

[11]张伟.法律·职业·生活[M].北京:高等教育出版社,2007.

[12]朱力宇,张伟.职业道德与法律[M].北京:高等教育出版社,2009.